CB017459

Movimento

URBANIDADES fraturadas
Assessoria editorial LEANDRO MEDRANO

EQUIPE DE REALIZAÇÃO:

Coordenação de edição	Luiz Henrique Soares e Elen Durando
Edição de texto	Marcio Honorio de Godoy
Revisão	Fernanda Alvares
Capa e projeto gráfico	Sergio Kon
Produção	Ricardo W. Neves e Sergio Kon

Por indicação dos autores, a versão brasileira utilizou como original a edição do livro em inglês, atualizada e aumentada, traduzida por Fiona Graham.

CIP-Brasil. Catalogação na Publicação
Sindicato Nacional dos Editores de Livros, RJ

V619m
Verkade, Thalia, 1979-
Movimento : como reconquistar nossas ruas e transformar nossas vidas / Thalia Verkade, Marco te Brömmelstroet ; tradução Sonia Nussenzweig Hotimsky ; [apresentação à edição brasileira] Leandro Medrano. - 1. ed. - São Paulo : Perspectiva, 2024.
248 p. : il. ; 23 cm. (Urbanidades fraturadas)

Tradução de: *Movement: How to take back our streets and transform our lives*
Inclui índice e glossário
ISBN 978-65-5505-197-1

1. Planejamento urbano. 2. Automóveis - Aspectos ambientais. 3 Transporte urbano. I. te Brömmelstroet, Marco. II. Hotimsky, Sonia Nussenzweig. III. Medrano, Leandro. IV. Título. V. Série.

24-92576 CDD: 303.4832
CDU: 629.345

Gabriela Faray Ferreira Lopes - Bibliotecária - CRB-7/6643
21/06/2024 26/06/2024

1ª edição

EDITORA PERSPECTIVA LTDA.
Alameda Santos, 1909, cj. 22.
01419-100 São Paulo SP Brasil
Tel.: (55 11) 3885-8388
www.editoraperspectiva.com.br
2024

MOVIMENTO

como reconquistar nossas ruas e transformar nossas vidas

Thalia Verkade
Marco te Brömmelstroet

Tradução:
Sonia Nussenzweig Hotimsky

Sumário

Apresentação
Amsterdã Não É São Paulo

Leandro Medrano

Professor titular da Faculdade de Arquitetura
e Urbanismo da Universidade de São Paulo – USP

“São Paulo não é Amsterdã!” Essa frase tornou-se comum nas redes sociais quando a cidade de São Paulo, nos anos 2010, começou a construir ciclovias e ciclofaixas como uma alternativa aos modais de transporte tradicionais. Desde então, o debate sobre a viabilidade da bicicleta como um meio efetivo de transporte urbano permanece constante. A realidade cotidiana de São Paulo, assim como de várias outras cidades brasileiras, passou a reconhecer que o transporte não motorizado é uma alternativa viável e importante para a locomoção.

Atualmente, a infraestrutura cicloviária em São Paulo é extensa. A cidade possui 731,2 km de vias com tratamento cicloviário permanente, sendo 699,1 km de ciclovias/ciclofaixas e 32,1 km de ciclorrotas. Essas vias são projetadas para acomodar ciclistas e oferecer uma alternativa ao sistema de transporte motorizado. Além disso, São Paulo conta com bicicletários e paraciclos integrados ao sistema de transporte da cidade. Os ciclistas têm à disposição 7.309 vagas em 70 bicicletários e 1.221 vagas em 51 locais com paraciclos. Essa robusta estrutura, ainda que insuficiente, busca incentivar o uso da bicicleta como meio de transporte.

Como vemos no exemplo da maior cidade do país, o número de pessoas que utilizam a bicicleta como meio de transporte tem aumentado significativamente. Na região metropolitana de São Paulo, segundo dados do projeto Anda SP, mais de 107 mil pessoas utilizam a bicicleta diariamente. Embora São Paulo seja muito diferente de Amsterdã, assim como o Brasil da Holanda, tanto a cidade quanto o país estão buscando alternativas ao transporte individual feito por automóveis. Outras grandes cidades brasileiras, como Rio de Janeiro, Porto Alegre, Belo Horizonte e Recife, também têm adotado sistemas de mobilidade urbana que incentivam o uso da bicicleta como parte de seus modais de transporte. Diversas cidades médias e pequenas seguem o mesmo caminho.

O livro-manifesto *Movimento*, da jornalista Thalia Verkade e do urbanista Marco te Brömmelstroet, relata os processos técnicos, sociais e políticos que tornaram a Holanda um país exemplar no uso da bicicleta como meio de transporte. Trata-se de uma longa e difícil trajetória que só foi possível com a participação ativa da população. Tal qual em outros países, o *lobby* da indústria automobilística foi implacável: destruiu tecidos urbanos historicamente construídos e recursos naturais, junto com milhares de vítimas fatais direta e indiretamente ligadas ao uso do automóvel. Reverter o avanço das forças do desenvolvimentismo industrial – naqueles anos, acompanhado pela promessa simultânea de desenvolvimento econômico e social – parecia uma tarefa impossível.

No entanto, os vários relatos apresentados no livro demonstram que, quando a população reconhece a importância de práticas coletivas urbanas voltadas para o bem comum, é possível impor limites à ganância de determinados setores econômicos. Além disso, outras estratégias de convivência urbana podem ser desenvolvidas, com o objetivo primordial de promover o bem-estar geral da população.

É certo que o conceito amplo de "cidade", como *oeuvre* coletiva, conforme formulado pelo filósofo francês Henri Lefebvre, revela-se fundamental para que movimentos críticos se desenvolvam junto à população. Afinal, as subjetividades construídas junto às forças do progresso – e da razão instrumental – foram avassaladoras no decorrer do século passado. Atuar criticamente em relação a essas forças exige a construção de uma consciência social e histórica singular, capaz de se contrapor às ofertas sedutoras de uma realidade imediata em transformação.

O automóvel oferecia uma promessa libertária sem igual – a independência de locomoção, em alta velocidade, por trajetos e horários que poderiam ser definidos aleatoriamente pelo usuário. Ademais, propiciava um *status* material talvez sem precedente na história recente, capaz de unir praticidade, prazer, mobilidade e trabalho junto ao simbolismo das conquistas individuais proporcionadas pelo capitalismo industrial. Não por acaso, o automóvel tornou-se o símbolo máximo do "homem bem-sucedido", idealizado pela cultura ocidental no decorrer do século xx.

Por outro lado, tornou-se também um dos maiores vilões do século passado, justamente por simbolizar uma estrutura de poder cujo mecanismo de dominação estaria vinculado à destruição dos recursos naturais, de outras culturas e de valores coletivos. Como descreve a autora, a rua – instância primária coletiva de socialização – tem seu sentido alterado de forma violenta por essa máquina, por vezes assassina, cuja velocidade e força bruta é absurdamente distinta da dos pedestres ou dos ciclistas. O automóvel representa, nesse sentido, o progresso e seu percurso em direção à destruição das possibilidades de vida humana na Terra. Mas não existiriam alternativas?

Nesse caso, fica evidente que o contraponto à força material das conquistas individuais só pode ser engendrado pelos benefícios e valores decorrentes de processos coletivos. Ou seja, de alguma forma, as promessas e perspectivas do universo maquínico que envolve o transporte individual só poderiam ser combatidas à luz de uma postura crítica efetiva, pela perspectiva de outras formas de sociabilidade e urbanidade que contemplassem os valores coletivos e os bens comuns.

Esse desafio foi ainda mais complexo no final do século xx, no qual as perspectivas revolucionárias ou reformistas se desvaneceram, enquanto o capitalismo neoliberal emergiu como modelo econômico e social predominante.

No entanto, as primeiras décadas do século xxi têm trazido grandes desafios para o projeto neoliberal e suas implicações no Antropoceno (ou, de maneira mais precisa, no Capitaloceno). Crises econômicas, de saúde e sociais se somam a um estado crescente de emergência ambiental que impacta cada vez mais nossas atividades cotidianas. As agendas internacionais e seus tratados coletivos, como as Conferences of the Parties (COPs) decorrentes da United Nations Framework Convention on Climate Change (UNFCCC), têm se mostrado insuficientes em relação às expectativas e aos interesses econômicos do atual estágio do capitalismo, no qual as prioridades imediatas prevalecem em relação aos compromissos efetivos com o futuro do planeta.

É nesse contexto que o empenho de Verkade e Brömmelstroet ganha relevância. Suas pesquisas não se limitam a demonstrar as condições atuais e históricas do transporte cicloviário na Holanda, mas, sobretudo, indicam a necessidade e a urgência de repensarmos os modelos econômicos, políticos e urbanos que levaram nossas cidades – e o planeta – ao seu limite no que diz respeito às condições da vida humana. Não se trata, portanto, de uma disputa entre o automóvel e a bicicleta, mas sim de um embate entre um modelo opressor, violento, antiurbano e prejudicial ao meio ambiente e outro modelo capaz de conciliar as necessidades básicas do cotidiano urbano com as pautas ecológicas atuais.

As cidades holandesas são bem diferentes das cidades brasileiras, começando pela topografia quase plana, que facilita muito o uso de bicicletas para percursos diários. Embora essa característica seja marcante, é interessante observar que o uso da bicicleta como meio de transporte tem demonstrado versatilidade em se adaptar a diversas realidades urbanas ao redor do mundo, independentemente das particularidades em relação à topografia, densidade populacional, número de habitantes, ou das condições sociais e econômicas de cada localidade.

Mais do que apenas considerar outros modais de transporte – essenciais no contexto da atual emergência climática –, *Movimento* revela a importância de refletirmos sobre as disciplinas e práticas que atuam na cidade, reconhecendo-as como instâncias fundamentais para a permanência do ser humano no planeta Terra.

Prólogo

Este livro é dedicado ao estudo de nossas ruas e examina o motivo de presumirmos que elas são projetadas, em primeiro lugar e principalmente, para nos transportar do local A ao local B, em vez de incorporar a elas outros usos que poderiam beneficiar nossas comunidades de maneiras diferentes.

Sou Thalia, jornalista que trabalha em Roterdã, na Holanda, e nunca havia me questionado sobre isso até começar a escrever este livro. Para mim, a rua era apenas um lugar da porta de entrada de minha casa para fora, onde, ao sair de casa, eu andava a pé, de bicicleta, ou na qual dirigia de automóvel para outro lugar. Os sinais de trânsito, faixas, divisórias e semáforos eram necessários para garantir a segurança das pessoas; não pensava muito sobre isso. O que pensava, enquanto esperava mais uma vez no semáforo vermelho, era porque as coisas não podiam ser mais rápidas e eficientes.

Então conheci Marco, o "professor de ciclismo", especialista em mobilidade urbana, que tinha uma experiência de vida bem diferente da minha e que, enquanto cientista social, fazia perguntas bem diferentes das minhas. Eis algumas delas: por que aceitamos que o espaço público é inseguro e que precisamos de sinais de trânsito e códigos rodoviários para torná-lo seguro?; será que nossas ruas se tornaram rodovias precisamente porque as pessoas as veem como sendo de domínio exclusivo do tráfego de alta velocidade e as projetam segundo essa concepção?; será que é por isso que as pessoas se comportam cada vez mais como peças mecânicas em movimento dentro de um sistema de tráfego em vez de se portar como seres humanos vivos e pensantes?

Foi esse choque entre nossas visões implícitas de mundo que provocou a escrita deste livro, uma jornada compartilhada de três anos de descobertas sobre as potencialidades das nossas ruas. Nós investigamos e questionamos as escolhas e os mecanismos que sustentam o modo como os espaços públicos são projetados, percebemos como eles poderiam ser diferentes e gostaríamos de convidá-lo para nos acompanhar nesse passeio.

Antes de mais nada, gostaria de fazer apenas um alerta significativo: leia este livro e talvez você descubra que nunca mais conseguirá olhar da mesma maneira para a rua a partir da porta de entrada de suas casas. Nós não conseguimos e muitas pessoas que leram a edição de nosso livro em holandês nos contaram que tiveram a mesma experiência.

E agora há uma edição em inglês e outra em português. Isso nos fez refletir sobre a relevância de nossa história no contexto internacional. Em quase todos os lugares, as ruas são projetadas tendo por base que aqueles que podem viajar nas mais altas velocidades, nos veículos mais pesados, têm precedência. E isso inclui a Holanda. Talvez você se surpreenda com isso, já que temos a reputação de ser o paraíso dos ciclistas, com 37.000 km de ciclovias, muitas das quais segregadas (separadas das rodovias). Nós também desenvolvemos semáforos para bicicletas, sensores de chuva que reduzem o tempo de espera para ciclistas nos semáforos quando o clima está chuvoso, lombadas adequadas para bicicletas, rotatórias com prioridade para ciclistas, garagens para estacionar bicicletas, rodovias para bicicletas (vias segregadas para ciclistas itinerantes que viajam em alta velocidade) e ruas para ciclistas (ruas nas quais os ciclistas têm prioridade em relação aos motoristas). Parece maravilhoso, certo?

Porém, nós na Holanda também estamos começando a compreender as limitações de nossas soluções. Nossa infraestrutura, projetada para ciclistas ao lado de motoristas, tem levado a uma situação na qual todos podem atualmente ir de A para B com a máxima velocidade e eficiência. Ciclistas podem andar a todo vapor, tal como os motoristas, cada categoria de trânsito em sua própria via segregada. Mas será que isso tem tornado nossas ruas mais seguras? Estudos indicam que não – na Holanda, há uma proporção maior de mortes por acidentes de trânsito que no Reino Unido[I], e, em 2019, cada sexta vítima era um ciclista morto em uma colisão com alguém dirigindo um carro, caminhão ou van[2]. Além disso, o que acontece com pessoas que querem se movimentar num ritmo mais vagaroso? E quanto às crianças que querem brincar do lado de fora de suas casas? E o que dizer sobre a rua como lugar de encontro entre vizinhos; um lugar com sombra, plantas, água; um lugar ao qual nós nos sentimos pertencentes? Designando a cada um a sua própria via de transporte rápido, se reforça ainda mais a noção de que a rua existe para acomodar motoristas ou ciclistas velozes, em vez de ser um espaço público a ser compartilhado por todos nós. Também perdemos de vista o fato de que bicicletas têm a vantagem de permitir que as pessoas se movimentem sem deixar que a rua sirva a outros propósitos. E esquecemos que circular nem sempre tem que ser uma tarefa, um meio a serviço de outro fim – pode também ser uma atividade que tem um valor em si.

Dessa forma, nesta edição atualizada do livro, ainda falamos sobre a Holanda – meditamos sobre o que podemos aprender com os ativistas dos anos 1970, que contestaram a crença de que o espaço público deve ser projetado em torno dos carros e dos habitantes que precisam se deslocar diariamente entre a casa e o trabalho e/ou a escola. Procuramos atualizar essa discussão para pensar sobre como as ruas podem estar a serviço de nossas comunidades em mais de uma maneira. E vamos ver o que outros países estão fazendo e o que podem fazer para diversificar o modo como utilizam suas ruas e como torná-las mais seguras.

Muitas das principais cidades do mundo – particularmente por causa da pandemia de Covid-19 – estão vivenciando uma consciência crescente das questões que estão no âmago deste livro: a quem pertencem nossas ruas, para que queremos usá-las, e quem deve decidir sobre isso? É evidente que as ruas precisam vir ao encontro das demandas de sustentabilidade, habitabilidade e segurança. Esse é o ponto de partida. Porém, como objetivos finais estes não são exatamente inspiradores, são? Se tivermos suficiente força de vontade e coragem cívica, os problemas colocados pelo trânsito podem ser transformados em um desafio com alcance bem maior do que os aspectos técnicos suscitados por esse tema. O que está em jogo é algo muito maior: a questão social mais ampla diz respeito a como queremos conviver entre nós nas cidades. Mudanças reais podem acontecer se agarrarmos a oportunidade para repensar para que serve o espaço público, quem decide sobre isso e o que queremos fazer com ele.

Isso é *Movimento*. Quer se unir a nós?

MOVIMENTO

1

as ruas pertencem a todos nós

por que o trânsito se apropriou de nosso espaço público?

osso próximo carro seria um modelo elétrico. Foi o que decidimos quando voltei de Moscou para casa com meu companheiro em 2015, após um ano e meio como correspondente estrangeira para um dos principais jornais holandeses. Tivemos de deixar para trás um dos carros mais legais do mundo.

Durante nosso primeiro inverno em Moscou, tínhamos visto russos dirigindo Nivas – Ladas com tração nas quatro rodas – sobre lagos congelados. O que faltava ao Niva em termos de assentos aquecidos ou para-brisas automáticos, ele compensava com uma alavanca que engata o bloqueio de diferencial, de tal forma que você podia se libertar de neve ou areia com meio metro de profundidade. Ou também, com isso, era possível ir dar uma volta sobre o gelo.

"Lada. Apenas o que você precisa. E nada do que você não precisa." Nosso Niva azul-marinho veio novo de um revendedor oficial. Nós o dirigimos por toda a região de Moscou, e, quando meu trabalho como correspondente terminou, ele atravessou conosco a Cordilheira do Cáucaso.

Acampamos na mata e passamos metade de um ano a dois mil metros de altitude numa aldeia georgiana onde não havia uma única loja, nem mesmo uma padaria. Estaríamos perdidos sem o nosso Niva.

E então algo inesperado aconteceu. Tivemos que vendê-lo, embora ainda não havia completado nem trinta mil quilômetros rodados. Gostaríamos de tê-lo levado para a Holanda, mas acontece que não se pode dirigir um Niva na União Europeia, nem mesmo um novinho em folha. O que sai do escapamento é sujo demais para os padrões europeus. Assim se espatifou nosso sonho de voltar para casa com um desvio pelos Balcãs.

Quando retornamos ao nosso lar – que bom estar de volta a um país democrático e poder andar de bicicleta por todos os lugares –, vimos as vantagens desses padrões de emissão de poluentes estipulados pela União Europeia. Tínhamos um bebê a caminho. Nosso filho não teria de assoar um muco preto num lenço toda noite, como havíamos feito em Moscou.

Na Rússia, vi o que uma economia superdependente em recursos minerais pode fazer às pessoas. Aqueles que controlam o petróleo da Rússia controlam o país. Há um abismo escancarado entre ricos e pobres. Outra questão que me tocou foi a mudança climática. Tendo um vínculo direto com o futuro crescendo dentro de mim, comecei a sentir maior urgência. Quão habitável se manteria nosso planeta? O que poderíamos fazer para a próxima geração? Queríamos realmente perpetuar os problemas existentes comprando outro carro beberrão de gasolina?

Comecei a seguir Elon Musk no Twitter – o homem por trás dos carros elétricos da Tesla. A partir da Califórnia, ele pretendia converter o mundo inteiro para a e-mobilidade, isto é, a mobilidade elétrica, com um carro recarregável em frente de cada casa.

"Tesla. Acelerando a transição do mundo para a energia sustentável." Em suas muitas aparições na mídia, Musk disse que seu objetivo principal não é fazer da Tesla uma campeã mundial, mas sim incentivar todos os fabricantes de automóveis a produzir veículos elétricos. E ele tem cumprido sua promessa: em 2020, havia dez milhões de carros elétricos nas estradas, e as vendas subiram 40% em relação ao ano anterior[1]. Parece impressionante, mas essas cifras ainda significam menos de 1% de todos os carros que existem por aí.

Achei a mensagem de Musk inspiradora. Quanto mais aprendia sobre carros elétricos, mais eu via neles um caminho a seguir em direção a um futuro verde e democrático. E como seria maravilhoso participar dessa jornada, para que um dia nosso filho pudesse dizer que seus pais estiveram entre os primeiros a dirigir um carro elétrico! Foi assim que decidimos que nosso próximo carro seria um modelo elétrico.

Mas não seria um Tesla. Quando fizemos um *test drive* em um Modelo s, a aceleração me deu refluxo. No banco de trás, meu companheiro tinha que inclinar a cabeça; embora o carro pareça grande por fora, ele é apertado por dentro.

Por mais impressionante que possa ser a abordagem de Musk sobre energia, o carro oferecido por ele não era adequado para nós. Seguimos nossas pesquisas. Logo surgiu o carro certo. O Renault Kangoo, com seu agradável design quadrado. O Kangoo seria nosso Lada elétrico. Agora só precisávamos esperar por um usado que coubesse no bolso.

Solucionando o Dilema do Congestionamento

Enquanto estávamos procurando nosso próximo carro, comecei a escrever artigos sobre veículos elétricos. Então surgiu no meu radar mais um problema em busca de solução – engarrafamentos.

Dirigir um carro elétrico parece ótimo, mas de que adianta isso se não queremos ficar parados no trânsito? Tive minha cota de congestionamentos em Moscou: manter-me alerta enquanto esperava o trânsito fluir minava gradualmente a minha vontade de viver. Que desperdício de tempo precioso. Engarrafamentos são a principal fonte de irritação de todos os motoristas, e os atrasos decorrentes deles prejudicam a economia.

Descobri que há soluções de alta tecnologia vindas dos Estados Unidos abordando esse problema também. Google, Uber e Tesla estão trabalhando duro para tornar os carros autônomos uma realidade. Não levará muito tempo para que seu carro tenha a capacidade de coordenar uma viagem eficiente com outros veículos no trânsito, permitindo que você relaxe assistindo a um vídeo ou lendo um livro.

Por mais esperançoso que pudesse parecer, esse panorama ainda estava num futuro um pouco distante. Não haveria uma solução mais simples?

Claro que sim! Afinal, estamos na Holanda!

A solução eram as bicicletas.

"Todo dia cerca de meio milhão de carros ficam em engarrafamentos durante a hora do *rush*. Se 10% desses motoristas andassem de bicicleta, congestionamentos seriam coisa do passado." Assim diziam Saskia Kluit (diretor do Sindicato dos Ciclistas Holandeses) e quatro *wethouders* (membros do executivo local, eleitos pelo conselho local) de cidades principais, em uma mensagem dirigida ao novo governo holandês em maio de 2017[2].

"É isso!", pensei. Se as pessoas fossem ao trabalho de bicicleta apenas uma vez por semana, engarrafamentos iriam praticamente desaparecer. Se muito mais pessoas se tornassem ciclistas, a crise do clima e nosso vício em gasolina certamente se tornariam coisas do passado, não é? Já tínhamos bicicletas elétricas, que permitiam a ciclistas andarem grandes distâncias sem se cansar. Os primeiros *pedelecs* de velocidade, que alcançavam até 45 km/h, já estavam nas estradas[3]. Tínhamos até bicicletas reclinadas que podiam atingir 133 km/h, um recorde mundial estabelecido por estudantes holandeses[4]; veja que essa marca ultrapassava o limite de velocidade das rodovias.

Só havia um problema: nem todas as cidades holandesas eram ligadas por ciclovias de alta velocidade. Por que não? Qual era o problema?

Decidi escrever uma série de artigos, que tinha como tema "ciclismo *versus* congestionamentos", nas sete semanas restantes antes do início da licença-maternidade de minha segunda gestação. Entrei em contato com o Sindicato Holandês de Ciclistas, esbocei meu plano para meus leitores e marquei uma entrevista com Marco te Brömmelstroet, um especialista em planejamento urbano que trabalha na Universidade de Amsterdã.

E é aqui que a história realmente começa.

Vamos Organizar Aquele Sistema de Vias Para Bicicletas

Marco te Brömmelstroet é também conhecido como "o professor de ciclismo". Trata-se de um apelido prático para um homem com um sobrenome complicado – e intrigante também. Um título como "professor de ciclismo" garante um lugar na agenda das redações, inclusive na minha.

A caminho da entrevista, estudei um artigo de jornal sobre ele. O artigo descreve um cruzamento em Amsterdã com semáforos quebrados, por onde os ciclistas passam alegremente no meio do engarrafamento sem necessidade de orientação técnica[5]. Ao observá-los, Marco te Brömmelstroet comenta que ciclistas frequentemente se deslocam como um bando de pássaros. "É precisamente porque o tráfego em Amsterdã é tão arriscado que ele é, de fato, seguro", diz ele. "Os ciclistas de Amsterdã estão sempre vigilantes. Você precisa usar todos os seus sentidos nessa cidade."

Te Brömmelstroet acha que ciclistas se comportam como estorninhos. Embora tenham como principal foco eles mesmos, são muito cientes daqueles que estão à sua frente, ao seu lado e atrás deles. Esse caos organizado, segundo ele, cria padrões em constante transformação.

Ciclistas e estorninhos são uma comparação adequada. Certamente o professor de ciclismo também terá alguma pepita de sabedoria para transmitir sobre rodovias para ciclistas. Nós nos cumprimentamos em uma construção provisório feita inteiramente de vidro ao lado da Estação Sul de Amsterdã, onde fica o escritório de uma organização de ciclistas na qual ele tinha uma reunião antes do nosso encontro.

"Estou pesquisando o que será necessário para criar uma rede de rodovias para ciclismo nesse país", comento entusiasmada.

Te Brömmelstroet me encara em silêncio. Oficialmente, o professor de ciclismo é um professor associado. Um ano mais novo que eu, ele está usando uma camiseta marrom com a foto de uma bomba de bicicleta – um detalhe legal para o meu artigo.

Sigo em frente, apressada. "Posso chamá-lo de Marco?" Ele acena que sim com a cabeça. Então faço minha pergunta mais candente: "Li em um estudo estadunidense que mais pessoas vão trabalhar de bicicleta quando as autoridades locais fornecem vias para ciclistas e quando os empregadores instalam chuveiros para seus empregados. Você acha que isso também funcionaria neste país?"

Marco segue me encarando por um momento antes de me responder com outra pergunta.

"Por que você quer chuveiros nos locais de trabalho?"

"O quê?", digo.

"Por que você acha que os ciclistas precisam se apressar para chegar ao trabalho?"

Que pergunta estranha. Ele parece tão mal-humorado! Dá até a impressão de que ele não queria ser entrevistado.

"Bem... todo o objetivo de rodovias para bicicletas é poder se apressar, não é?", respondo. "Mas isso significa que os ciclistas vão ficar suados... molhados."

"E o que leva você a dizer 'rodovias para bicicletas' e não 'ciclovias'?", pergunta Marco.

Não entendo o que ele está dizendo. Queremos chegar ao trabalho de bicicleta o quanto antes, não é? Então precisamos de rodovias para bicicletas. Por que essa ênfase no nome?

"Certamente todos querem chegar de A para B o quanto antes", digo.

"Na rodovia, talvez", responde Marco. "Mas em um beco ou em um acampamento, um passo mais lento é a norma. E, para muitos ciclistas, velocidade não é a prioridade."

"Para mim, é!"

"Você tem certeza?", pergunta Marco.

Pelas janelas enormes vejo bicicletas estacionadas na frente de imponentes prédios de escritório: estamos no coração financeiro do país.

O que devo pensar disso? Você está ocupada, tem que chegar a algum lugar, então certamente você vai querer pedalar em uma velocidade razoável. Marco me pediu para encontrá-lo nesse lugar para poupar seu tempo, não é mesmo? Então por que ele não me dá uma resposta direta?

Começo novamente. "Governos podem encorajar mudanças de comportamento por meio de instalações como chuveiros e rodovias para bicicletas. Assim é possível reduzir os engarrafamentos."

"É verdade", diz Marco. "Mas o que exatamente se está fazendo quando se constrói uma rodovia para bicicletas? Encorajando as pessoas a ir de um lugar a outro o mais rápido possível. Talvez a eficiência não seja o único motivo que leva as pessoas a irem de bicicleta para o trabalho. Estou envolvido em pesquisa que mostra que ciclistas fazem desvios e prolongam as distâncias se isso torna seus trajetos mais agradáveis. Você nunca faz isso?"

Aceno com a cabeça, concordando. Sim, está bem, é algo que faço de vez em quando. Na volta para casa, se não estou com pressa. Muito raramente.

"E pedalar relaxado parece encorajar a criatividade", afirma Marco. Ele cita o biólogo comportamental Frans de Waal, que desenvolveu uma teoria sobre a reconciliação entre chimpanzés quando estava andando de bicicleta. "E o artista gráfico M.C. Escher e Ben Feringa – o químico ganhador do prêmio Nobel – tiveram algumas de suas melhores ideias enquanto andavam de bicicleta." O escritor holandês Jelle Brandt Corstius – acrescenta ele – diz que escreve enquanto anda de bicicleta.

Concordo em novo aceno com a cabeça. Agora acompanho o raciocínio dele: deslocar-se de A para B nem sempre é a razão pela qual as pessoas andam de bicicleta. Numa tentativa de aliviar a tensão entre nós, sigo seu raciocínio e conto para ele sobre umas férias que tirei há muitos anos, quando saí de Roterdã e andei de bicicleta por várias semanas sem rumo até chegar a Bremen. "Mas estava de férias", disse eu.

Então me sinto ligeiramente incomodada. Sim, também aprecio o ciclismo pelo ciclismo. Mas estou aqui como jornalista, para solucionar o problema dos congestionamentos, e ainda preciso escrever minha história, aquela que diz respeito a rodovias de bicicletas e chuveiros. "Se mais gente pudesse andar de bicicleta para o trabalho", recomeço, "isso não ajudaria a resolver o problema dos engarrafamentos?"

"Me diga, por que acha que congestionamentos são um grande problema?", pergunta Marco.

"Bem, é muito chato ficar presa em um engarrafamento, não é? Além disso, congestionamentos custam bilhões, não?"

"É mesmo?", replica ele. "Como assim?"

"Há muita gente que chega no trabalho atrasado, e isso reduz o número de horas em que são produtivas."

"E será que essa é uma questão tão séria?", pergunta Marco, com um brilho em seus olhos azuis. "Por que importa tanto se as pessoas chegam em casa ou no trabalho alguns minutos atrasadas por causa de um engarrafamento? Você não tem que pegar uma fila no supermercado de vez em quando?"

Aceno novamente, concordando.

Então dúvidas me assolam o espírito. Será que é mesmo um grande problema ter de esperar dentro de um carro, chegar em casa um pouco mais tarde do que esperava, comparado com outros problemas?

Comparado à extinção em massa?

Atenção à saúde inadequada?

Desigualdade?

Guerra?

Por que congestionamentos de trânsito devem merecer sete semanas de jornalismo investigativo?

No trem, a caminho de casa, meus pensamentos foram em todas as direções. Não sou uma pessoa que entende muito de tecnologia – estudei literatura russa. Mas como jornalista, estou acostumada a procurar soluções para problemas. E como solucionar problemas sem soluções técnicas inventivas desenvolvidas por hábeis engenheiros?

Tinha pensado que planejamento urbano e regional era uma disciplina técnica – o que é, na maioria das universidades e institutos. Porém, na Universidade de Amsterdã, no departamento do professor de ciclismo, ela faz parte das ciências sociais. É por isso que minha conversa com Marco não tinha sido sobre o tipo de rodovia de bicicletas para bicicletas reclinadas, bicicletas elétricas ou *pedelecs* de velocidade, mas sobre o que as pessoas vivenciam quando se movimentam.

A primeira coisa que faço quando chego em casa é tomar um banho. Depois vejo os comentários de leitores a respeito dos meus artigos anteriores sobre "ciclismo *versus* congestionamento". Um leitor mais velho escreve: "Me dê muitos engarrafamentos. Para ciclistas, isso é uma calmaria. Não ando de bicicleta por causa dos congestionamentos nas vias. Muito obrigado, mas sei o quero. Ando de bicicleta porque quero e porque me dá prazer, e porque há muitas vantagens no ciclismo." Esse comentário foi de um homem que andava de bicicleta para o trabalho e de volta para casa há vinte anos, 52 km a cada dia. No entanto, ele nunca fez isso com o propósito expresso de evitar engarrafamentos no trânsito.

E havia outros ciclistas que não estavam preocupados em chegar a seus destinos o mais rápido possível. "A estrada provincial é o caminho mais direto, mas nunca vou por ela", escreveu um leitor. Essas pessoas não estavam nem um pouco interessadas em resolver o problema do engarrafamento. Outra comentou: "As pessoas que vão de A para B só precisam parar de acreditar que estão com tanta pressa."

Em outro momento, teria rotulado essas pessoas de rabugentas. Mas, depois de minha conversa com Marco, hesito. Fico pensando sobre as férias que passei andando de bicicleta, com o vento nas costas. Também recordo a viagem pelo Cáucaso em nosso Niva azul-marinho, que foi a viagem mais despreocupada e aventureira de minha vida.

Poderia me dar ao luxo de ignorar essa experiência?

O Início de uma Nova Jornada

Por fim, simplesmente datilografei minha discussão com Marco. O resultado é um artigo em que ele argumenta que, a partir do momento em que você começa a rotular caminhos de ciclismo como "rodovias de bicicletas", ciclistas podem se tornar motoristas sobre duas rodas. É um artigo em que ele não tem nada a dizer sobre chuveiros nos locais de trabalho, mas, em vez disso, fala sobre os chimpanzés de Frans de Waal.

Esse é o artigo mais compartilhado da série "ciclismo *versus* congestionamentos"[6]. Ele dialoga com as pessoas.

Nas semanas seguintes, deixo outros peritos em ciclismo dar suas opiniões e descubro quão pouco entendo do assunto, embora ande de bicicleta quase todos os dias. A conversa com Marco não sai da minha cabeça. Mando um *e-mail* para ele: "Estava tão preocupada com o futuro da mobilidade, mas sei tão pouco sobre como funciona. Quero me aprofundar nesse assunto."

"Quer conversar sobre isso?", me responde ele.

Eu quero.

Mas antes nosso segundo filho nasceu e, durante os quatro meses seguintes, a vida desacelerou.

Então Marco e eu marcamos um novo encontro, dessa vez na cantina do campus de Roeterseiland, da Universidade de Amsterdã, onde fica o departamento de Planejamento Regional e Urbano, no qual ele trabalha.

"Uma das coisas que quero compreender", digo, "é, em primeiro lugar, por que achei que congestionamentos eram tão importantes."

Marco responde entusiasmado. "Eu me pergunto", diz ele, "como isso nos afeta – o fato de acharmos que é tão importante. E o fato de estarmos sempre correndo. Por que queremos que as coisas sejam assim? O que é que realmente queremos? Há alternativas? E o que poderia mudar se encontrássemos respostas a essas perguntas?"

Pouco depois dessa nossa conversa, ele me manda uma mensagem privada pelo Twitter:

> **professor de ciclismo** @fietsprofessor
> Vamos avaliar um novo projeto de caminho de ciclismo num cruzamento em Amsterdã, junto com alguns funcionários públicos locais. Quer vir conosco?

> **Thalia Verkade** @tveka
> Quero, sim! Por favor!

De antemão, tenho a expectativa de que será bem entediante. Entretanto, essa avaliação vai mudar radicalmente o modo como vejo nossas ruas e estradas.

Eis o Chip Cone[7]

No cruzamento que vai da Jodenbreestraat em direção à praça Meester Visserplein, em Amsterdã, a ciclovia se alarga logo antes de chegar ao farol. Vamos supor que você chegue a esse cruzamento quando o semáforo está vermelho. Há três ciclistas, um do lado do outro na fila – há apenas espaço suficiente para você se espremer ao lado deles, pois a via se alarga de forma inesperada nesse ponto. A ciclovia à sua esquerda, para os ciclistas que estão prestes a cruzar do outro lado da via, é estreita. Lá eles podem andar, no máximo, em pares, lado a lado, como em uma ciclovia normal.

Quando o semáforo fica verde, ciclistas dos dois lados cruzam a via principal. A ciclovia em que você está andando se estreita, enquanto aquela à sua esquerda se alarga. Os ciclistas que estavam ao seu lado no farol um momento atrás cruzam a via em velocidades diferentes, formando um longo rabo. Uma vez que você alcança o outro lado da via, você pode andar em pares pela ciclovia, como de costume.

Embora o cruzamento pareça muito esquisito, com todas as linhas oblíquas cortando-o, a maioria dos ciclistas vão atravessar sem hesitação. Esse experimento tem sido nomeado como *chip cone* (cruzamento em formato cônico).

O *chip cone* (cruzamento em formato cônico) é o objeto de avaliação do qual participo com Marco, que esteve envolvido na elaboração de seu desenho. Ele me fornece uma contextualização: "Eric Wiebes, o membro do executivo local responsável por assuntos de mobilidade, encomendou algumas pesquisas sobre possíveis maneiras de evitar engarrafamentos de bicicletas, mas a condição era que qualquer solução teria de deixar o tráfego motorizado fluir sem impedimentos. O *chip cone* permite que mais ciclistas aguardem no farol vermelho do que anteriormente. E isso significa que mais ciclistas poderão atravessar ao mesmo tempo quando o farol ficar verde."

A avaliação acontece em um prédio municipal de estilo industrial que serve de ponto de encontro e espaço de trabalho flexível. Todos parecem se conhecer, e há um clima de comemoração no ar; o *chip cone* ganhou um prêmio anual por inovação em ciclismo. Todos recebemos um cone todo quadriculado, em xadrez, contendo um doce em forma de banana. O doce é para homenagear um novo tipo de ilha de tráfego em miniatura, apelidado de "a banana", situado no mesmo cruzamento e que libera espaço extra para o *chip cone*.

Ponto de Cruzamento de Ciclistas: O Chip Cone

Para melhorar o fluxo de tráfego onde ciclovias cruzam estradas, uma equipe de engenheiros de tráfego, planejadores de espaço e cientistas sociais projetaram o *chip cone* (cruzamento em formato cônico). A linha pintada que divide uma ciclovia da outra atravessa diagonalmente a via.

Sinal vermelho
Enquanto os ciclistas esperam em um sinal vermelho , eles têm mais espaço para esperar lado a lado com outros ciclistas

ciclovia
ciclistas
via
ciclovia

Sinal verde
Assim que o sinal fica verde, os ciclistas atravessam m velocidades diferentes em direção a um ponto de passagem mais estreito

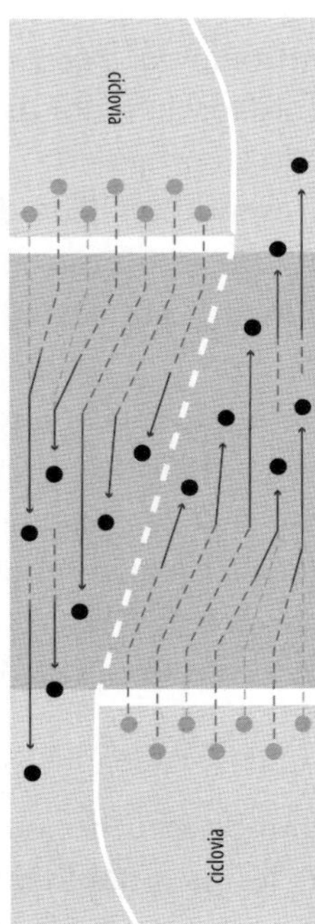

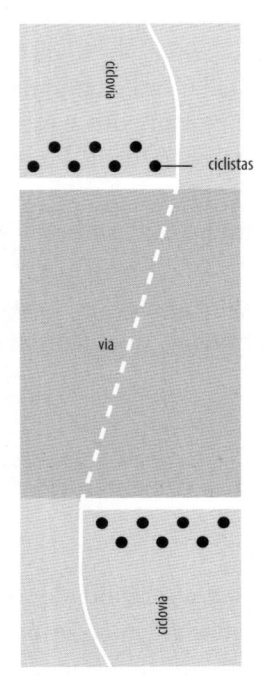

Fonte: Autoridade municipal de Amsterdã

Em uma apresentação em PowerPoint, dois funcionários públicos locais que ajudaram a desenhar o *chip cone*, Kees Vernooij e Sjoerd Linders, explicam exatamente como desenvolveram essa tarefa. Que prático, penso, um curso introdutório em projeto de cruzamentos.

Primeiro, alguns estudantes de sociologia fotografaram o cruzamento. Suas fotos mostraram como ciclistas, quando o trânsito estava pesado, faziam vários tipos de manobra que não deveriam fazer, como: ficar um ao lado do outro quando o farol estava vermelho; mantendo-se frequentemente do lado errado da linha divisória central; andar no sentido em volta da ilha de tráfego. Os estudantes também entrevistaram ciclistas, muitos dos quais afirmaram que achavam estressantes o trânsito pesado e o comportamento anárquico de outros ciclistas.

Os planejadores teorizaram que o tráfego poderia ser mais fluido se deixassem os ciclistas fazerem as coisas a seu modo. Dessa forma, os trabalhadores responsáveis pela pintura das marcações de trânsito foram instruídos a posicioná-las a fim de expor como os ciclistas se comportam na vida real. Foi assim que o *chip cone* foi criado. As linhas da via principal utilizada pelos motoristas continuam a correr paralelas.

Dou uma olhada ao redor da sala, espantada com o tanto de pensamento que foi dedicado ao projeto de um ponto de cruzamento, e mais ainda que o resultado esteja sendo avaliado de maneira tão detalhada. Porém, de alguma forma esperava que a solução fosse mais técnica.

"Então, é assim que desenham cruzamentos?", sussurro para Marco. Ele sorri.

"De forma alguma! O jeito normal de projetar ciclovias é seguir as orientações de manuais de engenharia de trânsito, que não são baseados no comportamento real das pessoas."

"É? Do que eles tratam então?"

"Regras", responde Marco.

Não entendo o ponto dele, mas logo mais vou entender.

Então, um aluno do terceiro ano de estudos em mobilidade sobe no pódio. Koen Schreurs foi incumbido de explicar todas as situações potencialmente perigosas nas imediações do ponto de cruzamento atualizado. Para fazer isso, ele aplicou uma técnica de observação de conflito utilizada no planejamento de trânsito conhecida como Doctor.

Aparentemente, todos na sala estão familiarizados com o termo. Ao pesquisar no Google mais tarde, descubro que se trata de uma sigla para Dutch Objective Conflict Technique of Operation and Research (Técnica Holandesa de Operação e Pesquisa de Conflito Objetivo) e que é um método utilizado para avaliar projetos de vias.

O manual Doctor contém frases como a seguinte:

> O conceito de Tempo Para Colisão requer a presença de uma rota de colisão. No entanto, nos casos em que usuários de vias simplesmente se cruzam em alta velocidade, sem alterações consideráveis de rota ou velocidade, não há, estritamente falando, nenhuma rota de colisão. Ainda assim, o risco de colisão em tais circunstâncias continua sendo uma realidade; uma pequena perturbação no processo poderia facilmente resultar em uma colisão.[8]

Para o Doctor, então, as pessoas em movimento são um tipo de projétil.

Usando esse método, Schreurs vem pesquisando o comportamento dos ciclistas ao se aproximarem do *chip cone* e utilizarem-no para atravessar. Ele mediu e registrou o risco de colisões e concluiu que o novo desenho leva a algumas situações bem perigosas. "Essa não é a forma mais segura para atravessar", diz ele.

Schreurs dá alguns exemplos dos conflitos que observou. A definição de um "conflito" do manual Doctor é uma situação em que alguém leva mais tempo do que o estritamente necessário para fazer algo, a fim de evitar uma colisão em POTENCIAL. Por exemplo, uma pedestre a caminho da faixa de pedestres tem que parar para deixar um grupo de dez ou mais ciclistas passar, todos pedalando a toda velocidade depois de cruzar a via. A pedestre dá a volta por trás dos ciclistas para atravessar na faixa de pedestres.

Ouço murmúrios na sala. Vários dos presentes bombardeiam o estudante com perguntas difíceis. Eles enxergam algo diferente – pessoas cooperando umas com as outras para tirar o melhor proveito da situação. Por que Schreurs vê toda possível interação como um conflito a ser evitado?

O estudante se defende educadamente. Ele ressalta que levou em consideração o comportamento dos ciclistas e a comunicação entre eles ao adaptar o modelo Doctor, que foi projetado para motoristas. Além disso, as autoridades locais têm recebido algumas queixas de ciclistas sobre o ponto de cruzamento atualizado.

"Aquela foi uma tarefa difícil", comenta mais tarde o funcionário público Sjoerd Linders. "Espera-se que os ciclistas, na área imediatamente antes da travessia, entrem em acordo entre si. A análise de colisão realizada por Schreurs ajudou as autoridades locais a entender melhor onde os ciclistas encontram dificuldade."

A análise de colisão do manual Doctor é minha primeira experiência direta com engenharia de trânsito. Já tinha ouvido falar dela como profissão, claro, mas, até aquele momento, eu achava que engenheiros de trânsito se preocupavam principalmente com o projeto do *layout* de áreas recém-construídas.

Tampouco tinha pensado, anteriormente, sobre o fato de que o trabalho deles tem por base um conjunto específico de princípios lógicos, manuais e filosofias de projetos. Estou tendo meu primeiro vislumbre disso hoje. Rota de colisão. Tempo para colisão. Doctor. Soa como uma ciência exata.

Os cientistas sociais na sala têm uma maneira diferente de ver a cidade; eles não veem uma coleção de prédios e vias, mas um grupo de pessoas. Os planejadores urbanos e regionais da Universidade de Amsterdã, como descubro aos poucos, estudam a interação entre seres humanos e o ambiente projetado para eles. Uma colisão entre duas pessoas que caminham ao longo de uma calçada pode ser fortuita: foi assim que William (Hugh Grant) se encontrou com Anna (Julia Roberts) no filme *Um Lugar Chamado Notting Hill*.

Mas, em engenharia de trânsito, uma colisão é um "conflito" que deve ser prevenido. Da perspectiva do engenheiro de trânsito, a cidade não é uma soma de pessoas que vivem e interagem nela, mas é sim um conjunto de vias por meio das quais as pessoas se cruzam e devem ser impedidas de se atrasarem mais do que o necessário.

Enquanto mastigo meu doce de banana, fica claro para mim que o *chip cone* é *a grande exceção à regra*: um cruzamento extremamente raro cujo desenho é baseado não na lógica de engenheiros de trânsito, mas na de sociólogos. O *chip cone* é a rachadura no sistema que revela a existência do sistema.

A Cidade Como Problema de Geometria

O nome *chip cone* foi cunhado por uma pessoa de Roterdã, descobri depois. Minha cidade tem talento para inventar apelidos. Roterdã é o lar da nova estação de trem Kapsalon (apelido em homenagem a um lanche saudável que vem em uma bandeja de papel-alumínio parecida com o teto da estação); da Shopditch (loja em fosso, também conhecida como Beurstraverse, o primeiro shopping center ao ar livre da Holanda); do Punter's Pier (Cais do Freguês, uma ponte para pedestres que leva à antiga zona de meretrício); e Buttplug Gnome (Gnomo com Plugue na Bunda, uma escultura de Paul McCarthy que retrata o Papai Noel segurando algo que talvez seja uma pequena árvore de natal).

E agora, pedalando sobre "o Cisne" (também conhecido como a ponte Erasmus), estou desenvolvendo um olhar para o sistema de engenharia de trânsito.

Há uma mensagem em letras oficiais na ciclovia de asfalto sobre a ponte que não estava lá há pouco tempo: "Diga BOO para ciclistas atravessando do lado errado." Devo admitir que às vezes ando do lado errado da ponte; você tem que esperar bastante tempo no farol até que possa cruzar a via e a linha do bonde para chegar ao lado em que deveria estar. E, depois que atravessou a ponte sobre o rio Nieuwe Maas, se tiver que estar do lado esquerdo novamente, você terá de esperar o farol uma segunda vez. Hoje estou andando na direção correta. A pessoa vindo velozmente em minha direção não está. Há um conflito logo adiante: não um ciclista, mas um homem andando de ciclomotor. Ele está se aproximando bem rapidamente. Desvio o máximo que consigo para a minha direita. Deveria estar gritando "BOO" agora?

Depois da avaliação do *chip cone*, me pergunto por que não há uma ciclovia de duas pistas em ambos os lados da ponte. Além de ser mais fácil para os ciclistas, isso manteria o fluxo do tráfego mais fluído. Claro, isso *é* uma ponte, eu acho. Será que o problema é a falta de espaço?

Nas semanas seguintes comecei a desenvolver uma nova consciência em relação às linhas pintadas no asfalto, à forma como as ruas são divididas em seções e pistas que mantêm as pessoas em vias separadas enquanto passam correndo umas pelas outras. Porém, os seres humanos, com seu comportamento imprevisível, com frequência parecem causar problemas dentro do sistema.

Considero meu próprio bairro no norte de Roterdã. Há uma rua chamada Zaagmolenstraat que, embora não seja muito larga, tem dois conjuntos de linhas de bonde, fluxo de tráfego de veículos motorizados em ambas as direções e carros estacionados nos dois lados da calçada. Tudo parece projetado para encorajar as pessoas a não permanecer muito tempo por ali, mas chegar, atravessar e ir embora assim que possível. Se você precisa sair do bonde com um carrinho de bebê, frequentemente vai encontrar um carro bloqueando sua passagem, pois os espaços de estacionamento são localizados nas paradas do bonde. Então você tem que correr dentro do bonde até a próxima porta de saída, gritando, "Espere!" para o motorista em sua cabine de vidro.

A rua é pelo menos tão estressante para motoristas quanto para pedestres. O desenho dela o encoraja – quase lhe implora – a atravessá-la de carro em alta velocidade. É permitido que os automóveis andem por ela a 50 km/h, e não há lombadas. Porém, com todos esses bondes, e com os ciclistas fazendo manobras esquisitas para evitar que as rodas de suas bicicletas fiquem presas nos trilhos do bonde, além das pessoas descendo dos bondes e atravessando a rua com toda a velocidade entre os carros estacionados, você não consegue dirigir em alta velocidade. Contudo, a sensação que dá é a de que você deveria estar fazendo isso.

Numa bicicleta, o pesadelo é completo; trata-se de uma rua muito estreita, muito movimentada, e ainda por cima a presença dos trilhos de bonde com os quais é preciso ter atenção e tomar o maior cuidado. Não ouso andar de bicicleta na Zaagmolenstraat com meu filho mais velho, que acabou de aprender a pedalar.

Mas nós sempre andamos juntos de bicicleta para a escola numa ampla ciclovia separada que fica entre uma via de duas pistas, com um limite de velocidade de 50 km/h, e a rodovia A20. Para chegar à escola do meu filho, temos que cruzar a via de duas pistas. Estou começando a achar isso surpreendente também. Não há uma faixa de pedestres. Tampouco há semáforos. Há apenas um ponto de cruzamento estreito para ciclistas que precisam esperar, nas indicações de passagem, o fluxo de carros parar.

Há duas outras escolas logo atrás da escola do meu filho. Todos que vão de bicicleta têm que atravessar a via ao menos duas vezes por dia. Toda manhã, aglomerados de pais e crianças esperam por uma folga no tráfego. É francamente perigoso.

Meu filho de quatro anos ainda não entendeu o sistema. "Mas podemos atravessar aqui também, não podemos?", diz ele, enquanto pedala sua pequena bicicleta azul em direção ao lado esquerdo da ciclovia, que não tem indicações de passagem. Alarmada, eu o alcanço e coloco a roda dianteira de minha bicicleta atravessada na frente do seu caminho. "Pare! – Você não pode atravessar desse jeito!"

Mas por que as crianças têm de esperar por uma brecha no trânsito que passa a toda velocidade? Por que os motoristas têm prioridade ao lado de uma escola? Por que não existe uma faixa de pedestres aqui, ou ao menos um semáforo para as dezenas de crianças que atravessam a via?

Agora estou espantada que essas perguntas nunca tenham me ocorrido antes.

Semáforos, Indicações de Passagem e Botões nos Semáforos

O tráfego é uma parte tão integral do meu dia a dia que nunca parei para pensar como funciona. Quem decide se uma faixa de pedestres ou um semáforo será colocado em determinado lugar? A princípio, isso me parece uma questão técnica, algo da alçada de engenheiros de trânsito.

Porém, depois de conhecer alguns engenheiros de trânsito, percebo que não se trata apenas de um assunto técnico. É uma questão social, política e moral: ela diz respeito a quem tem mais direitos. Acabo me dando conta disso quando Luc Prinsen, um consultor de gestão de tráfego da companhia de engenharia Goudappel Coffeng, e Mark Clijsen, um especialista no controle de trânsito da autoridade local de Tilburg, me levam para percorrer alguns dos semáforos da cidade.

Desculpem, deveria dizer SCT, ou "sistemas de controle de tráfego", como Prinsen, um homem alto, de cabelos grisalhos e olhos azul-claros, chama os semáforos. Em parceria com Clijsen, um homem de óculos, um pouco mais baixo que ele, já instalaram muitos deles em Tilburg.

Tilburg tem cerca de 150 SCTs: 150 interseções reguladas por um computador e um conjunto de semáforos aos quais esses profissionais se referem não como "vermelho, âmbar e verde", mas como "vermelho, amarelo e verde".

O primeiro SCT em nosso percurso, um pequeno conjunto de semáforos para pedestres, imediatamente levanta algumas questões. Quando apertamos o botão, a luz gentilmente fica verde. Mas ela volta a ficar vermelha antes mesmo de alcançarmos a ilha de tráfego no meio da via – embora a via que cruzamos nem seja tão larga.

O dispositivo acionou tudo rápido demais. Prinsen pergunta por que funciona assim. Clijsen diz: "Talvez tenhamos demorado um pouco para cruzar a via." É verdade, atravessamos vagorosamente, conversando entre nós. Agora precisamos esperar o próximo farol verde, com os motoristas passando por nós em ambas as direções.

"Você pode ajustar os semáforos?", pergunto a Clijsen. "Você pode configurá-los para ficar no verde por um tempo maior, para que as pessoas possam atravessar num ritmo mais tranquilo?"

"Posso sim. É o que fazemos nas áreas próximas a moradias de idosos, por exemplo, ou se alguém faz uma reclamação."

Uau, penso. Então é simples assim?

Prinsen acrescenta: "Mas, para fazer isso, é preciso verificar os registros para esse conjunto de semáforos a fim de ver com que frequência esse tipo de coisa acontece. Se você estende a fase verde quando de fato é raro as pessoas ficarem presas no meio da via, você mina a credibilidade dos faróis no que diz respeito a todos os outros usuários dessas vias. E isso significa que os motoristas são menos propensos a levar os semáforos a sério, o que acarreta um efeito negativo em relação à segurança do trânsito."

Andamos em direção a um cruzamento principal.

"É preciso registrar uma mudança oficialmente caso você ajuste os faróis?" pergunto. "Há padrões específicos ou regras que você tem que cumprir para fazer isso?"

"Posso fazer ajustes menores se quiser", diz Clijsen.

"E com que frequência você faz isso?"

"Bom, em média, uma vez por semana."

Prinsen e Clijsen apontam todos os tipos de recursos que nunca notei. Só depois que adquirem um nome que começo a registrá-los – tais como o *chip cone* e a "banana". Olhamos para fendas praticamente imperceptíveis no asfalto antes da linha de parada nas ciclovias e nas vias. Abaixo dessas fendas há circuitos de detecção de veículos que usam um campo magnético para detectar os veículos acima. Essa informação é transmitida aos semáforos: alguém quer que o farol fique verde.

Agora estamos em pé ao lado de uma caixa preta à beira de um entroncamento principal. Clijsen saca uma chave de fenda e abre a porta da caixa. Vemos uma tela de computador cercada de botões, com uma caixa de distribuição embaixo. Esse é o cérebro do sistema de controle de tráfego.

Um diagrama esquemático do cruzamento pisca na tela. Bem na minha frente, vejo um motorista parar em cima do circuito de detecção. Na tela do computador, o espaço ocupado pelo veículo fica preto.

"Veja, agora o computador sabe que tem alguém parado no farol", diz Prinsen. "E agora a contagem se inicia. Há 3.600 segundos em uma hora. O tempo que os veículos levam para desocupar o cruzamento, uma vez que o farol fica vermelho, é cerca de seiscentos segundos – dez minutos – a cada hora. E você precisa acrescentar uma margem de segurança sobre isso. O resto do tempo disponível precisa ser dividido razoavelmente entre os vários fluxos de trânsito indo em diferentes direções."

Mas como se faz isso? O que significa uma divisão "razoável"? A quem ela se aplica?

Chegamos ao "Anel da Cidade", um feliz campo de caça para qualquer um em um safári de semáforos: ele possui uma riqueza de espécies diferentes, todas próximas. O Anel da Cidade é uma via de asfalto de mão única, dividida em duas pistas, que circunda o centro da cidade. O centro de Tilburg não é cercado por água corrente, como muitas cidades históricas holandesas, mas pelo fluxo de tráfego.

Concluído em 2011, o Anel da Cidade é, de fato, uma série de ruas residenciais conectadas entre si, com calçadas, como essa em que estamos andando agora, com casas e pessoas que moram nelas; e com ruas laterais, onde mais gente vive, trabalha ou estuda. A única coisa que a distingue enquanto rodoanel é sua superfície, projetada para tráfego rápido.

Paramos em um conjunto de semáforos para pedestres que parece um pouco fora de lugar.

"A autoridade local preferia não colocar esses semáforos aqui, mas a escola que fica nessa rua lateral insistiu", diz Clijsen. "O que realmente precisa aqui é uma faixa de travessia para pedestres, para que os pedestres sempre tenham prioridade. Mas isso não é viável, pois significaria engarrafamentos em outras partes da cidade."

"Nós já temos que abrir e fechar as torneiras", diz Prinsen. Quando fica congestionado ou parece que provavelmente vai ficar, menos tráfego é permitido entrar no Anel em outros pontos."

Canos de água como metáforas para ruas, água como metáfora para tráfego. Engenheiros de trânsito podem ver quanto tráfego pode fluir pelo Anel da Cidade ao consultar modelos de trânsito. Esses são diagramas de fluxo que incluem todas as ruas da cidade, com milhares de variáveis, como o tempo que leva para mudar os faróis dos semáforos, os limites de velocidade, o número esperado de carros transitando, onde há uma rota de ônibus que precisa de maior prioridade e assim por diante. Isso torna possível fazer uma previsão das várias rotas de tráfego que serão acionadas enquanto flui pelas ruas.

Clijsen diz: "Na verdade, o semáforo é um último recurso, não apenas algo a ser instalado em qualquer lugar. Por isso, rejeitamos a solicitação para esse pequeno SCT em primeiro lugar, mas eles continuaram a enviar petições, apelando inclusive para o nível do representante local responsável pelo trânsito."

Foi uma verdadeira batalha, descobri mais tarde. O diretor de escola Bas Evers se recusou a aceitar o fato de que seus 450 alunos não poderiam atravessar a via autonomamente.

"Não podemos sustentar uma situação em que os pais têm que seguir trazendo as crianças para a escola até o último ano do fundamental porque estão preocupados que algo possa acontecer nesse cruzamento perigoso", disse Evers à estação local de rádio. "Cada vez que vou para escola, eu me pego esperando que nada tenha acontecido – assim como meus colegas e os pais das nossas crianças." Ele estava perdendo o sono com a situação[9].

Inicialmente, a autoridade local anunciou que não tinha planos para instalar semáforo para pedestres. Como Clijsen já comentou, isso "tiraria a velocidade do Anel da Cidade". Então o diretor e seus alunos resolveram organizar uma manobra para chamar a atenção. Era quase dia 5 de dezembro, Dia de São Nicolau[10], e então eles solicitaram ao alegre e velho santo – um homem local vestido em um robe branco com uma capa vermelha – para subir numa plataforma de construção. Se a autoridade local não estava preparada para garantir a segurança das crianças da escola – que contava então com 530 estudantes –, então o próprio são Nicolau teria de cuidar disso.

Evers me contou depois pelo telefone, "Convidei todos os partidos políticos para comparecerem à manifestação a fim de que pudéssemos mostrar a eles a situação. Estava pronto para andar até a Prefeitura com as crianças." E ele continua, "Perguntei: 'Vocês não se dão conta de que há uma escola aqui? Por que os interesses das crianças têm tão pouca prioridade?'"

Aos poucos, a mensagem foi ouvida: não era justo que crianças não pudessem cruzar a via em segurança.

Em Tilburg, aperto o botão que opera o semáforo de pedestres que Bas Evers lutou para implementar. Conto nos dedos. O trânsito continua fluindo por uns trinta segundos. Então os carros param, e alguns segundos depois o farol dos pedestres fica verde.

As luzes piscam.

É hora de esvaziar o cruzamento de pedestres.

Há uma pequena margem.

Então as torneiras se abrem novamente.

Mais adiante, o Anel da Cidade causa grandes transtornos, problemas que deixam Bas Evers sem sono à noite. Há motivos que levam a população local a chamar o Anel da Cidade de "pista de corrida". Ao menos cem acidentes foram relatados em um período de nove meses[11] – um a cada três dias. Faz algum sentido usar a palavra "acidente" para uma ocorrência tão sistemática, eu me pergunto? O limite de velocidade oficial é de 50km/h, mas o rodoanel é tão parecido com uma rodovia que é difícil o motorista resistir pisar no acelerador.

Prinsen, Clijsen e eu estamos agora ao lado de um poste de tráfego grande e listrado em branco e preto que forma um arco sobre a via. Esse "portal" é um dispositivo de controle de trânsito particularmente exótico. Ele carrega um radar de velocidade e uma placa matricial em que consta o desenho simples de um rostinho, que pode tanto franzir a testa como sorrir.

"Nós chamamos o rostinho bravo de *frownie* (carrancudo)", diz Clijsen. Ele mesmo desenhou a luz em que surge o rostinho como forma de chamar a atenção dos "velocistas". "Dirija numa velocidade normal e verá o rostinho sorrindo", explica. O carrancudo aparece quando você está a mais de 50 km/h, e o farol fica vermelho por mais tempo também. Então você é penalizado."

"Como isso afeta o motorista na pista ao seu lado?", pergunto. "Quero dizer, se este se mantiver dentro do limite de velocidade?"

"Ele terá de esperar por mais tempo também. Essa é uma das desvantagens do sistema."

"Qual é a opinião da população local sobre isso?", pergunto.

"A maioria apoia esforços desse tipo para mudar o comportamento dos motoristas."

Então um motorista passa ultrapassando o limite de velocidade e o carrancudo acende. Prinsen pergunta, "Mark, você pode me dar as especificidades dessa contravenção?"

Exatamente o que está acontecendo aqui? Tento analisar de todos os pontos de vista possíveis.

As pessoas que moram próximas ao rodoanel, escolares e outros residentes de Tilburg, atravessando o Anel da Cidade, a pé ou de bicicleta, não têm direito preferencial de passagem porque isso atrasaria o trânsito em torno do centro da cidade.

Gerentes de tráfego e funcionários públicos como Prinsen e Clijsen estão fazendo o seu melhor dentro dos limites da lógica da administração do trânsito – ou seja, o tráfego não pode parar e conflitos precisam ser evitados – para organizar tudo da forma mais justa possível.

A maioria dos habitantes está contente com essas intervenções.

Porém, há uma colisão no Anel da Cidade a cada três dias.

Se os motoristas ultrapassam o limite de velocidade, não são multados, eles apenas precisam esperar um pouco mais para o farol ficar verde.

E, se você é um residente local que quer alguma mudança, tem que apelar para são Nicolau.

"Não seria mais fácil fazer com que não se pudesse dirigir tão rápido nessa via?", pergunto.

Clijsen assente com a cabeça. "Nosso representante, responsável pelo tráfego local, diz que o ônus de cruzar nas interseções deveria ser dos motoristas, não dos pedestres. Então estamos fazendo todo tipo de experimento atualmente."

Andamos até uma dessas experiências. Do lado de fora do teatro principal, mudas e arbustos em vasos foram colocados sobre "ilhas" de gramado artificial para forçar os motoristas a diminuírem a velocidade quando se aproximam. As autoridades locais gostam da ideia, mas, dessa vez, é a mídia local que desaprova. "Um 'mini campo de golf' (por 150 mil euros) no Anel da Cidade", critica o jornal regional *Brabants Dagblad*, refletindo a "voz do povo"[12].

Medidas para moderar o tráfego do lado de fora do teatro principal de Tilburg.
Fonte: BD nl © Bas Vermeer.

Prinsen e Clijsen querem me mostrar mais um farol de trânsito inovador na interseção onde acabamos de chegar.

Um pequeno alto-falante, com uma placa explicativa, foi instalado ao lado da via onde ciclistas e pedestres esperam. Ele toca a música que Tommy-Boy costumava ouvir. Tommy-Boy, um garoto de treze anos, estava andando de bicicleta, ouvindo música no seu celular, quando foi atropelado e morto por uma mulher dirigindo numa estrada provincial próxima a Bussum, no norte da Holanda.

"Faz você pensar, não é?", diz Clijsen.

Aceno com a cabeça afirmativamente. Estou familiarizada com esses alto-falantes memoriais que também temos em Roterdã: a ideia foi criada por estudantes da academia de artes da cidade. Tommy-Boy não ultrapassou um sinal vermelho. Ele saiu da floresta, andando de bicicleta distraído, e cruzou a estrada onde não tinha a preferencial.

Depois de sua morte, o cruzamento foi alterado. Agora há uma cerca no fim da ciclovia, obrigando os ciclistas a descer de suas bicicletas antes de atravessar. Se você é motorista, pode manter-se dirigindo em alta velocidade.

"Vocês poderiam colocar outro alto-falante e outra placa para os motoristas?", pergunto a Clijsen. "Para que eles também percebam o perigo? Que poderiam atropelar uma criança e matá-la?"

Minha voz é mais veemente do que eu gostaria.

Há um silêncio constrangedor.

Em casa, vejo minhas fotos do cruzamento complicado. Estava realmente sendo justa com aquela pergunta?

Luc Prinsen e Mark Clijsen estão fazendo tudo o que podem para manter os "velocistas" fora do sistema. Mas esses especialistas, com sua formação técnica, não conseguem tomar decisões sobre quem tem prioridade de passagem na via: aqueles que moram na região e vão para a escola por ali mesmo; ou aqueles que precisam passar por ali para ir de um ponto A até um ponto B. Dentro de margens estreitamente definidas, eles podem instalar e aperfeiçoar um sistema de controle de tráfego. Podem tentar fazer esse sistema ainda mais inteligente, e até mesmo fazer com que eles se comuniquem com o celular das pessoas. Mas a razão pela qual tais coisas são necessárias, antes de mais nada, está além de suas atribuições.

Por que diretores de escola precisam implorar para a instalação de um poste com botão para que as crianças possam atravessar a via, e por que eles não têm um assento no conselho quando planos para um rodoanel, como o Anel da Cidade, estão em discussão, de tal forma que possam dizer, "Se é isso que vocês vão fazer, no mínimo queremos uma faixa de pedestres"?

Telefono para Bas Evers, o diretor da escola. Ele me disse que, no início, pediu uma faixa de pedestres, mas a autoridade local respondeu que semáforos para pedestres, com sua fase verde curta, era o máximo que poderia fazer. Os semáforos são melhores que nada, mas, para Bas Evers, não são suficientes. "Nossa escola é montessoriana, baseada em princípios como a aprendizagem da responsabilidade e da autonomia. Porém, entendo por que alguns pais de crianças de dez anos ainda acompanham seus filhos a pé até a escola, já que eles têm que atravessar uma via como essa."

Penso na escola do meu filho, que tem uma configuração semelhante. Lembro de como às vezes ando na rua parecendo uma guarda de trânsito em faixa de pedestres, gesticulando aos motoristas para que parem. Lembro de como alguns motoristas param por conta própria, enquanto outros, atrás deles, começam a buzinar.

Será que também poderíamos ter um conjunto de semáforos para pedestres? Ou uma faixa de pedestre para motoristas ou ainda indicações de passagem para motoristas? Ou talvez um botão para os motoristas apertarem – por que isso não existe?

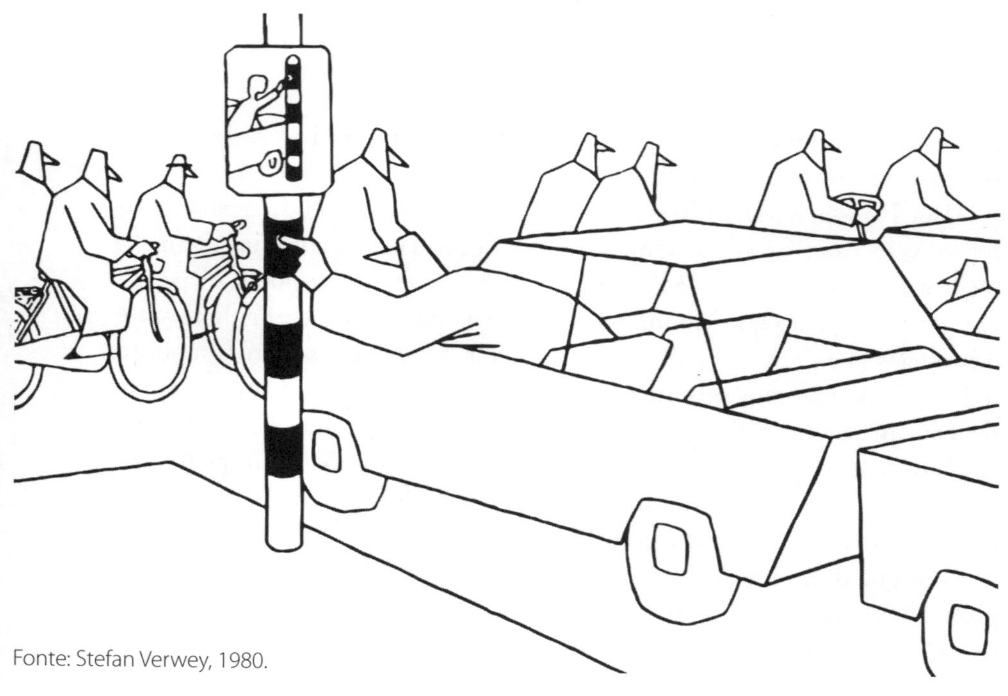

Fonte: Stefan Verwey, 1980.

Zona de Desembarque Escolar

Marco e eu passamos a nos conhecer melhor por meio de mensagens privadas trocadas no Twitter. Ele tem um problema semelhante ao de Bas Evers em sua área residencial. A grande diferença é que Marco mora em um novo bairro em Ede, um vilarejo no leste da Holanda. A área na frente da escola de seus filhos ainda não foi projetada. Ela ainda tem o potencial de ser usada para todo tipo de coisa; pode se tornar um parque infantil, uma área para estacionar bicicletas, um lugar para as pessoas sentarem, um campo de futebol.

Professor de ciclismo @fietsprofessor
Agora estão com um plano para a área em frente da nossa escola local. Vão torná-la zona de desembarque escolar. Trata-se de uma espécie de rotatória onde você deixa seus filhos com segurança e vai embora sem mais delongas – engenheiros de trânsito dizem que é mais seguro e mais rápido do que estacionar seu carro e depois manobrá-lo para sair.

Thalia Verkade @tverka
Você não parece muito satisfeito com isso.

Professor de ciclismo @fietsprofessor
Não estou. Não se trata de uma zona de desembarque escolar, é uma zona de evacuação – você chuta seu filho para fora do carro, vai direto para a entrada principal e pronto. A escola não quer isso, de jeito nenhum. A professora da minha filha acaba de relembrar aos pais que é política da escola que os pais acompanhem seus filhos até a sala de aula.

Thalia Verkade @tverka
Então por que eles concordaram com esse plano?

Professor de ciclismo @fietsprofessor
O engenheiro de trânsito é o único especialista que consegue um assento na mesa junto à autoridade local.

Thalia Verkade @tverka
Por que eles não envolveram um planejador urbano na decisão?

Professor de ciclismo @fietsprofessor
Planejadores urbanos tendem a estar envolvidos em um nível mais alto, no planejamento de um novo bairro como um todo. Mas não há especialistas em desenvolvimento infantil, meio ambiente ou psicologia – embora o que estamos discutindo aqui seja uma área ao redor de uma escola.

Quando visito Marco mais tarde, ele me mostra o espaço na frente da escola. Ele vive em uma área que pertencia à fábrica de viscose Enka, que mais tarde se tornou a companhia química Akzo (de AksoNobel). Na área em frente à escola, que deve ser preparada no ano que vem, no lugar onde funcionava a cantina dos trabalhadores da fábrica, há uma grande faixa de areia. O que for construído ali vai definir o tom da nova vizinhança.

Esse espaço poderia ser transformado em uma área de lazer para as crianças, onde poderiam caminhar, correr ou ir de bicicleta para a escola, onde motoristas ficam em segundo plano. Mas parece que a sorte já está lançada: vai se tornar um espaço onde ensinamos as crianças a escolher um trajeto seguro no meio do trânsito a caminho da escola.

Um Churrasco em uma Vaga de Estacionamento

Enquanto aprendo o quanto a lógica da engenharia de trânsito determina a forma como nossas áreas residenciais são projetadas, um colega jornalista, Jesse Frederik, descobre coisas surpreendentes sobre vagas de estacionamentos[13].

Acontece que há quase o mesmo número de vagas de estacionamentos na Holanda quanto há de pessoas, o que significa que há o dobro de vagas de estacionamentos em relação a carros. Se todas essas vagas fossem colocadas em um único espaço, elas ocupariam mais espaço do que a área total da superfície de Amsterdã. Mais tarde descobri que nos Estados Unidos a situação é pior ainda. Eles têm dois bilhões de vagas para 250 milhões de carros; mais vagas de estacionamento são alocadas por carro do que vaga de moradia por pessoa[14].

Jesse escreve: "Mais de dois terços das vagas de estacionamento [na Holanda] ocupam terras públicas, e 92% delas são fornecidas de forma totalmente gratuita."

Terra pública – também conhecida como rua. Só agora que passei a me dedicar a esse assunto me dou conta: a rua é um lugar que pertence a todos, e está lá para o usufruto de todos. Ou deveria ser assim. Trata-se de um espaço compartilhado onde as pessoas deveriam poder fazer quase qualquer coisa que querem fazer, desde que seja em comum acordo.

Poderíamos usar uma vaga de estacionamento para montar um churrasco. Ou, como sugere Jesse, plantar uma pequena horta. Mas isso não é permitido. Você tampouco pode colocar sua bicicleta ou seu latão de lixo numa vaga de estacionamento. A única coisa que se permite colocar nessa vaga é um carro. Por quê?

Em seu artigo, Jesse se refere a várias pesquisas econômicas que mostram os enormes subsídios que os estacionamentos em Amsterdã recebem. O valor de mercado do lote de terra ocupado por uma vaga de estacionamento é de cerca de €3.600 por ano, mas uma licença anual de estacionamento custa apenas €535. Em contraste, o custo médio para comprar uma casa ou apartamento é de €5.655 por metro quadrado[15]. A situação é parecida no distrito de Westminster em Londres, onde os residentes pagam oito mil libras por ano para alugar um espaço de moradia do mesmo tamanho que uma vaga de estacionamento, mas pagam apenas £158 para estacionar seus carros[16].

Em Roterdã, uma licença anual de estacionamento custa menos ainda – apenas €69 em 2019[17].

"Temos que tornar o estacionamento mais caro", escreve Jesse. Ele considera que essa é a "solução para quase tudo". Isso traria mais dinheiro para a autoridade local, ao mesmo tempo que proporcionaria a oportunidade de reaproveitar esse valioso espaço da rua.

"Você poderia vir e dar uma olhada em Ede", disse Marco, quando mandei a reportagem de Jesse para ele pelo Twitter, "se quiser ver como isso funciona em um bairro novo".

Onde se poderia fazer as coisas de forma diferente.

E então vou para Ede.

O Impacto de uma Diretriz

Ao chegar à estação de trem Ede-Wageningen, a maioria dos passageiros desaparece ao se transferir para outras linhas de trem. Trata-se de um entroncamento com serviço direto para Utrecht e Amsterdã a cada quinze minutos. Essa foi uma das razões pelas quais Marco se mudou recentemente de Amsterdã para cá.

Professor de ciclismo @fietsprofessor
Posso chegar ao trabalho dentro de uma hora. Demora quase o mesmo tempo de Amsterdã para Osdorp. E recebo, no pacote, um generoso subsídio de viagem. É insano quando você para para pensar sobre isso.

Thalia Verkade @tverdka
O que há de insano nisso?

Professor de ciclismo @fietsprofessor
Por que subsidiamos pessoas que optam por morar em lugares mais distantes?

Thalia Verkade @tverdka
Será que não é porque nem todos podem morar em Amsterdã?

Toco em meu cartão inteligente e sigo o Google Maps até o endereço que Marco me mandou. Ele mora na esquina de uma pequena rua recém-construída e ainda coberta de areia.

Há um cheiro de gesso fresco dentro da casa: as paredes acabaram de ser refeitas, pois algo não estava nos conformes depois da construção. Marco pega a bicicleta de equilíbrio de seu filho de três anos no galpão do pequeno jardim, e saímos para dar uma volta pelo bairro, que ainda está em fase de construção, um trabalho em andamento. Há montes de areia por todos os lados e muitas casas ainda aguardam receber paredes ou tetos.

Ao sair do jardim, entramos na área de estacionamento que forma o centro do bloco de casas. Quase não há carros à vista: todos que têm automóvel estão claramente distantes de suas casas nesse horário do dia.

"Você sabe como decidem qual é o número de vagas de estacionamento em um bairro novo?", pergunta Marco.

"Há um padrão para isso", digo. Aprendi sobre o assunto lendo o artigo de Jesse. É uma diretriz criada por um instituto holandês chamado CROW.

"Acertou na mosca", responde Marco. "Adivinhe qual é o padrão que aplicam aqui, um bairro que fica há cinco minutos da estação de trem utilizado para transporte interurbano, com serviço direto para Utrecht e Amsterdã a cada quinze minutos."

"Hummm... então, de quantos carros você precisaria?", me pergunto em voz alta. Virando a esquina, vemos folhas de metal colocadas sobre a areia para acomodar o trânsito.

"1.7", diz Marco. "Há dezessete vagas para cada dez casas. Praticamente todos aqui podem ter dois carros."

Olho à minha volta para o que antes eram as charnecas de Veluwe. Uma lebre foge de debaixo de uma muda de planta. Eles literalmente pavimentaram o paraíso para montar um estacionamento. Nos trechos da rua já concluídos, as vagas estão demarcadas com uma linha de pedras brancas. Esses espaços são longos retângulos, um pouco mais largos que as calçadas.

"Reservaram bastante espaço. Se limitar as vagas de estacionamento, eles pensam, mais tarde haverá queixas dos moradores", diz Marco. "Então você terá vagas de estacionamento equivalente a quatro ou cinco campos de futebol, e isso sem contar todas as entradas de garagem e o espaço extra para manobrar dentro e fora delas."

"Cuidado!", grito abruptamente.

O filho pequeno de Marco saiu pedalando na sua bicicleta e, de repente, vejo um carro entrando na rua. O garotinho já parou.

Tento imaginar qual é a justificativa possível para 1.7 vaga de garagem por casa nessa região. As pessoas precisam de carros para ir a lugares onde o trem não faz parada, ou com a intenção de visitar parentes morando em aldeias, por exemplo, ou podem ter um carro ou uma van para o trabalho delas. Nem todos têm um escritório no centro de Amsterdã. Mas quase dois carros por casa em uma nova área residencial próxima a uma estação de trem de grande porte definitivamente é muito, especialmente quando considero o que mais poderia fazer com todos esses hectares de terras públicas.

"O urbanista teve como principal alvo os moradores locais de Ede", explica Marco. "O fato de estarmos bem ao lado de uma estação de trem, com serviços interurbanos, não foi mencionado no folheto de vendas. Quando mais tarde descobriram que novas famílias vindas do oeste do país queriam morar aqui também, acrescentaram no folheto que a rodovia A12 fica há poucos minutos de distância daqui – mas não que o bairro se situa há poucos minutos a pé da estação de trem."

"Mas, e quanto às pessoas de Ede que têm parentes vivendo nas aldeias próximas daqui, por exemplo", pergunto. "Elas precisam de um carro, não?"

"Também preciso de um carro de vez em quando", responde Marco. "Mas por que a norma é quase dois carros por residência? O carro está estacionado na frente da porta, a bicicleta fica num barracão. Por que não me arranjaram uma vaga de estacionamento para a minha bicicleta?"

Passeamos por trás de uma estrutura esquelética com arcos enormes – a fachada monumental da fábrica Enka, onde a viscose, seda artificial, foi produzida nas cores mais sofisticadas durante oitenta anos. Chegamos então às margens do conjunto habitacional. Vejo muitas outras vagas de estacionamento vazias.

"Ninguém estaciona aqui", diz Marco. "É muito longe para andar. Logo mais vão fazer um campo de futebol fechado para adolescentes aqui, para que os jovens possam jogar sem danificar os carros. Isso já está sendo discutido – por que não deixar os jovens esticar as pernas um pouco antes de seus jogos?"

"E você é contra isso?"

"É notável que atividades cotidianas ficam relegadas às margens de nosso bairro, para que possamos estacionar nossos carros bem no centro dele. O que acho mais esquisito é que, aparentemente, não temos nenhuma escolha em relação a essas decisões. A autoridade local se refere ao padrão de estacionamento estabelecido pela CROW. Mas essa é apenas uma diretriz. Não são obrigados a se pautar por ela." Ele aponta para além das vagas de estacionamento para uma área verde. "CROW está bem ali, a propósito. Caminhando, você pode chegar lá num piscar de olhos."

Voltaremos ao CROW juntos outro dia. Hoje não. Caminhamos de volta ao conjunto habitacional, em direção à área ainda não construída em frente à escola frequentada pelos filhos de Marco.

"A zona de desembarque escolar vem de uma recomendação do CROW também", me conta Marco. "Vem do seu programa de computador para projetar áreas de estacionamento próximas a escolas e a serviços prestadores de cuidados a crianças[18]. O engenheiro de trânsito precisa preencher todo tipo de informação, como o tamanho da cidade, a posição da área de influência da escola e o número de empregados e de visitantes. Então o programa emite o número sugerido de vagas de estacionamento e recomenda a zona na qual as crianças podem ser deixadas rapidamente, já que o CROW pensa que essa é a solução mais segura. O engenheiro de trânsito soma todas as variáveis inclusas na equação e apresenta para a autoridade local – aqui está o projeto para a área em frente da sua escola, com uma zona de desembarque rápido das crianças, assim como prescrito."

O fato de usarmos diretrizes iguais a essa como ponto de referência tem consequências significativas, explica Marco. "Se quiser usar a área em frente da escola para outra finalidade, você não é simplesmente uma pessoa que quer outra coisa, você é alguém que se opõe à norma, um ativista. Mas eu realmente não quero essa zona de desembarque. Vou ver se consigo iniciar uma discussão com a autoridade local sobre ele. Vou envolver os outros moradores na discussão."

Carros Cada Vez Maiores

Caminhando pela minha rua em Roterdã, resolvo contar o número de vagas de estacionamento. Há cerca de cinquenta vagas para pouco mais de cinquenta casas, quase todas divididas em dois apartamentos. É bem menos que no bairro de Marco. Mas então há um grande estacionamento ao virar a esquina.

Pesquiso na internet o padrão de estacionamento que se aplica a essa parte da cidade: é um carro por apartamento[19]. Isso é apertado. Quando anoitece, as calçadas ao longo de nossa rua frequentemente têm carros estacionados ilegalmente nelas. E as vagas de estacionamento são estreitas. O Tesla de um vizinho nem cabe em uma delas.

Por que é assim? Verifico os requisitos para vagas de estacionamento. Há também uma norma para isso definida pelo Instituto Real de Padronização da Holanda (NEN). Uma autoridade local que queira cumprir essa norma deve garantir que as vagas de estacionamento perpendiculares à rua tenham ao menos 2,4 metros (de preferência, 2,5 metros) de largura e pelo menos 5 metros de comprimento[20]. De novo, cabe lembrar que isso não é um requisito ou uma lei, é uma diretriz.

As dimensões sugeridas são baseadas em um "veículo modelo"[21]. O modelo fica um pouco mais comprido e um pouco mais largo em poucos anos, pois os fabricantes de carros constroem veículos cada vez maiores. Entre 1973 e 2008, por exemplo, o Honda Civic cresceu de 1,5 metro para quase 1,8 metro de largura e de 3,55 a 4,27 metros de comprimento[22]. E compare o velho Mini à versão atual.

É por isso que as vagas de estacionamento do novo conjunto habitacional não são apenas mais numerosas como também maiores que aquelas da minha rua. Como minha rua tem mais de cem anos, as vagas foram colocadas décadas depois que ela foi construída, aproveitando o máximo de espaço disponível.

O mundo dos brinquedos reflete essas mudanças. Lego oferece uma ilustração particularmente clara: os carros padrão da Lego agora têm seis pinos de largura, enquanto os dos anos 1980 tinham apenas quatro. E eles ocupam mais espaço na Cidade do Lego. A pista da ciclovia ao lado da via desapareceu completamente, enquanto a "calçada" encolheu em dois ou até três pinos em algumas versões. O espaço reservado para os carros expandiu discretamente às custas do resto da cidade em miniatura.

Essas descobertas fazem com que meu anseio por um Kangoo elétrico de segunda mão pareça cada vez mais desaconselhado. Meu companheiro começa a ter dúvidas também. Seria bom ter essa liberdade, mas será que realmente queremos dar voltas em torno do bairro à procura de uma vaga de estacionamento – que também teria que ter um ponto de recarga elétrica?

E quão eficiente é, em termos de energia, utilizar uma máquina que tem entre dez e vinte vezes o seu peso para se locomover? Moramos no centro da cidade. Não poderíamos simplesmente usar bicicletas, bondes e trens e emprestar ou alugar um carro de nossos vizinhos por meio de plataformas de compartilhamento de carros ponto a ponto, como a SnappCar ou MyWheels, quando necessário?

Para começar, decidimos comprar dois assentos de crianças para carro, que também podemos usar em qualquer carro que emprestarmos. É preciso um pouco de esforço extra, mas não temos de nos preocupar com estacionamento, e essa solução representa uma poupança de algumas centenas de euros por mês. Com o dinheiro que economizamos, compramos uma bicicleta elétrica de carga. Se forrarmos a caixa com longos painéis de madeira, descobriremos que tem quase a mesma capacidade que o porta-malas do Lada Niva.

O Orçamento do Tempo de Viagem (A Constante de Marchetti) e Seu Impacto

O fato de não ter carro próprio me poupa de outro problema: raramente me encontro presa em congestionamentos. Por que foi mesmo que achei que engarrafamentos são uma questão tão importante? Não que eu seja a única a ter essa preocupação. A rádio dá atualizações de tráfego de meia em meia hora. Será que isso acontece porque atribuímos tanta importância a congestionamentos – ou será que pensamos que são tão importantes porque são mencionados no rádio a cada trinta minutos?

E veja outra coisa estranha: se nossa sociedade está tão ciente desse problema e tão focada em enfrentá-lo, por que é que não fomos capazes de encontrar uma solução? Estou ansiosa para escrever a respeito disso, então faço uma leitura preparatória sobre o assunto. Em um livro que me foi recomendado por um leitor, encontro uma série de previsões e compromissos para resolver o problema que remontam a muitos anos. O resultado é uma ladainha espetacular de promessas quebradas:

1. Em 2010, os engarrafamentos foram três vezes mais longos que em 1988, embora o governo de então tenha se comprometido a reduzi-los para um terço do tamanho.
2. Em 1997, foi previsto que não haveria mais congestionamentos em 2010 do que em 2000. Na verdade, o número total de engarrafamentos aumentou 50%.
3. Em 1993, havia a expectativa de que a extensão dos congestionamentos permaneceria quase a mesma até 2000. Na prática, eles quase dobraram em tamanho[23].

Durante essas mesmas décadas, descubro que a malha rodoviária da Holanda se expandiu significativamente, de 2.100 quilômetros em 1988 para quase 2.500 quilômetros hoje[24]. E, tal como as vagas de estacionamento, as rodovias ficaram bem mais largas. Tudo isso para resolver o problema dos engarrafamentos.

Porém, como sabemos, as filas dos congestionamentos não ficaram mais curtas, e tampouco há menos delas. Pelo contrário, há mais e são mais compridas. Há planos para acrescentar mais mil quilômetros de rodovias até 2030, embora seja reconhecido que até mesmo essa superfície adicional de estradas não será o suficiente, então mais engarrafamentos são inevitáveis[25].

O que está acontecendo aqui?

Uma noite, quando estou andando de bicicleta, me deparo com uma nova extensão da rodovia. É primavera e eu, meu companheiro e nossos filhos estamos ficando no que chamamos de nossa casa de campo: um lote com um chalé de madeira em um complexo chamado Eigen Hof (nosso próprio jardim), ao norte de Roterdã, em um pedaço de terra entre duas estradas principais, A20 e A13, a um passo do entroncamento de Kleinpolderplein, conhecido pelas atualizações no rádio de congestionamento rodoviário.

Eigen Hof é uma ilha verde com algumas centenas de lotes que é açoitada pela onda interminável de trânsito. "É como viver na costa", disse Jan Wolkers, o falecido escritor, ao descrever o som[26]. Mas não há carros na área do complexo. Dentro dos limites de Eigen Hof, o direito dos mais lentos vem em primeiro lugar – o dono do lote que fica de joelhos, preocupando-se com as ervas daninhas sob suas cercas vivas. Você nem sequer pode andar de bicicleta nas trilhas na estação de crescimento das plantas, a menos que seja uma criança.

Assim que nossos filhos se deitam em seus beliches na casa de campo, vou dar uma volta na minha velha bicicleta esportiva vermelha, em direção a Deft. Há um poste na ciclovia com uma notícia sobre algo chamado De Groene Boog (o arco verde). Essa nota é de um consórcio de construtoras que vão colocar onze quilômetros de asfalto novo nos próximos anos. Trata-se de um plano de extensão da A16, que corre do sul e atualmente termina no entroncamento da Terbregseplein. Pedalo na outra direção, desapontada, dando meia-volta e retornando ao nosso chalé, onde procuro mais informações na internet a respeito dessa nova rodovia. Pex Langenberg, membro do executivo local, responsável pelo tráfego, promete que as pessoas não vão ver, ouvir ou sentir o cheiro da rodovia[27].

Essa nova estrada de ligação é "um elo perdido"[28]. Vai ser recoberta pelo melhor asfalto absorvente de ruído conhecido pelo homem e, no futuro próximo, é claro, os únicos carros que passarão por ela serão carros elétricos, como o *Algemeen Dagblad*, jornal diário de Roterdã, escreve: "De Groene Boog já oferece uma experiência sustentável."[29]

Tudo isso me passou despercebido, exceto que minha própria experiência verde sustentável – um passeio noturno na minha bicicleta – fora encurtada. Em primeiro lugar, por que estão construindo essa estrada? Segundo o panfleto para os residentes locais, "os onze quilômetros da A16 vindos de Roterdã vão fazer com que o trânsito na A13, na A20 e em estradas locais nas proximidades flua mais livremente"[30].

Mais um trecho de asfalto para combater o congestionamento. Mas como ficam todas aquelas promessas anteriores que foram quebradas?

O autor do livro que expõe aqueles fracassos, Arie Bleijenberg, se prontifica, com todo prazer, a me dar uma explicação. Combinamos de nos encontrar na estação de trem de Deft às nove horas da manhã numa terça-feira.

Há diversas formas de ir a Deft partindo do meu chalé de bicicleta, e é mais rápido do que ir até a estação central de Roterdã e de lá pegar um trem. Além disso, o tempo está bom. Mas me atraso na saída e fico presa atrás de uma longa fileira de centenas de estudantes de bicicleta a caminho da universidade: ainda não há um *chip cone* por aqui. Na área de estacionamento de bicicletas embaixo da estação, passo rapidamente um desodorante por debaixo da minha blusa – deveriam ter chuveiros aqui! – e subo a escada rolante até o Starbucks, onde combinamos de nos encontrar.

Bleijenberg, um homem grisalho, de fala mansa e com óculos grandes, foi, durante muitos anos, funcionário público sênior no Ministério de Infraestrutura e Manejo das Águas, como era então conhecido. Atualmente, ele é um especialista independente em mobilidade e trabalha para a organização de pesquisa TNO na substituição de pontes e eclusas envelhecidas.

Digo a ele que simplesmente não entendo por que não podemos achar uma solução para o congestionamento, e conto também que há planos para mais uma nova ligação de rodovia próxima a um lugar onde passo bastante tempo. O que está acontecendo?

Pedimos nossos cafés expressos, e Bleijenberg me dá sua explicação em uma frase de efeito concisa que caberia bem em um tradicional azulejo Delftware. "Nova infraestrutura atrai novos negócios, trazendo mais engarrafamentos."

Em outras palavras, construa uma estrada ou uma linha de trem e as pessoas vão morar nas proximidades, produzindo mais tráfego. Assim, os congestionamentos aumentam.

"O fato de que uma rodovia atrai engarrafamentos de trânsito também já está comprovado estatisticamente", diz Bleijenberg. "Pesquisadores canadenses têm medido o efeito em várias regiões urbanas de grande porte na América. Coloque 1% a mais de asfalto e você terá 1% a mais de trânsito. Isso é chamado de a lei fundamental do congestionamento de estradas. Sabe-se que o asfalto atrai carros: você não pode se livrar de engarrafamentos ao construir mais estradas."

E então Bleijenberg começa a contar uma versão da descoberta feita por Geurt Hupkes, um economista do transporte que, nos anos 1970, pesquisou a frequência com a qual as pessoas viajavam, a distância percorrida e a velocidade dessas viagens realizadas diariamente no mundo todo.

Independentemente de viverem no Peru ou em Singapura, na Alemanha ou nos Estados Unidos, na Holanda ou na União Soviética, e não importa se elas tinham um carro, uma bicicleta ou apenas as próprias pernas, a maioria das pessoas passava em torno de setenta a oitenta minutos por dia se locomovendo, se fossem somadas todas as viagens para a casa de amigos, para a família, para o trabalho e para as compras. Hupkes chamou isso de "lei do tempo de deslocamento constante e velocidade de viagem": o conceito também é conhecido como o "orçamento do tempo de viagem" ou a constante de Marchetti (em referência ao físico italiano Cesare Marchetti).

Isso se alinha com o que Bleijenberg me explicou sobre as novas estradas atraírem novos negócios. Se você der transporte mais rápido para as pessoas, elas não o utilizarão para passar menos tempo viajando, mas para se deslocar para lugares mais distantes. Dê a uma companhia a capacidade de cobrir uma área maior, e ela a utilizará principalmente para obter economias de escala, ao estabelecer um único escritório maior em determinado lugar e fechar pequenas filiais locais. Como resultado, os lugares para os quais precisamos viajar são cada vez mais distantes. Estamos sendo espalhados em todas as direções como partículas em uma centrífuga.

Entre 1962 e 1972, Geurt Hupkes descobriu que a média de quilômetros que os holandeses viajavam todos os dias aumentou em mais de 50%, ou seja, passou para 32 quilômetros. Foi precisamente nessa década que todos na Holanda adquiriram um carro.

Ele encontrou dados comparáveis para um grande número de cidades nos Estados Unidos e na Europa Oriental e na Ocidental[31]. Embora a média de tempo de deslocamento tenha se mantido aproximadamente a mesma para todos, a distância anual coberta por pessoa aumentou de 7.000 km para 11.500 km ao longo de uma década[32].

Estamos Viajando Mais Longe o Tempo Todo

Desde os anos 1950, fomos aumentando a distância que percorremos no mesmo período.

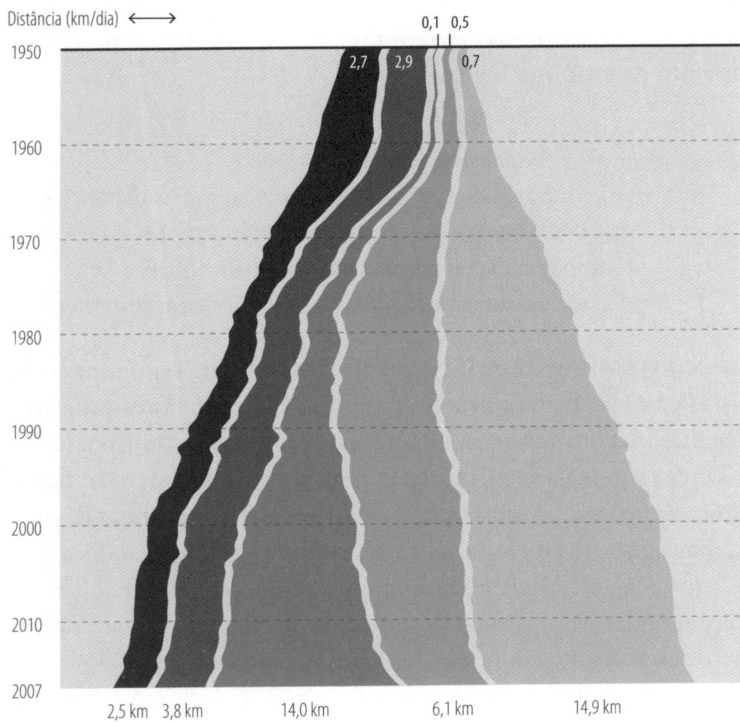

Fonte: PBL Agência Holandesa de Avaliação Ambiental (baseado em dados das Estatísticas Holandesas), Onderzoek Verplaatsingsgedrag (Pesquisa em Comportamento de Mobilidade), Onderzoek Verplaatsingen em Holanda (Pesquisa em Mobilidade na Holanda), Schiphol Aeroporto, KiM Instituto Holandês para Análise de Políticas de Transporte..

A lei do tempo de deslocamento constante e da velocidade de viagens, assim como lei fundamental do congestionamento das estradas, são revelações para mim. Elas explicam claramente por que os engarrafamentos não estão prestes a desaparecer. Mas o que não consigo compreender é o seguinte: por que continuamos a construir "elos perdidos" e acrescentando mais pistas nas rodovias quando isso só aumenta os congestionamentos? Eles devem saber disso no Ministério onde Arie Bleijenberg trabalhou por tanto tempo, será que não? Rijkswaterstaat, a organização formalmente responsável por implementar as decisões do Ministério e que também dirige o planejamento e a construção de estradas, definitivamente está ciente disso. Já em 2001 emitiu uma publicação de 95 páginas sobre essas leis[33]. E o departamento de planejamento regional e urbano da Universidade de Amsterdã também é ciente dessas leis. Quando pergunto a Marco sobre isso, ele resume o conceito de tempo constante de deslocamento da seguinte forma:

> **Professor de ciclismo** @fietsprofessor
> Ao contrário do que pode pensar, não são as distâncias que percorremos que permanecem constantes, é o tempo que despendemos em viagens, enquanto as distâncias são variáveis: elas aumentam constantemente.

Esse é o efeito centrífugo que mencionei acima. Porém, seguimos construindo mais pistas e túneis. E mais linhas de metrô e de trem. Porque a lei do tempo de deslocamento constante se aplica a todos os meios de transporte. Graças ao serviço Direto Intercidades, é fácil para mim morar em Roterdã e trabalhar em Amsterdã. Algum tempo atrás levaria dezesseis horas para andar de uma cidade a outra, mas agora a viagem leva 41 minutos de trem. De modo mais espetacular, a "superviajante" Kate Simon foi entrevistada pelo jornal *The Guardian*, em 2018, para falar de suas viagens semanais de Nice, no sul da França, até seu trabalho de marketing sênior em Londres[34]. Tarifas aéreas baratas aliadas ao uso crescente de ferramentas de teleconferência colocaram o "superdeslocamento" ao alcance de mais pessoas como jamais se viu em qualquer outra época.

"Não há como economizar tempo de viagem", conclui Bleijenberg. "O único ganho que você pode alcançar é a distância percorrida. E é por isso que a história da mobilidade pode ser vista como uma redução contínua no fricção de viagem."

Novamente, isso soa como algo que você faz com partículas que colidem. E, de fato, "fricção de viagem" é um termo técnico. "Significa que estamos constantemente tentando viajar mais rápido, com menor custo e mais confortavelmente ao longo de distâncias cada vez maiores, mas sem acréscimos no tempo de deslocamento", diz Bleijenberg. Ele está atualmente investigando como podemos fazer isso de forma mais sustentável: se não vamos viajar menos, então pelo menos poderíamos poluir menos em nossas viagens. Ele está engajado em um projeto sobre o uso de querosene sintético, produzido com a utilização de energia solar e eólica, como combustível de aeronaves.

"Mas isso não vai empurrar o congestionamento de tráfego para o espaço aéreo?", pergunto. "Isso não significa que teremos que enfrentar filas para embarcar no avião, e isso não resultará em céus cada vez mais congestionados?" Afinal, ter tornado os carros mais "limpos" não tem ajudado a diminuir a pressão em torno das vagas de estacionamento ou reduzido os congestionamentos. E então algo extraordinário acontece. No meio do Starbucks, Arie Bleijenberg começa a recitar um poema com uma voz sonhadora:

> Eu não vim aqui de propósito, sabe –
> Vaguei por aqui, vaguei por ali à vontade
> porque as pequenas flores que eu tanto amo crescem
> Sob árvores altas em florestas profundas e calmas
> Mas agora que estou aqui, admitirei prontamente
> que cheguei, sim, estou aqui de fato.[35]

"Nossa", digo.

"Pierre Kemp", diz Bleijenberg. "É lindo, não é? É sua atitude em relação à vida que eu gosto também. E é algo sobre o que sempre fico pensando, por que estamos tão focados no aumento de velocidade e eficiência? Mas não acho que podemos atacar todos os nossos problemas de uma só vez."

Reconheço essa linha de raciocínio: ruminando sobre soluções técnicas – rodovias para bicicletas, carros elétricos, querosene sintético, chuveiros nos locais de trabalho – então, de repente, as frases do poema, ou, no meu caso, memórias de umas férias alegres e despreocupadas emergem; pensamentos que rapidamente deixamos de lado.

Porque o que fazemos no trabalho precisa ser funcional, não é mesmo?

A Máquina de Asfalto Por Trás de Nossas Estradas Congestionadas

Publico um longo artigo sobre as leis de congestionamento em estradas, assim como o tempo de deslocamento constante e a velocidade de viagens. Mas não tenho resposta à pergunta sobre por que continuamos a acrescentar mais pistas às rodovias na esperança de evitar engarrafamentos, quando é tão óbvio que isso não vai ajudar.

Essa resposta terá que esperar até eu receber uma ligação de Jan Korff de Gidts. Ele leu meu artigo e quer explicar por que não paramos de colocar mais asfalto, mesmo sabendo que isso não vai ajudar.

Korff de Gidts tem monitorado a construção de rodovias pela Rijkswaterstaat (o departamento executivo do Ministério de Infraestrutura e Manejo das Águas) por mais de quarenta anos. Ele começou quando a floresta que amava, Amelisweerd (na província de Utrecht), foi desenraizada para dar lugar à construção de uma autoestrada de dez pistas que atravessava a área. Nos anos 1970 e 1980, ele foi um dos ativistas que apelaram ao Conselho de Estado manifestando contrariedade a esse projeto, evitando assim que mais árvores fossem derrubadas. No fim, a estrada foi colocada em um corte, o que ajudou a limitar a poluição sonora até certo ponto. Mas não conseguiram evitar que a estrada fosse construída. Atualmente Korff de Gidts está no processo de analisar mais uma extensão dessa mesma estrada, porque a lei fundamental do congestionamento de estradas se aplica a esse caso também. Parece que mesmo uma rodovia de dez pistas não é o suficiente para absorver a expansão do uso de carros.

Segundo Korff de Gidts, a máquina que está cobrindo a Holanda de asfalto funciona automaticamente: o alargamento das estradas não é mais uma decisão política. Por que isso acontece? "O governo usa previsões de congestionamento rodoviário que são baseadas em modelos de tráfego. Os prognósticos contêm algo que chamam de relação i/c. O i significa Intensidade, a pressão esperada na estrada, e o c significa capacidade, quantos carros podem atravessar em uma hora."[36]

Os documentos de política governamental estabelecendo esses prognósticos, e os trabalhos sobre o estado de mobilidade, são baseados em determinado nível de crescimento econômico e nas pressões crescentes nas rodovias, levando a um desequilíbrio cada vez maior da relação i/c. Se a capacidade esperada da rodovia é baixa demais e a intensidade é grande demais,

Rijkswaterstaa avisa o ministro de Infraestrutura e Manejo das Águas: estamos a caminho de um impasse.

"Os políticos vincularam esse tipo de raciocínio à formulação de políticas e planejamento", explica Korff de Gidts. "Nós acreditamos nessa previsão, então garantimos que seja cumprida: quanto mais estradas houver, maior o número de carros e mais estradas novas e mais largas." Afinal, como aprendemos, o asfalto sempre atrai mais carros a longo prazo.

O Documento de Política de Mobilidade publicado em setembro de 2004, baseado, por sua vez, no documento de serviço público sobre a relação I/C, mostra claramente como a máquina de asfalto funciona[37]. O futuro ao qual o documento se refere é 2020. Essa era a previsão:

> *Atrasos no tráfego vão dobrar*
> Até 2020 haverá atrasos no trânsito não apenas no horário do "rush", mas também, cada vez mais, em horários do dia que hoje são mais calmos. Na ausência de quaisquer outras medidas políticas, atrasos no trânsito na rede de estradas arteriais e rodovias aumentará para o dobro do nível existente em 2000 até 2020. Isso também pode ser constatado a partir das tendências nas horas perdidas por veículo.[38]

Essa é mais uma previsão, como aquelas mencionadas por Arie Bleijenberg, sobre como as coisas vão piorar. Tais prognósticos fornecem a base para as políticas que, enquanto não fazem nada para mitigar o congestionamento nas estradas, aumentam a quantidade de asfalto na superfície. O Documento de Política de Mobilidade de 2004 defendia uma expansão massiva de todas as redes de rodovias da Holanda, incluindo a ampliação do corte de Amelisweerd.

Foi também nessa época que eles começaram a investigar a possibilidade de estender a A16 próximo a Roterdã, o projeto que mais tarde foi denominado "De Groene Boog". O trabalho nesse projeto, pelo qual passei na volta de bicicleta que dei perto do meu chalé, só foi iniciado recentemente. Assim, a análise na qual se baseia o desenvolvimento desse projeto tem mais de quinze anos.

Uma "hora perdida do veículo" se refere a um carro parado em um engarrafamento por uma hora, ou sessenta carros parados em um congestionamento por um minuto cada um. O objetivo é reduzir, o máximo possível, o número de horas perdidas por veículo. "Se o modelo que produz o prognóstico mostrar que a intensidade do trânsito vai exceder em muito a capacidade, engenheiros de trânsito dizem que o número de horas perdidas por veículo vai aumentar", explica Korff de Gidts. "Então você recebe demandas para alargar as estradas. A mídia fala sobre gargalos, engarrafamentos e artérias entupidas."

Mas em um sistema baseado na lógica de horas perdidas por veículo, algo que deveria acontecer simplesmente não acontece, diz Korff de Gidts. Aos motoristas não é oferecida nenhuma alternativa, tal como andar de bicicleta ou pegar o transporte público, porque os veículos não podem fazer essa escolha, e os veículos são o foco do sistema. "Mas as pessoas não são veículos."

Tampouco a noção de crescimento pelo crescimento é questionada.

"A nova rodovia vai atrair de novo mais motoristas, e isso, paradoxalmente, significa que ela vai produzir um lucro econômico, pois os usuários das estradas podem dirigir mais rápido e os novos usuários das estradas serão absorvidos. É assim que a máquina de asfalto continua funcionando."

Então mais asfalto é colocado, com base em uma linha de argumentação que apela aos veículos, mesmo que já saibamos há muito tempo como as pessoas vão reagir a essa expansão: elas viajarão distâncias ainda maiores.

O relato de Korff de Gidts me lembra da avaliação do manual Doctor: pessoas como projéteis. De forma semelhante, os modelos utilizados pelo Ministério de Infraestrutura e Manejo das Águas e pelo Rijkswaterstaat leva muito pouco em consideração o comportamento humano ou como as pessoas respondem ao seu entorno e interagem com ele. E não levam em consideração o fato de que as pessoas, ao contrário dos veículos, são capazes de fazer escolhas.

Korff de Gidts ainda não terminou o que tem a me dizer. "No entorno das cidades, as coisas ficam pior ainda. Vou lhe mandar um diagrama. Está com seu *e-mail* aberto?"

"Sim, pode mandar."

O Gargalo

Se esse é seu problema...

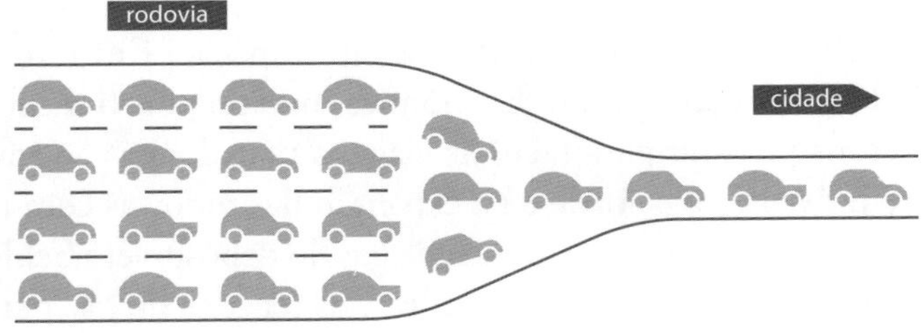

...então essa não é sua solução

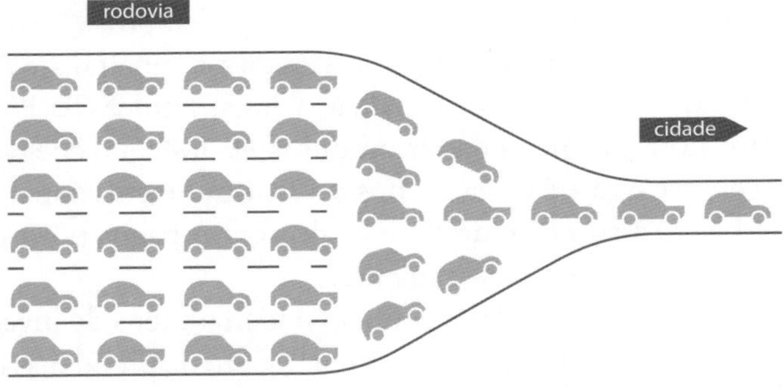

Fonte: Cees van de Brink, grupo "Kracht van Utrecht", adaptado pelo *De Correspondent*.

"Como pode ver, modelos de tráfego representam as rodovias de forma enganosa: não levam em conta o ambiente da rodovia", diz Korff de Gidts. "Mas os carros que viajam por uma via principal em direção a uma estrada menor precisam entrar e sair de cidades, não é? E você, em geral, não consegue alargar a estrada em uma área construída. Mas o governo central simplesmente diz: não é nosso problema. Então é assim que você acaba formando gargalos."

É o que mostra a ilustração: mais e mais carros engarrafados, forçados a sair por um vão que é estreito demais, de tal forma que seus motoristas perdem instantaneamente qualquer tempo de viagem que possam ter economizado na rodovia recém-alargada. "Então, preenchemos todo o espaço disponível ao redor e dentro das cidades com mais e mais carros", diz Korff de Gidts. Aliás, você sabe de onde vem o dinheiro para construir as estradas que estão ficam entupidas com trânsito ainda mais lento?

"Não faço ideia."

"Dos campos de gás em Slochteren. Os lucros foram para o FES – Fundo de Reforço da Estrutura Econômica. Dê uma olhada na internet."

Depois de desligar o telefone, verifico essa informação. Entre 1995 e 2010, o Fundo de Reforço da Estrutura Econômica investiu pouco menos de dois bilhões de euros por ano para facilitar viagens mais longas ao investir em linhas de trem de alta velocidade e na expansão das rodovias com menor ou maior sucesso. O dinheiro veio da venda de gás do depósito em Schlochteren.

Encaro os dados. É verdade que utilizar as receitas do gás natural para construir infraestrutura é muito mais responsável socialmente do que colocá-las em uma conta bancária no exterior, como aconteceu com grande parte das receitas petrolíferas da Rússia. É um luxo que eu possa escolher entre três linhas de trem para minhas viagens cotidianas a trabalho até Amsterdã, que eu possa ir de carro de Roterdã para as falésias brancas da Picardia em apenas quatro horas, e encomendar produtos *on-line* que chegam no dia seguinte. Acontece que até os caminhos de ciclismo recreacional em Midden-Defland, a área ao norte do meu chalé, foram pagos por esse fundo. Tenho me beneficiado dele pessoalmente.

Porém, aqueles bilhões, penso, também poderiam ter sido investidos em educação ou assistência social, ou no enfrentamento de problemas do futuro. Poderiam ter sido gastos em pensões, como na Noruega, ou para elevar ainda mais os diques. Os Delta Works, a infraestrutura de defesa contra enchentes construída para proteger a terra em torno do delta de Reno-Mosa-Escalda, foram financiados com receita de gás. E atualmente, por meio de mecanismos administrativos, convertemos receita de gás em rodovias, criando um sistema de tráfego altamente subsidiado que é vulnerável a congestionamentos recorrentes.

> **Professor de ciclismo** @fietsprofessor
> E então as pessoas vão usar seus carros para outras viagens. Afinal, eles estão convenientemente estacionados no espaço alocado na porta da frente de suas casas.

Graças a todo o espaço que reservamos para carros, eles continuam a proliferar. Há atualmente 8,5 milhões de veículos na Holanda, um país com dezessete milhões de habitantes[39]. O Reino Unido tem uma proporção semelhante: 31,7

O Combate ao Congestionamento: Um Buraco Negro

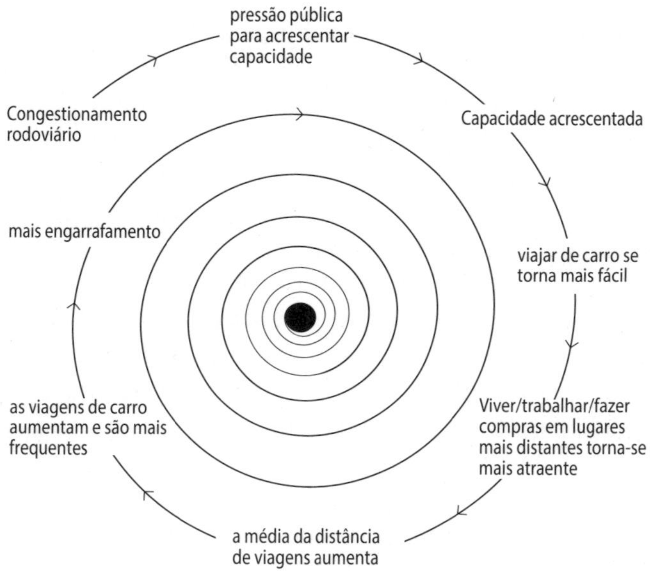

Fonte: D.A. Place, Urban Transportation: Policy Alternatives, em Susan Hanson; Geneviene Giuliano (eds.), ***The Geography of Urban Transportation***, 2. ed., New York: Guilford Press, 1995. Reproduzido com a permissão de Guilford Press, adaptado pelo ***De Correspondent.***

milhões para uma população de 67,22 milhões de habitantes. Nos Estados Unidos, são 108,5 milhões de carros para 25,69 milhões de pessoas, e na Austrália são 19,8 milhões de carros para 25,69 milhões de pessoas. A China tem 224,74 milhões de carros – um carro para cada três unidades domésticas[40]. O número total de carros de passageiros no mundo é estimado em 1,4 bilhão e está aumentando a cada ano. Carros de aluguel contabilizam metade dos novos carros na Holanda[41]. Um terço desses novos veículos são "quatro por quatro" (SUVS), ou seja, "máquinas de matar antissociais" (se atropelado por um desses, um pedestre tem entre duas e três vezes mais chances de morrer)[42]. Nossas estradas estão se tornando mais perigosas e mais congestionadas, enquanto nossos carros estão aumentando de tamanho e ocupando cada vez mais espaço.

E essa tendência custa muito caro também – mais do que as pessoas imaginam, como me diz mais tarde Arie Bleijenberg. Se um motorista te atropela na estrada, por exemplo, ou se você desenvolve um problema respiratório associado à poluição do ar e seus gastos médicas aumentarem, os engenheiros de trânsito não vão contabilizar seus problemas como parte do custo de uso dos carros.

Bleijenberg, no entanto, calculou isso com base em dados do governo. Segundo seus cálculos, uma conta de €21 bilhões não é paga a cada ano – mais do que o dobro do orçamento anual do Ministério de Infraestrutura e Manejo das Águas. "Esses custos são repassados aos contribuintes, vítimas de acidentes e pessoas com problemas de saúde associados ao trânsito[43].

Ao mesmo tempo, acidentes que causam lesões permanentes podem resultar em alguns benefícios econômicos – embora de um tipo perverso. Uma pessoa que sofre danos cerebrais sérios em consequência de um acidente de trânsito é um trabalhador retirado do sistema econômico. Porém, os cuidados contínuos que ele ou ela passam a ter criam ao menos um emprego. E há também todos os dispositivos técnicos que precisam ser desenvolvidos para aquela pessoa, assim como formas de transporte adaptado às suas necessidades individuais.

Como se pode pesar os custos e os benefícios entre si de tais sistemas? É possível ou mesmo ético fazê-lo em termos econômicos?

Viagens de trem não envolvem o mesmo tipo de custos ocultos extensos. E à medida que um trem deixa a estação a cada vez com novos passageiros a bordo, bem menos espaço público é desperdiçado. É por isso que inicialmente enxergo viagens de trem como uma boa alternativa.

Mas então sou arrebatada por uma certa confusão. Bilhões do Fundo de Reforço da Estrutura Econômica foram investidos nas ferrovias também. Como resultado do aumento da capacidade, as pessoas estão atualmente viajando mais de trem e percorrendo distâncias maiores – e os trens têm cada vez mais passageiros.

Onde isso vai parar?

No meio da paisagem agrícola de Croningen, agora haverá um centro de testes de três quilômetros de comprimento para um *hyperloop*, o trem a vácuo criado por Elon Musk e que supostamente levará passageiros em meia hora de Amsterdã a Paris ou de Nova York a Washington. As Ferrovias Holandesas estão subsidiando a experiência.

Deveríamos realmente seguir aumentando a velocidade, estendendo a rede de trilhos e os aeroportos, e alargando as estradas se o efeito principal de tais mudanças é o de encorajar as pessoas a viajar ainda mais longe? Será que até 2050 se tornará natural as pessoas pegarem um *hyperloop* ou um voo para trabalhar em outro país? E então? Faremos viagens interplanetárias – para Marte, com Ellon Musk ou com Jeff Bezos da Amazon – porque as condições nesse planeta não serão mais suportáveis?

Construir no Coração Verde da Holanda

Quanto mais aprendo, mais perguntas surgem. Converso novamente com meu colega Jesse Frederick. Na opinião dele, a ideia de que aumentar a velocidade significa apenas que percorreremos distâncias maiores é míope: "Terrenos mais distantes são mais baratos. É por isso que propriedades industriais são sempre bem afastadas dos centros urbanos. É por isso que algumas pessoas moram nos subúrbios, para que possam ter uma casa maior e um jardim a um custo menor, e outras moram em Amsterdã, onde terão uma casa menor, sem jardim e pagarão muito, mas estarão próximas ao trabalho. A mobilidade permite que as pessoas façam essas escolhas com base na ponderação de diferentes fatores."

É verdade. Mas o mesmo tipo de raciocínio não se aplica no sentido contrário? Os terrenos fora das áreas urbanas não são mais baratos precisamente porque tornamos as viagens para essas áreas comparativamente mais baratas? Se viajar não fosse barato, terrenos fora das áreas urbanas não seriam atraentes – na verdade, talvez nem existiriam. Sem viagens baratas não teríamos criado o novo pôlder de Flevoland. Graças à sua construção, o crescimento populacional contínuo não obrigou as pessoas das áreas habitadas do país a viverem mais próximas umas das outras.

"Se um milhão de pessoas tivesse decidido viver na mesma área, o número de pessoas por metro quadrado teria explodido", diz Jesse. Construções teriam que ser de elevada densidade, ou arranha-céus, mas há limites até onde você pode fazer isso, especialmente se quiser preservar áreas verdes e edifícios históricos."

Sem dúvida, há que se levar em conta também o aumento populacional. "Então vamos permitir a construção de arranha-céus? Vamos construir nas áreas rurais?", Jesse pergunta.

Pergunto a Marco o que ele acha.

A Van Ostadestraat em De Nieuwe Pijp, 1981.
Fonte: Arquivo de Fotos de Amsterdã.

> **Professor de ciclismo** @fietsprofessor
> Você não tem necessariamente que expandir para fora ou construir prédios altos para acomodar grandes números de habitantes em uma cidade. Veja De Pijp, por exemplo – aquela é uma área de moradia muito popular.

De Pijp, um distrito de Amsterdã, construído no século XIX, tem cerca de 23.589 habitantes por quilômetro quadrado[44]. Essas pessoas não são pobres ou desfavorecidas. E os moradores vivem atualmente mais próximos uns aos outros do que um século atrás. "Em 1900, Amsterdã tinha cerca de 22 mil habitantes por quilômetro quadrado. Hoje a média é de apenas cinco mil", me conta Jesse.

Londres tem uma média de 5.700 pessoas por quilômetro quadrado. Compare isso com uma cidade como Manila (capital das Filipinas), onde a média é de 43 mil. Entre as capitais europeias, Paris é a mais densamente povoada, com 21 mil pessoas por quilômetro quadrado – uma densidade populacional que é o dobro de Nova York (dez mil). Fico espantada ao descobrir que os distritos do século XIX das cidades europeias, com suas ruas estreitas e casas de três ou quatro andares, são o lar de quase tantas pessoas por quilômetro quadrado quanto Manhattan com seus arranha-céus. A explicação é que os prédios altos tão típicos de Manhattan são muito mais apartados, com ruas muito mais largas entre eles[45].

A Van Ostadestraat em De Nieuwe Pijp, 2017.

Fonte: Merdith Glaser.

O século do carro nos separou. Será que estamos nos aproximando do fim desse século do carro? Nos últimos anos, De Pijp e De Nieuwe Pijp (construído em 1920) têm mantido algumas ruas sem vagas delimitadas de estacionamento: a residentes proprietários de veículos tem sido oferecida uma vaga em uma garagem subterrânea. A única coisa que você pode estacionar nessas ruas agora é sua bicicleta.

Professor de ciclismo @fietsprofessor

O crescimento populacional pode muito bem ser a razão pela qual precisamos dizer que uma vaga de estacionamento padrão com 1,7 metro de comprimento não dá mais. Alargar as rodovias não dá mais. O modo como costumávamos fazer as coisas funcionou por um tempo – e agora não funciona mais. Não podemos construir mais condomínios que são acessíveis apenas por meio de automóveis. Daqui em diante, eles precisam incluir todas as instalações básicas que as pessoas precisam: escolas, uma biblioteca, um centro médico.

Marco me manda uma imagem que inclui duas fotos de satélite[46]. A primeira mostra o entroncamento Valburg, um enorme trevo na região de Betuwe, onde as rodovias A15 e A50 se entrelaçam. O segundo, tirado da mesma altitude, mostra a vila de Valburg, que fica ao lado do entroncamento.

É possível ver claramente que o entroncamento é do mesmo tamanho que o vilarejo, que tem quase dois mil habitantes. Um único entroncamento, em outras palavras, ocupa tanto espaço quanto um vilarejo inteiro.

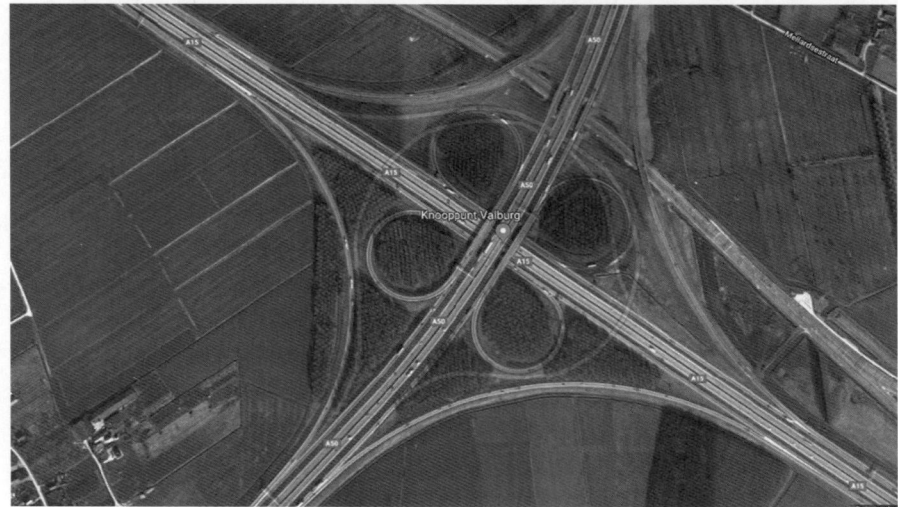

O entroncamento de Valburg (abaixo) ocupa o mesmo espaço que o vilarejo de Valburg (acima).

Fonte: Google Maps.

Poderíamos organizar nosso país de tal forma que não seria mais necessário fazer deslocamentos, utilizando diversos meios de transporte, para chegar ao trabalho como fazem tantas pessoas hoje em dia? Tento imaginar como seria. Os megaestacionamentos e "entroncamentos espaguete" seriam substituídos por áreas residenciais, que teriam de fornecer empregos, lojas, escolas, bibliotecas e um hospital. Isso daria à vida das pessoas um foco mais local. Mas e se você quisesse mudar de emprego, porém não quisesse ou não pudesse mudar de casa? Uma mudança desse tipo não colocaria algumas pessoas em desvantagem, particularmente aquelas com escolhas limitadas para encontrar um novo emprego?

Todos desejam ter mobilidade: a mobilidade é em grande parte equacionada com liberdade. Ninguém quer ficar preso a determinado lugar.

Como isso é complicado quando você para a fim de examinar a questão em seus detalhes. Mando uma mensagem a Marco:

Thallia Verkade @tverka
Mudar o *status quo* é doloroso.

Professor de ciclismo @fietsprofessor
Essa é a dor de meio século de planejamento espacial baseado na noção de que podemos cortar o tempo de viagem das pessoas ao aumentar a velocidade das viagens. Mas o que estamos fazendo atualmente também dói, não é? É precisamente por querer ter uma casa com jardim para todos e querer tornar as cidades acessíveis a todos, que já abrimos mão de todo nosso meio ambiente natural e de nossos espaços abertos para dar lugar a rodovias e condomínios fechados que são cidades fantasmas durante o dia. E isso também é o resultado de uma decisão política.

Continuo a perder de vista o fato de que nosso *status quo* também representa uma escolha, com seus prós e contras. O que temos agora parece um estado de coisas tão natural. Só depois de um bom tempo é que percebo por que não consigo descobrir como podemos mudar a situação atual.

Eu me deparei com uma das principais questões em planejamento urbano e regional: como o espaço e o tráfego estão interligados, e como poderiam estar interligados de outro modo[47]. Trata-se de um problema político complexo sobre o qual todo mundo tem sua própria opinião, e para o qual é impossível encontrar uma solução única.

No entanto, neste momento estamos construindo autoestradas onde uma fórmula técnica nos diz que precisamos fazer isso mesmo para lidar com estrangulamentos em um sistema de condutos que, longe de flutuar no ar, está presente em nossa vida cotidiana.

Enquanto escrevo meu artigo sobre a lei do tempo de viagem constante e acerca da lei fundamental de congestionamento nas estradas, faço outra descoberta que leva a mais um enigma. Descubro que ainda é possível entrevistar o homem por trás da lei de tempo de viagem constante, o economista de transporte Geurt Hupkes, que tem noventa anos de idade. Bert van Wee, que tem assumido as pesquisas de Hupkes na Universidade Técnica de Delft, me dá o endereço e o número de telefone do economista de transporte[48].

"Hupkes falando!"

"Olá, aqui é Thalia Verkade. Sou uma jornalista do *De Correpondent*."

"Não consigo entender o que está dizendo..."

Uma conversa pelo telefone é muito esforço para Geurt Hupkes, mas sua mente ainda está afiada, e ele me envia um *e-mail* para compartilhar comigo uma ideia que lhe ocorreu recentemente. Ele acha que a constante de Marchetti, o orçamento de tempo de viagem, vem aumentando há algum tempo.

"Suspeito que o orçamento de tempo de viagem pode ter aumentado consideravelmente graças à tecnologia de comunicação onipresente", ele escreve. "Hoje em dia as pessoas fazem pleno uso do tempo que passam viajando, não apenas no transporte público (Wi-Fi nos trens interurbanos), mas nos carros também (ao utilizar pacotes multimídia ou fazer uma chamada secreta nos seus celulares)."

Isso mexe comigo: desde que passei a ter uso ilimitado do 4G no meu celular, as viagens de trem parecem cada vez menos uma perda de tempo. Agora fico tão contente ao pegar um trem mais lento para o escritório editorial de meu empregador em Amsterdã; isso se for mais silencioso do que a alternativa mais rápida. Em essência, a Ferrovias Holandesas me fornece uma estação de trabalho gratuita para um trabalho flexível. Na Rússia, eu às vezes trabalhava em nosso Lada utilizando um fone de ouvido Bluetooth.

Mas o que significa uma "constante" que aumenta? Estamos passando ainda mais tempo presos em engarrafamentos e será que os trens estão cada vez mais lotados porque agora nós nos engajamos em outras atividades a caminho dos nossos destinos? Será que vamos construir mais estradas e linhas ferroviárias por essa razão, para poder lidar com todas as ligações telefônicas que agendamos?

E, nesse caso, será que ainda existe alguma diferença significativa entre viajar e não viajar? Será que o "tempo de deslocamento" tem algum significado?

Artérias Entupidas

Em minhas viagens de bicicleta partindo do nosso loteamento, com todas essas perguntas passando pela cabeça, vejo o "arco verde" ser construído. Primeiro há a escavação: montículos de dois metros de diâmetro. Em seguida, flâmulas vermelhas e verdes são plantadas no solo. Depois vêm montanhas de areia. Por cima delas, vejo escavadeiras que parecem brinquedos de tão altas e longe que estão no horizonte.

Que empreendimento gigantesco. Os custos projetados são de quase €1 bilhão[49].

É tecnicamente avançado também. A nova estrada será conectada com perfeita precisão a duas outras rodovias. O projeto é tão meticuloso quanto uma cirurgia de coração aberto. E é exatamente isso que ela é. "A A13/A16 vai formar um desvio em torno do centro de Roterdã", nas palavras do folheto dirigido aos moradores locais.

Atravesso o Lage Bergse Bos, na minha bicicleta, uma área de florestas urbanas a nordeste de Roterdã, sob a qual o De Groene Boog será colocado. Longos feixes de árvores derrubadas se espalham ao longo da rota da futura rodovia. Olho para o painel de informações que me diz que algumas árvores teriam de ser removidas de qualquer forma porque já estavam doentes. O que havia aqui será substituído por um ambiente natural mais atraente, conforme eles prometem.

Mando uma foto para Marco.

> **Thalia Verkade** @tverka
> Um desvio debaixo dos pulmões da cidade.

Professor de ciclismo @fietsprofessor
Estou lendo o livro do Richard Sennett, *Building and Dwelling* (Construir e Habitar), que discute de onde vem a noção de artérias e desvios para descrever o trânsito. Vou lhe enviar um resumo.

Leio o que Marco me mandou e compro o livro. Richard Sennet, um sociólogo estadunidense interessado em cidades de maior e menor porte, tem pesquisado as origens da ideia de que assentamentos urbanos dependem da circulação.

O fato de o sangue humano ser bombeado por todo o corpo foi descoberto no século XVIII. Dali por diante, a circulação se tornou uma metáfora familiar para o funcionamento de estruturas humanas de larga escala como as cidades.

Sennet escreve sobre Paris. Depois da terrível epidemia de cólera e de uma grande revolta em 1848, decorrente de problemas econômicos, a administração ordenou que fosse construída uma rede de avenidas largas bem no meio do plano de ruas medievais. A velha cidade, cheia de ruas tortas e estreitas, foi simplificada, tornando mais difícil para os parisienses fazer barricadas nas vias. As avenidas forneciam espaço suficiente para a passagem de unidades militares a cavalo, tornando possível o controle dos espaços públicos por elas. Essas largas avenidas também forneciam espaço suficiente para movimentos rápidos, o que era impossível previamente e agora, de repente, propiciava situações perigosas: os cavalos podiam trotar ou galopar em linha reta por algum tempo, sem impedimentos.

Para regular a circulação pelas artérias da cidade, foram criadas ruas de mão única. Na prática, isso significou a proibição de dirigir por certas ruas em determinadas direções: diga "Boo" para carruagens puxadas a cavalo indo diretamente de encontro ao tráfico que se aproxima! A prática inicialmente enfrentou resistências. Mas gradualmente a rua deixou de ser um lugar de encontro entre pessoas para se tornar um lugar onde o trânsito tinha de poder circular livremente.

Ao iniciar minhas leituras sobre a história do tráfego na Holanda, descubro como foi forte o impacto da metáfora da circulação aqui também. Por exemplo, Frits Bakker Schut, chefe de obras públicas em Haia nos anos 1950, chamou de "anemia" e de "hipertrofia" do "tecido urbano" a quadruplicação, durante essa década, do número de carros nas estradas[50].

Ao falar sobre um plano contemporâneo radical de construir duas imensas "artérias de trânsito" atravessando o centro da cidade de Utrecht, o vereador Wim Derks, um apoiador, disse: "Esse diagnóstico, o trabalho de um perito, é tão perfeitamente objetivo quanto o diagnóstico realizado por um médico em relação à inflamação de um órgão vital."[51]

E Hendrik Kaasjager, o chefe de polícia de Amsterdã, propôs, em 1954, que diversos canais da cidade deveriam ser cobertos para criar mais espaço para o tráfego motorizado. Proibir o trânsito a partir do centro da cidade, como outros haviam proposto no passado, equivaleria a "cortar a sua circulação", como ele disse[52].

A ideia de que as ruas existem para canalizar os veículos a motor, como se todas elas fossem vias, pode agora ser vista em todos os artigos de jornais que traduzem a relação I/C e o prognóstico de congestionamento de estradas do Rijkswaterstaat em linguagem humana:

> "A HOLANDA SE APROXIMA DO ENGARRAFAMENTO"
> Onde quer que você olhe, o país está parando. Congestionamento nas rodovias e nas estradas de ferro, assim como nas cidades e no espaço aéreo, está paralisando o transporte e a economia. Esses efeitos nocivos vão aumentar rapidamente de tamanho e importância, diz um relatório alarmante do Ministério da Infraestrutura.
> (*De Telegraaf*, 2017)

> "RANDSTAD SOFRE DE ARTÉRIAS ENTUPIDAS"
> Engarrafamento. As estradas estão cheias, os bondes e os trens, lotados de passageiros: mais um pouco e a conurbação no oeste do país vai alcançar a paralisia, a não ser que se faça algo. Mas os políticos subestimam os problemas, e o orçamento disponível é insignificante.
> (NRC *Handlesblad*, 2017)

> "REAL TOURING CLUB HOLANDÊS AVISA – ATÉ AS ESTRADAS LOCAIS ESTÃO CADA VEZ MAIS CONGESTIONADAS, COM MAIS ENGARRAFAMENTOS EM 2019"
> O número de congestionamentos aumentou em 17% no ano de 2019. Esse congestionamento não está mais restrito às rodovias. Até as estradas locais e provinciais estão cada vez mais propensas a bloqueios.
> (RTL *Nieuws*, 2019)

As metáforas de artérias entupidas e paralisia sugerem um problema coletivo que ameaça nossas próprias vidas. É precisamente por isso que eu estava tão ansiosa para ajudar a resolver a questão do congestionamento das estradas – por meio de rodovias para bicicletas. Chamam as novas rodovias de "elos perdidos" e "desvios", mas poderiam também chamá-las de "feridas" ou "cicatrizes na paisagem"[53]. Acrescentar novas pistas em uma rodovia para enfrentar o engarrafamento nas estradas é como uma pessoa gorda afrouxar o cinto para combater a obesidade[54].

▪ ▪

Realizar uma operação de desvio não é algo livre de riscos. De Groene Boog rapidamente desenvolve complicações. O vereador (*wethouder*) Langenberg admite à mídia que não será totalmente viável fazê-la "inaudível e livre de odores". "Afinal, os moradores locais vão sentir o cheiro da A13/A16", diz um título do *Algemeen Dagblad*, o que quer dizer que os moradores terão que respirar ar poluído.

Carros elétricos não resolverão esse problema: eles seguirão produzindo poluição. Os freios dos carros produzem partículas finas e a abrasão de pneus libera grandes quantidades de microplásticos no ar, no mar e em nossos corpos[55]. Isso é algo do que não havia me dado conta quando escrevi meus primeiros artigos entusiásticos sobre mobilidade, nos quais abordava o carro elétrico como solução para as emissões de CO_2.

Trata-se de uma descoberta dolorosa que reiteradamente me faz franzir a testa quando vejo meus dois filhinhos pulando no trampolim em nossa pequena ilha verde, nosso chalé cercado por um mar de asfalto.

Qual É a Placa do Seu Carro?

Por que eu também considerava a posse de um carro como a norma? Será que foi porque meu companheiro e eu dependíamos tanto do nosso carro na vastidão da Rússia? Em Roterdã, moramos entre três supermercados, ao lado de uma loja de bricolagem e a uma curta distância do médico, do nosso pediatra, da escola, de dois hospitais e de duas bibliotecas, o que pode ser percorrido tranquilamente de bicicleta. Não temos de ir ao trabalho de carro cotidianamente. Será que vamos mesmo comprar um carro? Estamos pesando os prós e os contras envolvidos nisso.

Um carro tornaria mais fácil nossa visita ao irmão do meu companheiro, que mudou recentemente para um lugar de difícil acesso no "Coração Verde" da Holanda. Francamente, é irônico que você precise de um carro para visitar uma região com esse nome.

Para nós, também seria mais fácil sair para passar um fim de semana no campo – isso é algo que nos dá prazer. Então, no feriado optamos por fazer uma experiência. Que tal irmos sem carro a um parque que fica na região rural do Veluwe, com duas crianças que ainda não podem andar muito longe por conta própria?

Embora não seja exatamente fácil, a viagem é interessante: meu companheiro embarca no trem com sua bicicleta, carregado com equipamentos de bebê, desce na estação Ede-Wageningen e de lá vai de bicicleta, com nosso filho mais velho empoleirado na frente, pela floresta até o parque. Da estação pego um ônibus, levando o carrinho duplo, o mochilão e nosso bebê, e na última milha mais ou menos, subo uma colina, por uma estrada sem pavimentação. "Qual é a placa de seu carro?", pergunta a recepcionista quando chegamos.

Uma vez instalados, continuamos nossas ruminações: por que as pessoas gostam tanto de vir para cá nos feriados? Não seria porque você tem que diminuir o ritmo de caminhada se quiser dirigir até seu bangalô para descarregar sua bagagem? E também porque você estaciona a uma distância de onde está alojado para que seus filhos possam correr pelas trilhas no ar limpo, seguras e despreocupadas, enquanto você toma seu café ou alguma bebida em um ambiente natural e tranquilo?

Se sentimos tanto prazer em acampamentos e parques de férias, pensamos, por que não tentamos organizar nossas próprias ruas da mesma maneira? Do jeito que as coisas estão agora, muitos de nós corremos para escapar do ambiente doméstico o mais rápido possível na vida cotidiana. A área em torno de nossas residências é tão desagradável que passamos nossos feriados em parques de bangalôs para evitar estarmos cercados de carros.

Depois de um fim de semana espalhando amendoins para os esquilos em nossa porta, chegamos a uma decisão. Afinal, não precisamos de um carro próprio.

2

cuidado – crianças brin cando

como os carros transformaram o ambiente em que vivemos?

os seus primórdios, meu bairro em Roterdã deve ter tido o mesmo tipo de apelo que o parque de férias rural tem hoje. Enquanto aguardo um funcionário público municipal que vem ao meu encontro, passeio pela minha rua e tento imaginar como seria naquela época.

Em 1906, quando era nova, provavelmente havia bem poucos carros estacionados na frente das casas, se é que realmente havia algum. E, presumivelmente, tampouco havia muitas bicicletas – elas também estavam apenas começando a aparecer em cena[1].

Martin Guit, o oficial de estratégias de mobilidade da autoridade local, aparece a pé. Ele tem por volta de 45 anos, cabelos claros e óculos pequenos. Embora o dia esteja frio, ele fica feliz em dar um passeio comigo e me explicar por que a minha rua tem aquela aparência: que aspectos se desenvolveram organicamente e qual é o resultado de intervenções por parte da autoridade local. "Você pode ver imediatamente que esse bairro não foi construído pensando em carros", diz ele.

Começamos por andar até um dos extremos da rua, onde a calçada com casas de números pares atravessa a rua, juntando-se à calçada do outro lado. Se quiser sair da rua de carro, você precisa atravessar esse trecho elevado. "Por que há uma calçada cruzando a rua nessa extremidade, mas não na outra?", pergunto[2].

Acontece que isso tem um nome específico no jargão holandês de engenharia de trânsito: é chamado de "uitritconstructie" (cuja tradução literal é "construção de saída", mas que poderia ser chamado de "rampa de cruzamento de rua").

Rampa de cruzamento de rua ligando calçadas em ambos os lados da rua.
Fonte: Thalia Verkade.

"Muito do que você está vendo é o resultado de diretrizes de 'Segurança Sustentável'", explica Guit.

Segurança Sustentável (Duurzaam Veilig) é uma filosofia de design que data de 1991. Criada pelo SWOV – Instituto Holandês de Pesquisa em Segurança na Estrada, foi mais desenvolvida por meio de diretrizes do CROW. (Políticas de mobilidade parecem estar repletas de abreviações de quatro letras.)

Todo ano o SWOV publica um relatório cobrindo não apenas o número de vidas perdidas em acidentes de trânsito, mas também riscos no tráfego como pessoas idosas andando em bicicletas elétricas, motoristas usando aplicativos de celular enquanto dirigem etc. O relatório, por fim, oferece recomendações sobre como tornar nossas ruas mais seguras. Em 2017, o diretor administrativo, Peter van der Knaap, enfatizou a necessidade de tornar a segurança no trânsito uma prioridade nacional[3]. Segundo o SWOV, dirigir acima de 30 km/h em áreas residenciais é perigoso e deveria ser impossibilitado[4].

O pensamento por trás da Segurança Sustentável é que, dada a falibilidade humana, o ambiente do tráfego precisa ser projetado para excluir acidentes graves. Um dos aspectos essenciais é a biomecânica, cuja definição novamente sugere uma ciência exata envolvendo partículas elementares: "Trata-se de alinhar a velocidade, a direção, a massa, as dimensões e a proteção dos participantes no trânsito." Os humanos são vistos como uma coleção de moléculas vulneráveis que precisam ser protegidas e proteger umas às outras por meio de tecnologias para evitar danos.

Guit explica que Segurança Sustentável classifica as ruas de "ordens" superiores a inferiores. "Sua rua é uma zona de ordem inferior, de 30 km/h, como pode ver na placa em frente à rampa do cruzamento", ele diz, apontando para a área elevada da calçada que me deixou tão curiosa. "E as lombadas também indicam isso."

Damos a volta na esquina, e Guit aponta para as vias classificadas como sendo de ordem mais elevada. "No final de sua rua, há uma via com o limite de velocidade de 50 km/h, a Bergselaan, uma 'stroomstraat' (rua de fluxo). Essa rua, por sua vez, leva a outra 'rua de fluxo', a Gordelweg, que então se conecta com as estradas vicinais indo para a rodovia e vindo dela." A rodovia, que pertence à "ordem" mais elevada, é classificada como uma "stroomweg" (estrada de fluxo), isto é, uma estrada cuja função é permitir que o tráfego flua em velocidade. É por meio da analogia com rodovias e com o conceito de "estradas de fluxo" que engenheiros de trânsito urbano e funcionários públicos locais falam de "ruas de fluxo" atravessando a cidade. Essas são ruas que canalizam muito tráfego e têm poucas outras "funções"; isto é, não são projetadas para serem lugares onde as pessoas queiram passar algum tempo[5].

Nós demos a volta na esquina, onde a rampa de cruzamento no fim de nossa rua se liga com uma calçada que segue até uma segunda rampa de cruzamento no fim da rua paralela à minha. De repente, aparece um homem sem casaco na nossa frente. "Vocês são do conselho?", pergunta ele para mim e Guit.

Guit afirma com a cabeça.

"Tenho tentado entrar em contato com eles nos últimos dezoito meses para dizer como tudo está deteriorando por aqui. Moro no andar térreo, e meu escritório é ali em cima." Ele aponta para o primeiro andar de sua casa. "Nada me escapa. Não faz muito tempo, alguém foi atropelado e morto bem ali." Agora ele aponta para a Gordelweg, a "rua de fluxo" que vai em direção à estrada vicinal que leva à rodovia. Lembro que no verão passado uma de nossas vizinhas, uma senhora de setenta anos, foi atropelada e morta ali, com seu cachorro. "E é aqui que teremos nosso próximo acidente fatal, escreva o que te digo! Há carros usando nossa calçada como uma pista de corridas!"

Não há necessidade de o sr. Vos (ele não dá seu primeiro nome) dar qualquer explicação adicional. Enquanto estamos conversando, um motorista após outro passa pela rampa de cruzamento sem parar. As pessoas usam essa rua residencial como atalho – você consegue evitar um cruzamento e um conjunto de semáforos virando aqui. Mas isso significa que precisa cruzar a calçada do sr. Vos.

"Dez crianças dessa fileira de casas brincam aqui, e outras crianças das redondezas também", diz ele. "Coloquei uma dessas grandes tartarugas verdes para advertir os motoristas, mas garanto que vai haver um acidente um dia desses."

A tartaruga verde de plástico de alta visibilidade, 1,70 metro de altura, segurando uma bandeira vermelha, é conhecida como "Victor Veilig" (*veilig* significa "seguro"). Ela avisa os motoristas sobre a presença de crianças brincando nas proximidades. Alguns Victors estão danificados por terem sido atropelados.

"O melhor conselho que posso dar ao senhor", diz Guit ao sr. Vos, "é que continue reclamando para o conselho. Não sou responsável por essa área, mas entre em contato com os funcionários públicos existentes e com os políticos locais."

"Tenho frequentado todas as reuniões do conselho do bairro no último ano e meio!", retruca o sr. Vos, com sua voz cada vez mais alta. "Mas absolutamente nada mudou!"

Um Audi sobe a rampa de cruzamento em velocidade. Gesticulo – mais devagar, por favor! O motorista levanta a mão e freia.

"Ele não tem muita escolha agora que nós três estamos aqui", esbraveja o sr. Vos. "Mas fiz a mesma coisa outro dia, quando estava aqui sozinho, e o rapaz saiu do carro e ameaçou me dar um soco."

"Continue a relatar esses incidentes", diz Guit. Ele explica que as estruturas oficiais são complexas e que certamente não há fundos suficientes disponíveis para fazer tudo o que precisa ser feito.

Guit e eu andamos até a outra extremidade da rua. No final dela, entramos em uma estrada classificada em uma "ordem" mais alta, a Bergweg, outra "rua de fluxo". Não há uma rampa de cruzamento aqui, mas uma faixa de pedestres. Guit não sabe por que essa extremidade da rua é diferente da outra. "Para estrangeiros que trafegam por nossas estradas, faixas de pedestres são mais fáceis de compreender que rampas de cruzamento", palpita ele. "Eles sabem que isso significa que pedestres têm a preferencial." Mas será que é mais seguro?

"Um pouco adiante na Bergweg, outra pessoa foi atropelada e morta no ano passado, na faixa de pedestres", digo eu, sentindo um arrepio na espinha. A vítima era um jovem de dezenove anos de idade, recém-saído do colégio.

Caminhando de volta para a minha casa, passamos por um entroncamento onde minha rua cruza uma rua lateral estreita. "Por que não há uma rampa de cruzamento aqui?", pergunto.

"Porque esse entroncamento envolve duas ruas com um limite de velocidade de 30 km/h", responde Guit. "Então não se pode colocar qualquer pavimentação extra aqui, segundo as regras de Segurança Sustentável."

"Isso é realmente tão fora de questão?", pergunto. Seria uma grande melhoria. Se a calçada cruzasse a via até o lado oposto, meus filhos poderiam atravessar para brincar com as crianças dos vizinhos e vice-versa.

"Você teria de provar que essa proposta seria mais segura que a situação atual", diz Guit. "Mas pode ser confuso. E qualquer coisa que possa causar confusão é classificada como menos segura. O que engenheiros de trânsito querem é previsibilidade."

Quando, mais tarde, toco nesse assunto com uma mãe da vizinhança, entendo o que ele quer dizer. "Acho que seria perigoso", diz ela. "As crianças achariam que é uma calçada, mas os motoristas seguiriam adiante de forma desatenta." Teríamos então o mesmo problema que sr. Vos.

"Não é estranho pensar que quase não havia tráfego em 1906, quando tudo isso era novo?", comento com Guit.

"Talvez devêssemos voltar àquela situação", responde ele. "No entanto, a Segurança Sustentável representou uma grande melhoria depois que os carros foram introduzidos. Até os anos 1960 ou 1970 não havia lombadas e você podia passar por aqui a 50 km/h." Aqui, a 50 km/h? Sem lombadas? Na rua onde moro? Comparado a esse passado, agora é muito mais seguro.

"Mas talvez seja o momento de dar o próximo passo", diz Guit. "Reduzir o limite para 15 km/h ou 10 km/h em áreas residenciais."

Em velocidades tão baixas, não haveria necessidade de calçadas ou rampas de cruzamento.

Aponto para o parque infantil do outro lado da rua, com vários brinquedos e um escorregador. "Nossos filhos e a menininha da vizinha gostam de brincar lá e não precisam de supervisão. Mas não podem atravessar a via para chegar lá sozinhos."

Guit concorda com a cabeça. Ele está ansioso para ter ruas calmas com pouco trânsito, mas primeiro precisamos de um conselho que esteja disposto a tomar esse tipo de ação, o que, por sua vez, depende de as pessoas votarem em partidos que incluem tais propostas em seus manifestos – a rua como espaço para as pessoas em primeiro lugar e depois para o tráfego. "Gradualmente estamos vendo mais partidos que estão começando a pensar dessa forma", diz ele.

Nós nos despedimos na porta de entrada da minha casa, e eu entro. É tão estranho.

"O país está chegando a um impasse", os jornais advertem: vemos isso como uma ameaça enorme, o tráfego deve continuar fluindo. E é por isso que tenho de apertar a mão do meu filho com tanta força para que ele não consiga escapar do meu alcance no caminho para chegar à sua diversão no parquinho.

Esse É o Tempo Que um Carro Leva Para Parar

Se você freia a 35 km/h, seu carro vai andar mais dezesseis metros antes de parar.

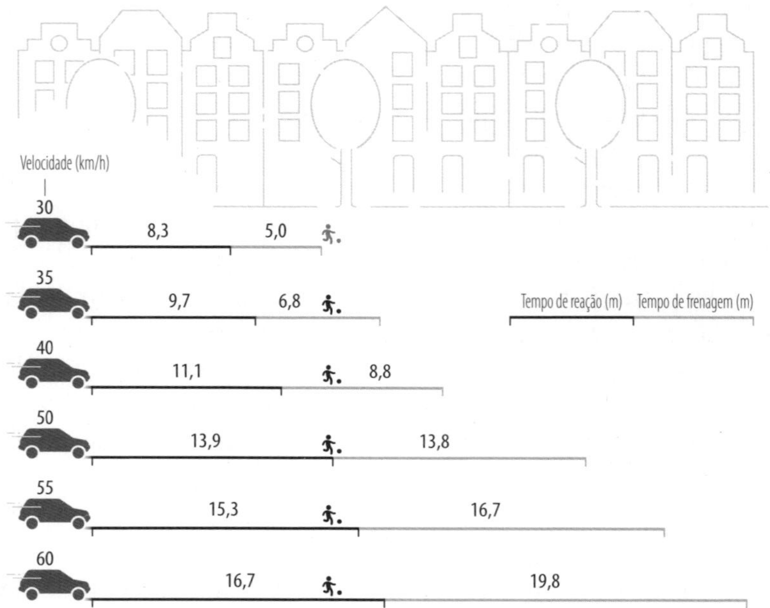

Fonte: Verkeer & Meer (Disponível em: <https://www.verkeerenmeer.nl>).

Sr. Correto

Naquela mesma noite, pesquisei na internet fotos antigas de minha rua. As mais interessantes mostram a Bergweg no ponto de encontro com outra rua de fluxo, a Benthuizerstraat. As duas ruas pavimentadas se encontram no ponto de onde saem da cidade por baixo da A20, como as duas pontas de um garfo de bolo apontando para cima.

Em 1908, quando minha rua tinha acabado de ser construída, a área em torno do garfo de bolo parecia uma vila. Havia uma agência de correio na esquina e, ao lado, um café chamado Transvalia. Essas ruas não eram vias de passagem: essa era uma área onde as pessoas passeavam e havia um pequeno bonde que passava ao longo da Benthuizerstraat até o rio Maas.

O entroncamento da Benthuizerstraat e a Bergweg em Roterdã, 1908. Minha casa fica perto dessa região, em uma rua lateral que sai da Bergweg.

Fonte: Antiquariaat Voet.

Em 1932, a Bergweg tinha adquirido trilhos de bonde. O café tinha subido mais dois andares e se tornado o Teatro Victoria, que depois se converteu em cinema. Essa parte da cidade era conhecida pela sua vida cultural

O mesmo entroncamento em 1932.
Fonte: Antiquariaat Voet.

O entroncamento em 2020, com o prédio Correct na esquina fechado.
Fonte: Boudewijn Bollmann.

e havia muita gente nas ruas, andando por lá a pé. O que acho mais impressionante na foto de 1932 é o garotinho, com mais ou menos a mesma idade que meu filho mais velho, cruzando a rua sozinho. Isso é inimaginável hoje. Atualmente esse é um dos dez entroncamentos mais perigosos de Roterdã[6].

Aquele prédio que já foi teatro, conheço como a gigantesca loja de eletrônicos Correct, que ocupava a esquina até recentemente. Entrando em Roterdã de carro, uma das primeiras coisas que você conseguiria ver era a enorme placa laranja da loja. Correct foi uma das lojas mais conhecidas da cidade nos anos 1980 e 1990; um enorme empório que atraía pessoas de todos os cantos à procura dos dispositivos e aparelhos eletrônicos mais recentes.

Encontro uma entrevista interessante com o "sr. Correct", como o proprietário, Harry de Jong Sênior, era conhecido. Em 1988, ele disse ao jornal *Het Vrije Volk* que ele via os eletrônicos como um dos principais contribuintes para resolver o problema do congestionamento de tráfego. "Em primeiro lugar, as telecomunicações habilitam as pessoas a completar seu trabalho onde quer que estejam, então elas não precisam sair de casa. Você pode perceber isso pela demanda massiva de sistemas de fax de todos os tipos. Computadores e fotocopiadoras estão ligados a linhas telefônicas ou satélites. Cada vez mais as reuniões serão realizadas via videofone, poupando um tempo precioso de deslocamento."[7]

O sr. Correct também previu corretamente que os carros iriam algum dia ter um sistema para localizar engarrafamentos e propor rotas alternativas. Previsão inteligente. Porém, o visionário nunca previu o que a internet significaria para a sua própria companhia. Em anos recentes, a Correct perdeu terreno para a Coolblue, outra firma de Roterdã que vende produtos semelhantes *on-line*. O prédio na esquina está vazio agora. A mídia local fez sugestões – não poderia se tornar um cinema novamente? Desenvolvedores de projetos tinham suas próprias ideias – não poderiam converter o edifício em prédio de apartamentos?

Olho mais uma vez para a foto do café, com os homens batendo papo na rua em frente a ele. Vejo o teatro e seus arredores animados um quarto de século depois.

Então, saio na rua e vejo o prédio dilapidado da esquina e as vias que o flanqueiam, onde o trânsito motorizado predomina. Essa era uma área realmente atraente. Como entregamos a esse ponto o controle do lugar onde moramos?

Como o Carro Conquistou a América

Logo descubro que não foi uma conclusão precipitada. Quando os carros ainda eram uma novidade, se esperava que os motoristas conduziriam com humildade. Isso é evidenciado pelo conselho escrito em 1908 pelo presidente da associação de motoristas de Chicago e publicado por vários jornais, incluindo o holandês *Algemeen Handelsblad*[8].

Se estivesse dirigindo um automóvel, caberia a você, como motorista, respeitar os costumes da cidade em que estava. E, assim como em meu condomínio, os direitos dos mais lentos eram priorizados:

> Nunca faça uma curva sem dar um sinal de alerta.
>
> Em ruas superlotadas, é descabido tentar passar outros motoristas. Os poucos momentos ganhos são uma compensação insignificante diante do perigo incorrido.

Esperava-se que os motoristas se comportassem com modéstia e cavalheirismo:

> É melhor dirigir bem devagar ou parar do que confiar em sua habilidade de evitar os outros.
>
> Sempre que, em um momento de grande perigo, uma escolha recaia entre um ser humano e seu próprio automóvel, é sempre este último que deve ser sacrificado.

Finalmente, a última dica revela uma profunda convicção de que essa era uma questão ética:

> Você deve sempre se lembrar de que, embora um pedestre pese 68 quilos e seu carro mil trezentos e sessenta quilos, esse não é um dos casos em que quem tem a força é quem está com a razão.

Esses eram os costumes predominantes antigamente no meu bairro também. Então, o que aconteceu?

Marco recomenda outro livro para mim, *Fighting Traffic* (Combatendo o Tráfego), de Peter Norton. Norton, um historiador estadunidense de tecnologia, escreve sobre a oposição ao aumento do uso de carros em massa nos anos 1920 nos Estados Unidos.

Já havia passado algum tempo pesquisando o período, quando a nova linha de produção de Henry Ford começou a fazer carros acessíveis nos Estados Unidos. O número de Fords Modelo T crescia a cada dia[9]. (Curiosidade: todos eram pretos, pois essa era a cor que secava mais rápido.)[10] Porém, ao mesmo tempo mais e mais pessoas estavam sendo atropeladas e mortas. Supunha-se que veículos motorizados resolveriam os problemas associados a veículos puxados a cavalo – que tinham causado numerosos acidentes, e eram barulhentos e malcheirosos[11] –, mas a velocidade dos carros, a massa compacta e a popularidade logo resultou em problemas muito maiores.

Entre 1920 e 1930, escreve Norton, 200 mil pessoas motorizadas morreram em acidentes de tráfego nos Estados Unidos. Havia acidentes fatais com veículos puxados a cavalo também: 2.500 por ano na Inglaterra e no País de Gales, entre 1901 e 1905[12]. Fatalidades envolvendo meios de transporte puxados a cavalo também aconteciam aos milhares nos Estados Unidos[13]. Porém, as estatísticas estadunidenses daqueles primeiros anos mostram como o "automóvel de passeio" perpetuou e agravou o problema: enquanto o número de acidentes fatais envolvendo veículos puxados a cavalo se manteve elevado mas estacionário entre 1907 e 1911, o número de fatalidades registradas envolvendo automóveis quadruplicou no mesmo período[14].

Com sua velocidade intimidadora, os automóveis causaram caos, perturbando a vida urbana normal. A polícia achava que veículos a motor deveriam ser proibidos em áreas construídas. Pais, particularmente mães que haviam perdido filhos, protestavam com cartazes retratando o automóvel como um monstro. "NÃO MATE UMA CRIANÇA", gritavam outdoors erguidos pelas autoridades de Illinois.

Mas Ford, o único fabricante automotivo realmente considerável nos primeiros dias, continuou a produzir um número cada vez maior de carros, acompanhado por um número crescente de motoristas. O que vale para estradas se aplica igualmente para carros, parece: produza mais, e mais pessoas vão utilizá-los. E o povo estadunidense se dividiu em dois campos. Alguns sustentavam que os carros não tinham lugar nas ruas das vilas e das cidades. Outros, porém, concluíram que o problema era a cidade em si, que as ruas tinham que ser reestruturadas no interesse da segurança e eficiência. Em muitas cidades estadunidenses, bondes eram menos que satisfatórios: lentos demais, caros demais e muito raros. Agora havia uma alternativa barata, libertadora – e, para acomodá-la, a cidade tinha que se adaptar.

■ ■

Talvez esses novos motoristas tenham experimentado a mesma sensação de liberdade que senti quando a internet apareceu pela primeira vez. De repente, não tinha mais que esperar pela informação ou ir até a biblioteca enfrentando todos os climas, e o tédio se tornou coisa do passado. Mais tarde, a rede mundial de computadores chegou aos nossos celulares, na forma de 4G e depois 5G – liberdade total! Mas isso nos fez dependentes de nossos telefones e das companhias que nos fornecem acesso móvel.

De forma semelhante, há cem anos as pessoas se tornaram dependentes das companhias de carro para seu transporte. E do mesmo modo que não conseguimos viver sem a internet agora que temos acesso a ela, a nova liberdade trazida pelo carro e desfrutada por muitos tinha que ser facilitada.

Continuo lendo o livro de Norton, e Marco me manda o resumo de outro que ele acaba de ler, *Law, Engineering and the American Right-of-Way* (Lei, Engenharia e o Direito de Passagem Americano), de David Prytherch, que revela que as primeiras pessoas a enfrentar os problemas causados pelos carros nas cidades foram os engenheiros hidráulicos. No passado, eles haviam instalado encanamentos, agora eles voltavam sua atenção às estradas; essas também poderiam ser vistas como uma espécie de cano, por meio do qual o trânsito tem que fluir de forma desimpedida. A circulação era então mais que uma metáfora.

Colocar a livre mobilidade para carros antes das necessidades dos pedestres converteu a rua em um "espaço veicular". Até as calçadas, as margens às quais os pedestres foram consignados, faziam parte do "espaço veicular", seguindo a lógica geométrica dos engenheiros[15].

Cada vez mais estadunidenses, escreve Norton, passaram a abraçar essa lógica. Se no passado as pessoas eram instadas a não matar ninguém, agora elas eram instadas a não se matar. As autoridades começaram a incutir essa mensagem entre seus cidadãos: se você estivesse a pé, deveria permanecer à beira da estrada. Dessa forma, a responsabilidade pela segurança é transferida ao usuário da estrada mais vulnerável. As crianças, que antes brincavam na rua, agora ficam alocadas em um espaço próprio, nos parquinhos infantis.

■ ■

Norton usa uma palavra específica para demonstrar como a opinião pública estadunidense se inverteu em um espaço de dez anos.

Originalmente, *jaywalker* era um termo utilizado para designar alguém que vagava pelas ruas como um caipira ou *jay*, fora de sincronia com os tempos modernos; hoje significa um pedestre que cruza a rua no lugar errado. Esse termo era pouco utilizado até a cidade de São Francisco incluí-lo em uma campanha de informação pública sobre o trânsito em 1920. A campanha instruía pedestres sobre "os perigos de *jaywalking*". Mas será que andar nas ruas é o que causava perigo? Por acaso o perigo não era causado pela condução de veículos?

Em 1925, a polícia, que poucos anos antes argumentara que motoristas não tinham por que dirigir nas cidades, prendeu nada menos que 83 pessoas em Washington DC por vagarem pelas ruas. Essas pessoas escaparam da prisão com a condição de se tornarem cofundadoras de um Clube de Caminhantes Cuidadosos. Sua adesão foi anunciada publicamente.

Os pontos de vista estavam começando a mudar. Norton mostra que, depois de 1930, a opinião predominante propagava que as pessoas que simplesmente caminhavam pelas ruas estavam vagando por aí, e que elas, e não os motoristas, precisavam ajustar o seu comportamento. Cada vez mais cidades e estados começaram a tornar o ato de atravessar espontaneamente uma via um crime passível de punição.

Eu nunca antes tinha percebido que a linguagem poderia desempenhar um papel tão crucial na aceitação de mudanças radicais.

Ao mesmo tempo, encorajada pela indústria automotiva, uma mudança ocorreu na imaginação popular: antes dirigir era visto como um "perigo para a cidade" e agora dirigir passou a ser percebido como "uma questão de liberdade". Essa noção ainda sustenta a maioria das propagandas de carro. E o carro trouxe mesmo liberdade e aventura. Diferente do trem ou do bonde, ele poderia te levar a quase qualquer lugar a qualquer hora do dia. Particularmente se as estradas pudessem ser ajustadas para acomodar ainda mais motoristas.

A instalação de parquímetros, escreve Norton, reforçou a ideia de que os carros eram parte integrante da vida urbana. Claro, agora você precisa pagar para que seja permitido estacionar seu carro rente à calçada, mas pelo menos isso pôs fim à discussão sobre se era realmente uma boa ideia permitir que todos dirigissem seus carros na cidade. Você estava pagando pelo privilégio, não estava? O imposto especial sobre o consumo de gasolina teve o mesmo efeito; você agora estava pagando ao estado para ser autorizado a usar seu carro, o que encerrava a discussão sobre se era realmente uma boa coisa dirigir em todos os lugares. O espaço da rua, outrora um bem público, tornou-se uma mercadoria econômica.

Engenheiros de Trânsito Chegam à Holanda

"Você sabe como o sistema de tráfego das estradas nesse país veio a ser do jeito que é?"

Durante uma pausa em um dos muitos eventos sobre mobilidade em que participo agora, um homem alto com óculos redondos se aproxima de mim. Ele imediatamente responde à sua própria pergunta: "Foi o Plano Marshall."

Ele se apresenta como Marcus Popkema e me conta que escreveu sua tese de doutorado sobre as origens da engenharia de trânsito como disciplina acadêmica na Holanda[16]. Atualmente leciona na Universidade Windesheim de Ciências Aplicadas em Zwolle, no mesmo curso frequentado pelo estudante que ofereceu a análise Doctor dos *chip cones*.

"Gostaria de ouvir o senhor a respeito disso", digo.

Então, numa sexta-feira de manhã, pego o trem para Zwolle. O que tinha aprendido sobre assistência do Plano Marshall durante minhas aulas de história no colégio tinha sido o seguinte: grande parte da Europa estava em ruinas depois da Segunda Guerra Mundial, e os Estados Unidos veio para nos ajudar a nos reconstruir.

O que não tinha sido ensinado, e o que a tese de Popkema deixa claro, é que essa ajuda também foi um meio de impulsionar a economia estadunidense ao lubrificar as rodas para os negócios dos Estados Unidos, que estavam ansiosos por oferecer seus serviços e comercializar seus produtos na Europa.

■ ■

A Universidade Windesheim de Ciências Aplicadas não fica longe da estação de trem em Zwolle: atravesse uma estação de metrô por baixo de uma rodovia e você está lá. Popkema aperta minha mão, me cumprimentando, e me leva para uma sala vazia com uma lista pendurada na parede que tem todos os nomes e sobrenomes dos palestrantes. Fazendo as contas desses nomes, vejo que cerca de metade são homens e metade são mulheres.

"Isso reflete a divisão de gêneros entre os estudantes também?", pergunto.

"Não, há muito mais homens",' diz Popkema. "A propósito, o curso não é mais denominado Engenharia de Trânsito, mas Planejamento Espacial – Mobilidade. A palavra 'mobilidade' supostamente deveria atrair mais estudantes mulheres."

"E atrai?"

"Aumentamos a presença feminina com uma ou duas estudantes a mais por ano agora nas salas de aula", diz Popkema, com uma cara de blefe. "Estatisticamente, não significa muita coisa."

Sentamos numa mesa branca e ele começa a falar: "Os interesses dos produtores de petróleo, automóveis e pneus cruzaram o Atlântico junto com o Plano Marshall. Engenheiros holandeses, pessoas com uma formação técnica, foram financiados pelos estadunidenses para participar de conferências realizadas pela IRF, a International Road Federation (Federação Internacional de Estradas)."

Embora o nome pareça neutro, o IRF foi criado em 1948 – o ano em que o Plano Marshall começou – por uma série de companhias petrolíferas e por uma associação estadunidense de fabricantes de automóveis e produtores de pneus.

Popkema afirma que a razão de ser do IRF era impulsionar a indústria dos Estados Unidos: promover o uso de carros e a construção da infraestrutura de estradas, tanto nos Estados Unidos como em outros países. Escritórios se abriram em Londres e Paris. Profissionais holandeses foram aos Estados Unidos para aprender com engenheiros de trânsito, um grupo profissional que ainda não existia na Holanda. "Havia cursos, congressos e revistas científicas de lá, e, uma vez que você conseguisse uma qualificação, podia ser chamado de engenheiro de trânsito", explica Popkema. A profissionalização desse nicho lhe deu autoridade e influência. "As delegações holandesas que participavam das conferências estadunidenses voltavam para casa convencidas de que a Holanda também precisava de engenheiros de trânsito."

Nessa altura, os estadunidenses tinham estabelecido sua visão sobre engenharia de trânsito por meio, por exemplo, de obras como o *Highway Capacity Manual* (Manual de Capacidade de Rodovias), que explicava a maneira de construir uma rede de rodovias com o máximo de eficiência. O manual foi publicado pelo TRB – Transportation Research Board (Conselho de Pesquisa em Transporte), da Academia Nacional de Ciências, em 1950. O TRB ainda existe, Marco me conta mais tarde. Todo ano ela é anfitriã da maior conferência internacional sobre mobilidade, com milhares de participantes. Engenheiros de trânsito holandeses continuam participando dela.

Na sala de professores e de conferencistas em Zwolle, Popkema me dá um exemplo de como a lógica das rodovias tomou conta das ruas na Holanda: "Em meados dos anos 1960, o Ministério da Infraestrutura e Manejo das Águas criou seu próprio serviço de engenharia de trânsito. Produziram um manual chamado *Motorway Design Guidelines* (Diretrizes Para Projetos de Rodovias), uma versão holandesa do *Manual de Capacidade de Rodovias*. Depois publicaram o *Non-Motorway Design Guidelines* (Diretrizes Para Projetos de Não Rodovias), que é baseado no primeiro manual. Você percebe como funciona?"

"Quer dizer que, se uma estrada não era uma rodovia, ela agora era uma 'não rodovia'?"

"Exatamente. A mentalidade que coloca eficiência e fluxo de tráfego em primeiro lugar – que tanto está em evidência no desenho das rodovias – também veio a dominar o desenho de outras situações de tráfego. Incluindo aquelas presentes em ruas residenciais comuns. Já ouviu o termo 'rede rodoviária subjacente'?"

Eu tinha lido essa expressão no relatório "Bypasses voor bereikbaarheid" (Desvios Para Acessibilidade), produzido pela TNO, a Organização Holandesa para as Ciências Aplicadas. A "rede rodoviária subjacente" significa todas as estradas e ruas no país exceto as rodovias. Segundo o autor do relatório, a rede rodoviária subjacente pode ser utilizada para absorver o trânsito de rodovias congestionadas: ruas onde pessoas vivem reduzidas a coletores de escoamento para aliviar um ralo que está transbordando.

"Então foi criada uma espécie de modelo, baseado nas rodovias, que agora determina o modo como percebemos as estradas e ruas em geral?", pergunto.

"Sim. E até você, inconscientemente, pensa do mesmo modo. 'Rodovias de bicicleta' – achei uma escolha interessante de palavras em seus artigos da série 'ciclismo *versus* congestionamentos'... é um termo derivado do tráfego motorizado, quando você pensa a respeito disso."

"Agora percebo isso", respondo. Desde então, encontrei termos semelhantes sendo utilizados internacionalmente: "rodovias de bicicletas" na Alemanha, "super-rodovias de bicicletas" na Inglaterra (atualmente, "ciclovias").

"A grande diversidade de termos utilizados para esse tipo de trajeto para bicicletas mostra que ainda o conceitualizamos de maneiras diferentes", diz Popkema. "O ponto principal dessas rotas de bicicletas está no fato de que elas devem ser rápidas, de que você pode pedalar sem interrupções, ou trata-se de algo mais? De qualquer forma, em algum momento uma denominação se cristaliza e se torna padrão. No exato momento em que isso ocorre, não há mais qualquer flexibilidade no modo pelo qual interpretamos o que vemos na vida real. E aí você recebe diretrizes com termos como 'não rodovias' e construímos a realidade com base nisso."

Popkema me acompanha para fora do prédio. Em frente à universidade, paramos numa cerca que tem aproximadamente duzentos metros de comprimento. "Eles colocaram essa cerca há alguns dias para manter separados os vários fluxos de tráfego, para diferenciá-los de forma mais eficiente e garantir um nível de segurança maior", explica ele.

A cerca garante que os estudantes que caminham para Windesheim não consigam atravessar a estrada aqui e segurar o trânsito na IJsselallee atrás dela, o que pode eventualmente resultar em congestionamento na A28.

Amsterdã Pisa no Freio

Em um artigo de página inteira intitulado "Crise nas Estradas", que surgiu em uma edição de 1965 do jornal *Gereformeerd Gezinsblad*, dou uma espiada em uma metáfora familiar sobre como as artérias cada vez mais obstruídas de nossa infraestrutura estão ameaçando nos matar. Aqui, porém, não se trata apenas de nossa vida nas cidades, mas da economia como um todo, que está em perigo mortal. "Estradas, especialmente nossas estradas nacionais, são as artérias que canalizam o tráfego e o transporte. Mas se elas ficam entupidas, e o fluxo de trânsito é seriamente obstruído, elas retêm o desenvolvimento sadio de nosso país e de uma economia saudável." O jornal coloca a última frase do artigo em itálico: "*Se nossas estradas continuarem entupidas, isso custará tempo e dinheiro.*"

Nessa altura, o crescimento econômico e o sucesso do *lobby* estadunidense significaram que mais de um milhão de holandeses possuíam um carro. As cidades tiveram que se adaptar.

Então um planejador urbano estadunidense, David Jokinen, de Detroit, que tinha aparecido em Haia no final dos anos 1950 graças às Nações Unidas, e que era agora um consultor técnico para a província do Sul da Holanda, expressou algumas ideias radicais[17]. Ele argumentou que, seguindo o Plano Delta, que defendeu o país contra inundações, uma visão de escopo e ambição equivalente era necessária para nossas estradas.

David Jokinen, o jovem "mestre planejador", "engenheiro de trânsito" e "perito em planejamento espacial" da América: é fascinante ler em velhos jornais como esse homem, sob todos os tipos de títulos, conseguiu achar jornalistas prontos para lhe fornecer uma plataforma para suas "ideias revolucionárias" dos Estados Unidos. Penso em meus próprios artigos entusiásticos a respeito da visão de Elon Musk para o futuro da mobilidade[18]. É impressionante como estamos dispostos a permitir que estadunidenses determinem o futuro de nosso país.

▪ ▪

Jokinen publicou livros, entre os quais o mais conhecido é *Geef de stad een kans* (Dê uma Chance à Cidade), financiado pelo importador holandês da Fiat e levado à atenção dos políticos pela Fundação das Estradas (Stichting Weg).

A Fundação das Estradas é mais um daqueles nomes supostamente neutros. Soa como uma associação que trabalha para o bem comum, mas na realidade era uma organização constituída em 1968 por companhias de petróleo, revendedores de automóveis e diversos outros negócios e grupos com interesses investidos na indústria automobilística[19].

Então Jokinen parece ter sido um peão do *lobby* automobilístico holandês em desenvolvimento, e suas ideias eram imbuídas de convicções estadunidenses sobre a natureza de uma cidade. Essas convicções professavam que uma cidade deveria ter um distrito central de comércio para onde as pessoas se deslocariam utilizando seus automóveis em rodovias próprias para chegar a esse distrito. Claro, essas rodovias eram as mesmas por onde mais tarde as pessoas voltariam para suas casas na periferia.

Roterdã foi a maior cidade holandesa a ganhar um tipo de distrito central de comércio – trata-se dos quarteirões de escritórios ao redor da estação ferroviária, onde a vida nas ruas se destaca por sua própria ausência. Jokinen pensava que Amsterdã também deveria se modernizar e liberar espaço para um distrito central de comércio. Mas a população local se rebelou.

A batalha pelas ruas de Amsterdã no início dos anos 1970: quanto mais descubro, mais surpresa fico por nunca ter ouvido falar disso antes. Eu sabia dos domingos sem carro daquela época, e que, em 1973, você podia andar de patins pela rodovia, graças à crise de petróleo do Oriente Médio. Mas havia acontecido uma genuína revolução na região central de Amsterdã, com moradores desde o estrato social mais baixo até o mais alto, e da esquerda até a direita se opondo à demolição de bairros da cidade para abrir caminho a uma nova linha de metrô e rodovia – isso foi algo que nunca me ensinaram na escola.

Em 1967, Jokinen tinha um plano para a capital holandesa:

> As propostas para Amsterdã resultarão em um sistema totalmente novo com seis amplas estradas de acesso, grandes seções das quais percorrerão o tecido urbano existente dos bairros que deverão ser regenerados, como Kinkerbuurt e De Pijp. Essas "rodovias urbanas" canalizarão o tráfego para a orla do distrito interno do canal de Amsterdã, ao coração histórico da cidade, o Singelgracht, e terminarão, por enquanto, em grandes garagens de estacionamento especialmente construídas.[20]

Jokinen rejeitou a ideia de um metrô, que foi discutida pela autoridade municipal de Amsterdã, porque achou que um metrô seria muito caro. O que ele imaginava era uma ferrovia leve passando ao nível da cidade, ao lado das novas rodovias. Mas muitos moradores eram contra suas propostas[21]. O que queriam eram casas acessíveis, a conservação dos prédios históricos e ruas seguras para as suas crianças[22]. Uma aliança inesperada surgiu entre os cidadãos conservadores, residentes de longa data, e a geração de protestos.

Há filmagens da revolta contra os planos para demolir o bairro de Nieuwmarkt com a intenção de construir uma nova rodovia, e é incrível[23]. Para proteger as casas, ocupantes estenderam pontes de corda que atravessavam a rua, entre uma casa e outra a partir dos andares superiores, enquanto moradores protestavam no nível do solo. Um homem obteve *status* de edifício tombado para uma casa no meio do traçado da rodovia planejada, protegendo-a de demolição.

Penso em Jan Korff de Gidts, o homem que me explicou o impacto de calcular as relações I/C, e que tinha desempenhado um papel importante em protestos semelhantes contra a construção de derrubada da floresta de Amelisweerd, próximo a Utrecht, uma década mais tarde[24]. Descubro que a filmagem desse evento é igualmente impressionante. A polícia de choque, agindo sob instruções do governo, arrastou os "Amigos de Amelisweerd" para fora das cabanas nas copas das árvores que construíram para salvá-las da derrubada. Enquanto a liminar provisória dos Amigos contra a destruição da mata ainda estava perante o tribunal, as autoridades ordenaram que as árvores fossem derrubadas com escavadeiras, o que levou apenas algumas horas.

Nieuwmarkt: a ponte de cordas sobre o Kranboomsloot, 9 mar. 1975.
Source: Bert Verhoeff/Anefo.

Nos anos 1970, o público holandês simplesmente se recusava a aceitar decisões impopulares impostas de cima para baixo. Isso fez parte de uma tendência mais ampla em grande parte da Europa Ocidental de questionar e muitas vezes de se opor à autoridade tradicional, e na Holanda isso teve um grande impacto. Repetidas vezes os jornalistas apontam essa resistência como o motivo pelo qual nossa infraestrutura de transporte é tão diferente da existente em outras partes do mundo.

No verão de 2019, o *The Guardian* publicou uma coleção espetacular de cartazes anticarro e pró-ciclismo dos anos 1960 aos anos 1980[25]. Muitos deles são obra do ENWB (representando o Verdadeiro Touring Club Holandês, em que o "E" também pode significar "Primeiro", "Único" ou "Justo"), atualmente Sindicato Holandês de Ciclistas, que foi criado em 1975, e permanece sendo uma das maiores e mais influentes associações de ciclismo do mundo. O nome ENWB fazia uma referência sarcástica ao ANWB, o Real Touring Club Holandês. Originalmente uma associação para ciclistas, sob pressão de organizações representando os direitos dos motoristas, a ANWB tinha se transformado, em meados dos anos 1920, em um grupo de interesse para as pessoas que viam as estradas e as ruas como lugares onde se deveria poder dirigir em alta velocidade[26]. Hoje, ela é o principal *lobby* ou grupo de pressão representando os interesses de motoristas na Holanda.

No YouTube, descubro um documentário – novamente feito pelos ingleses – sobre o Plano de Bicicletas Brancas, apresentando uma entrevista detalhada com Robert Jasper Grootveld, do movimento de contracultura Provo, em que fala de suas ideias a respeito de mobilidade[27]. Tinha ouvido falar da ideia da bicicleta branca, um plano hippie de compartilhamento de bicicletas. Yoko Ono e John Lennon tornaram o plano mundialmente famoso quando foram fotografados na cama, no Hotel Hilton de Amsterdã, com uma bicicleta branca que foi dada a eles por um ativista do Provo[28]. Porém, não havia me dado conta de que o plano também era um protesto contra o capitalismo e que se destinava a proporcionar a "libertação do carro-monstro".

Navegando na web, descubro muito mais. Uma foto de um *die-in*, um tipo de manifestação realizada em 1977, em que as pessoas se deitavam no chão como se estivessem mortas: oito mil pessoas, muitos pais com crianças pequenas, foram para a praça Museumplein, em Amsterdã, para protestar contra a violência resultado do uso de carros em suas cidades[29]. Essa imagem, Marco me conta depois, ainda inspira ativistas do mundo todo para realizar manifestações semelhantes aos *die-ins*.

▪ ▪

Então o que aconteceu com a proposta de Jokinen?

No fim, apenas uma pequena maioria no Conselho Municipal da Cidade de Amsterdã (23 a 22) votou contra o prosseguimento do seu plano de construção de uma rodovia na cidade[30]. Assim mesmo, era uma maioria.

Você pode ver o resultado onde a Jodenbreestraat encontra a Sint Antoniebreestraat: a rua fica estreita abruptamente e de novo se torna mais torta, serpenteando por um terreno que existe há séculos. Há também um pequeno memorial à batalha por Amsterdã – um poste de fronteira apoiado nas costas de uma tartaruga, todo feito de fragmentos reciclados retirados de monumentos quebrados. O pilar tem a seguinte inscrição:

> *De tijd kruipt met het bouwwerk heen,*
> O que está construído deve ceder à marcha lenta do tempo,
> *van hier, vandaar rest soms een steen.*
> Aqui jaz uma pedra e lá um torrão.

Nos anos seguintes, o que tinha começado como um protesto contra o *status quo* gradualmente se transformou em parte da ordem estabelecida.

O ENWB foi obrigado a ser renomeado após uma ação legal movida pelo ANWB; tornou-se, mais tarde, o Sindicato Holandês dos Ciclistas. É esse movimento, que se reuniu em nível local e nacional para liderar e defender os interesses dos ciclistas, que a Holanda precisa agradecer por sua rede de ciclovias interconectadas, que tomou forma a partir de 1982.

Não sabia que muitas de nossas rotas de bicicletas eram tão recentes, mais novas que eu. São, na realidade, trechos de estradas recuperadas de veículos motorizados por causa desses ativistas.

Davi *Versus* Golias

Sem nunca ter percebido que a batalha pelas ruas tinha sido tão árdua, não havia pensado, durante meu projeto "ciclismo *versus* congestionamento", sobre o quão extraordinário é que estamos numa posição em que podemos defender a construção de uma rede de rodovias para bicicletas. A maioria dos países não teria a infraestrutura, e teriam assim de começar do zero; para nós, seria apenas o caso de ampliar o que já temos.

Porém, a Holanda é muito diferente de outros países. Isso sempre me impressiona quando volto do exterior para casa.

É diferente da Grã-Bretanha, por exemplo, onde é preciso coragem para andar de bicicleta na maioria das cidades, e onde o número de crianças desacompanhadas indo a pé para a escola tem diminuído de quatro em cinco no início dos anos 1970 para virtualmente nenhuma enquanto escrevo[31]. A Grã-Bretanha não teve nenhum protesto em massa contra carros.

É diferente da Bélgica, onde *moordstrookje* (faixa de assassinato) tornou-se a palavra flamenga do ano em 2018, referindo-se às ciclovias estreitas demais demarcadas por linhas de tinta branca nas estradas provinciais. Ou da Austrália, onde alguns motoristas veem ciclistas como "menos que humanos"[32].

"Veja um estadunidense caminhando, e você provavelmente vai ouvir o sinal sonoro da trava das portas do carro em alguns segundos", escreveu Arjen van Veelen no seu livro *Amerikanen lopen niet* (Americanos Não Caminham). Há algumas estradas na Flórida onde os pedestres devem pegar uma bandeira pendurada num poste e acenar com ela para os motoristas enquanto atravessam a estrada caminhando (ou correndo), e então, depois de já terem atravessado a rua, podem colocar a bandeira de volta em um suporte[33]. E, ainda por cima, o pedestre deve se envergonhar se não atravessar a via no lugar designado para isso – se assim o fizer, será visto como um *jaywalker*.

A maioria dos países industrializados estão agora projetados tendo em mente o carro. Você não vai a pé até o supermercado se ele tem um estacionamento enorme e fica a um quilômetro de distância, numa rodovia. E, se a pessoa quiser dirigir até lá numa velocidade decente, é melhor que não haja pedestres para atrasá-la.

A Holanda é diferente. Graças aos 37.000 km de ciclovias, o povo holandês faz mais de um quarto de suas viagens de bicicleta[34]. E embora o número de crianças andando a pé sozinhas para a escola tenha tido uma queda considerável nas últimas décadas, e muitos pais estão bastante preocupados com as áreas em torno das escolas por estarem perigosas hoje em dia – com razão, dado que dez mil acidentes de tráfego foram registrados em um período de três anos[35] –, pelo menos aqui as crianças andam de bicicleta até a escola.

O que temos na Holanda é único, mas os holandeses não estão particularmente cientes disso. "Uma bicicleta é alguma coisa, embora quase nada" (*Een fiets is iets, maar bijna niets*), para citar o slogan popularizado pelo movimento de contracultura holandês Provo nos anos 1960[36]. Em outras palavras, ainda que as bicicletas não sejam obviamente veículos caros ou imponentes, elas podem ajudar as pessoas a se conectar e vivenciar viagens de maneira singularmente positiva.

Prove Isso!

Por que a Holanda vivenciou uma resistência difundida em relação a carros nos anos 1960 e 1970, e isso não aconteceu em outros países? Por que não introduzimos uma lei contra pedestres imprudentes? O que nos impediu de nos tornarmos tão obcecados por carros como as pessoas de outros países, que outrora também estavam cheios de ciclistas entusiastas?[37]

Depois de ler o livro do Peter Norton, navego por velhos jornais holandeses para procurar saber como os carros eram percebidos aqui nos anos 1930. E faço descobertas notáveis. Havia uma batalha de pontos de vista opostos na Holanda também nos anos 1920. Porém, o resultado foi o oposto do que se viu em outros lugares.

■ ■

Na época em que o Modelo T da Ford estava conquistando a América, a Holanda ainda tinha poucos carros: nos anos 1930, viagens de carro entre as quatros grandes cidades do oeste do país totalizavam cerca de quatro mil por dia. Fora daquela região, o número de viagens de carro não chegava a mais do que algumas centenas[38]. Entretanto, os automóveis estavam rapidamente fazendo muitas vítimas, assim como em outros países. Isso se explicita pelos apelidos que lhes eram dados pelos jornais da época, incluindo "o terror das estradas", "morte sobre rodas", "o monstro mortal que traz ruínas", "o perigo ambulante" e "motoridiocia"[39].

Na Holanda, como em outros lugares, uma discussão acalorada explodiu sobre como lidar com esse problema. Até 1924, uma pessoa atingida por um carro na rua tinha que provar que o motorista havia cometido um erro ou sido descuidado. Então, um membro da Câmara Holandesa dos Representantes decidiu que esse ponto de vista era injusto.

Em 1924 Alexander van Sasse van Ysselt apresentou uma emenda para a nova Lei de Motores e Bicicletas, propondo a aplicação dos seguintes pontos:

> O proprietário ou titular do veículo a motor que o conduza ou o faça ser conduzido por outra pessoa será responsável por quaisquer danos causados a pessoas ou bens não transportadas por ele por meio de um acidente envolvendo uma colisão ou pelo fato de aquele veículo ter atingido ou atropelado tais pessoas ou bens, a não ser que tal dano seja atribuível a uma força maior ou às partes adversamente afetadas.[40]

Isso representou uma inversão do ônus da prova. Mostrou-se o oposto da noção de pedestre imprudente. Van Sasse van Ysselt estava determinado a prover os pedestres e os ciclistas com proteção legal. O jornal *De Maasbode* escreveu: "Os motoristas desses carros-a-motor e veículos semelhantes provavelmente tomarão bem mais cuidado se forem obrigados a pagar uma soma considerável em multas."

A emenda proposta desencadeou um debate no Parlamento que seguiria por meses. Assim como nos Estados Unidos, havia gente que achava que todos deveriam poder se locomover tão rápido quanto possível e que o país deveria adaptar as estradas para esse propósito. Henri Polak, um membro do senado, notou a existência de "mais motoristas, literalmente, que precisam de um carro por motivos profissionais. O orador tem em mente médicos, transportadores rodoviários etc., cujo sustento será seriamente afetado pela 25ª Seção"[41]. Do ponto de vista de Polak, os pedestres não dispostos a colaborar para a melhoraria da segurança no trânsito é que eram o problema. "Oitenta por cento dos acidentes de tráfego podem ser atribuídos à teimosia estúpida – tão tipicamente holandesa – dos não motoristas que não cumprem o código das estradas. Votarei contra essa emenda!"

Mas um membro do partido de Polak, Maup Mendels, concordou com Van Sasse van Ysselt. "Por que motivos os Honoráveis Membros dessa Casa não se opõem ao fato de que um pedestre ou ciclista mutilado por um motorista embriagado é obrigado a provar que a outra parte é que é culpada?", pergunta ele. "Essa injustiça prevaleceu até agora, mas será abolida por esse emenda."[42] Veículos rápidos já tinham a preferencial; certamente isso já era suficiente.

A Câmara dos Deputados adotou a emenda de Van Sasse van Ysselt por 44 votos contra trinta[43]. No Senado, porém, a maioria foi contra[44]. Chegou-se a um acordo segundo o qual em acidentes envolvendo um motorista e um ciclista ou pedestre, o ônus recaía sobre o motorista, que deveria provar que não era o responsável. Isso lançou as bases para o que os holandeses chamam de "lei de responsabilidade".

A lei de responsabilidade no trânsito gradualmente adquiriu mais substância por meio de decisões judiciais. No último quartel do século XX, por exemplo, a Suprema Corte da Holanda decidiu que em caso de colisão entre um veículo a motor e um veículo não motorizado, ou com um pedestre, o motorista do veículo a motor assume automaticamente 50% da responsabilidade. Em uma colisão envolvendo crianças até quatorze anos de idade, a responsabilidade do motorista sobe para 100%, independentemente da responsabilidade da vítima[45]. Essa é a regra hoje[46].

A lei de responsabilidade segue sendo assunto de debate na Holanda. Até que ponto é justo que um motorista seja considerado responsável e, portanto, seja obrigado a arcar com quaisquer despesas médicas incorridas por uma pessoa que atravessa um farol vermelho?

Porém, o raciocínio que norteia essa regra é que um usuário de estrada com um automóvel está em uma posição privilegiada no momento em que assume a direção: eles podem andar mais rápido. É justo que esse privilégio tenha um preço. Ao reverter o ônus da prova, os holandeses – em contraste com os estadunidenses – optaram por proteger a pessoa que não está operando um veículo perigoso em um espaço público daqueles que estão.

Mas o fato de o ônus da prova ter sido colocado sobre o motorista tão cedo não significou que as ruas holandesas continuassem sendo a província dos pedestres. Enquanto a emenda de Van Sasse van Ysselt estava sendo debatida no parlamento, o jornal *Algemeen Handelsblad* publicou "os dez mandamentos para o pedestre", elaborado pela comissão de tráfego de Paris, aquela cidade medieval repleta de ruas estreitas e tortuosas que tinha construído largas avenidas havia poucas décadas. Doze anos depois de o jornal ter publicado pela primeira vez os conselhos fornecidos por um clube de automobilismo de Chicago para motoristas, ele agora distribuía "mandamentos" educacionais muito diferentes para seus leitores que andavam a pé:

1. Atravesse a rua em ângulo reto.
2. Olhe para a direita e para a esquerda antes de tirar o pé da calçada.
3, Em caso de perigo, fique no meio da via.
4. Não fique na beira da calçada.
5. Ande no lado direito da calçada.
6. Não fique parado na via.
7. Não saia de um veículo em movimento.
8. Não atravesse em um cruzamento onde o trânsito esteja sendo controlado até que o caminho à frente esteja livre.
9. Ao atravessar uma praça sem ilha de trânsito, certifique-se de cruzar em ângulo reto com o meio-fio.
10. Não interfira no trabalho de policiais envolvidos no controle do trânsito.[47]

O termo "pedestre" adquiriu *status* legal em 1936. Qualquer um andando nas ruas poderia agora ser classificado como um participante do tráfego das vias. Sempre que saía de um prédio, você não estava mais entrando em um espaço público compartilhado, mas no tráfego, um mundo de máquinas velozes que você tinha que evitar.

A História Por Trás da Cicatriz

Agora que preciso ensinar meus filhos a olhar para a esquerda, depois para a direita e depois para a esquerda novamente, minha curiosidade fica aguçada: como teria sido crescer na Holanda nos anos 1950, quando o tráfego motorizado tinha começado a tomar conta das ruas? Vigilância é uma segunda natureza agora, mas como era naquela época?

Eu sabia que, quando criança, meu pai tinha sido atropelado por uma motoneta. Esse acidente deixou nele uma cicatriz visível no joelho esquerdo. Quando, na infância, perguntei a ele como tinha conseguido aquela cicatriz, um olhar culpado surgiu no seu rosto. Ele contou que conseguiu aquela cicatriz quando era garoto em Arnhem, num dia em que saiu correndo na via.

De volta à mesa da cozinha de meus pais em Leiden, pedi ao meu pai que me contasse a história inteira por trás da cicatriz. "Acho que eu tinha sete ou oito anos, então deve ter sido em 1950 ou 1951", disse ele. "Meu pai, seu avó, estava na parada do trólebus, do outro lado da via, esperando por mim. Estava tão feliz por vê-lo, estava eufórico, então corri para a rua sem olhar. E aí a motoneta veio..."

"Motoneta" não era a palavra que usavam naquela época. Ainda era conhecida como uma "bicicleta motorizada", segundo meu pai. Elas tinham ganhado popularidade rapidamente – em 1947, não havia nenhuma na Holanda, mas já em 1951, o ano provável do acidente do meu pai, havia duzentas mil[48].

O número de famílias com carro próprio também cresceu rapidamente nos anos 1950. Em 1950, havia 121 mil carros na Holanda, enquanto em 1960 havia quatro vezes mais[49]. Em um curto período, carros e motonetas se tornaram acessíveis para todos, e a aquisição desses veículos cresceu rapidamente. "Eu tinha uma motoneta Solex também", disse minha mãe. "Ganhei quando fiz dezesseis anos." Isso foi apenas mais ou menos dez anos depois do acidente do meu pai.

"Seu avô estava parado no ponto do trólebus lendo seu jornal, então ele não me viu chegar", continua meu pai. "Certifique-se de não fazer isso quando estiver esperando pelos seus filhos." Ele me avisa com um olhar de advertência.

"Claro, eu não deveria simplesmente ter corrido pela via sem olhar", acrescenta ele. "Certifique-se de que seus filhos coloquem isso na cabeça."

Aceno com a cabeça, concordando.

"Foi terrivelmente doloroso", lembra meu pai. "Suponho que tenha sido seu avô que me levantou. Mas não consigo lembrar do que aconteceu em seguida, se fomos ver um médico, não sei..."

O acidente foi noticiado no jornal. Embora meu pai não tenha mais o recorte, ele se lembra exatamente como o artigo começava: "Ontem, do nada, um garotinho foi atravessar a via Bakenbergseweg..."

Ao voltar para casa, fui procurar a reportagem no meu computador em um arquivo *on-line* dos jornais holandeses. Meu pai estava com um orgulho quase infantil de ter saído no jornal: seria bacana se pudesse mandar o artigo para ele por *e-mail*. Mas parece que as edições relevantes do *Arnhemse Courant* ainda não foram digitalizadas.

Algumas semanas depois me encontro pedalando na Bakenbergseweg: a rua onde ocorreu o acidente do meu pai passa por cima de duas colinas. É uma via larga e movimentada. Motoristas passam por mim a toda velocidade – posso sentir o vento enquanto eles passam. O ponto de ônibus ainda existe, mas o trólebus não funciona mais.

Encontro *on-line* fotografias antigas em preto e branco dessa via. Ela agora está dividida por uma ilha central que não existia na época do acidente do meu pai.

Ando de bicicleta até o Arquivo Gelderland e folheio as coleções do *Arnhemse Courant*. Como eram volumosos os jornais naquela época. As primeiras páginas são dedicadas em grande parte à Guerra Fria; então deslizo até as páginas que têm por foco as notícias locais e procuro os artigos curtos a partir de uma busca pela letra B de Bakenbergseweg.

Encontrei!

> Uma menina de oito anos desceu de um trólebus na Bakenbergseweg e estava a caminho do ônibus quando uma van veio de encontro a ela. Por sorte, as consequências se limitaram a ferimentos menores, que foram atendidos no local por profissionais do serviço de saúde pública.

Não era meu pai, afinal. Era uma criança da mesma idade.

Nas horas seguintes, encontro dúzias de notícias sobre acidentes envolvendo crianças pequenas. Inúmeros artigos sobre meninos e meninas que, assim como meu pai, estavam atravessando a via quando foram atingidos por um veículo a motor: "do nada", "repentinamente", "inesperadamente" ou "presumivelmente sem prestar atenção". Esperava-se que até crianças de um a três anos fossem vigilantes no trânsito: "Ontem uma criança de três anos, atravessando a Vosdijk sem prestar atenção, foi de encontro a uma motoneta."

Acidentes eram particularmente frequentes nessa via: "Após o acidente fatal no entroncamento da Bakenbergseweg-Schelmseweg no dia 16 de dezembro, houve cinco outros acidentes, o sr. R.P.L.A. Hoedt observou durante a sessão de perguntas e respostas após a reunião do conselho. Ele reiterou que a situação precisava ser remediada."

As mesmas histórias recorrentes aparecem inúmeras vezes. Em um fim de semana, cinco pessoas andando a pé nas ruas no entorno da mesma região tinham ido parar no hospital. Então:

> Por volta das três da tarde, a filha de quatro anos do sr. e da sra. Lamers [...] de Grosbeek foi atropelada e morta. A jovem Petronella Lamers estava atravessando desatenta a estrada Wylerbaan, presumivelmente seguindo seu pai, que tinha saído a cavalo. O motorista fez o que pôde para desviar da criança, uma das gêmeas da família Lamers. Ele não conseguiu, e seu carro bateu na menininha, que morreu instantaneamente.

Quatro anos de idade. A mesma idade do meu filho mais velho.

> O corpo da criança foi devolvido para a casa dos pais. O motorista, que entrou em choque depois desse acidente trágico, ainda não foi interrogado pela polícia.

Saio do arquivo a pé e cruzo a estrada que atravessa o distrito industrial, terminando nas margens do Reno. Uma barcaça passa por lá. Então aquela menininha é que foi *descuidada* por seguir seu pai, que tinha saído a *cavalo* há tantos anos. E foi ela quem se comportou de modo *descuidado*? E por que meu pai tinha se culpado pelo acidente, quando os números de motonetas tinham se multiplicado do dia para a noite e a Bakenbergseweg era uma via tão perigosa?

"Não consegui achar o artigo", conto ao meu pai quando retorno de Arnhem[50]. "Mas eu não diria que você deu de encontro com uma motoneta – eu diria que uma pessoa dirigindo uma motoneta deu de encontro com você."

"É verdade, mas também errei", responde meu pai. "Minha geração e a geração de meus pais não foram suficientemente assertivas para protestar contra os crescentes perigos nas estradas. Espero que meus pais tenham tido seguro de responsabilidade civil que cobria o condutor da motoneta – ele também sofreu uma queda."

Então nossa conversa voltou-se para o deleite que acompanhava a chegada de um carro. "Quando alguém na nossa rua comprava um, todos os vizinhos passavam na casa da família para cumprimentá-la."

Evidente que assim fizeram. Como fiquei feliz, até orgulhosa, quando saí dirigindo meu Lada Niva novo em folha da concessionária em Moscou.

Engraçado como essas duas coisas podem coexistir: euforia em relação à nova liberdade, e o fato de que essa nova liberdade pode significar que você tenha que levantar seu próprio filho da estrada, sangrando e gritando, como meu avô teve que fazer com seu filho mais novo.

Aprendendo a Lidar Com os Tubarões das Ruas

Prosperidade – para a geração dos meus pais, esse era o principal significado da chegada de um carro na família. Mas isso veio de mãos dadas com a disciplina: certificando-se de que você não acabaria debaixo das rodas. Afinal, a lei de responsabilidade civil, embora esteja do lado do pedestre, não representa um grande conforto se você estiver morto.

Depois dos dez mandamentos para pedestres publicados no jornal *Algemeen Handelsblad* nos anos 1920, um filme foi passado nos cinemas, produzido por uma associação criada para "combater o comportamento indisciplinado e fortalecer a fibra moral nacional", da qual o Real Touring Club Holandês era membro.

O filme, que pode ser visto no YouTube, mostra a movimentada e desordenada vida nas ruas de Amsterdã[51], acompanhado por uma trilha sonora alegremente tilintante. As sequências, filmadas de um bonde em movimento, são intercaladas com advertências como "Tome cuidado! Por que as crianças estão brincando na rua como se não houvesse espaço suficiente para elas em nossos parques e áreas verdes?" e "É preferível abster-se de aprender a ANDAR DE BICICLETA na via!".

A partir dos anos 1950, você podia praticar na vida real. Em 1951, uma "Avenida de Segurança" foi montada durante uma semana em Arnhem, em uma área ao lado do teatro – uma rua onde atores cometiam erros no trânsito de propósito para que membros do público pudessem apontá-los[52].

Segurança no Trânsito da Holanda produziu incontáveis jogos para crianças. Nos anos 1950, o cartunista Maarten Toonder criou um jogo de tabuleiro esplêndido para a organização. Os espaços no tabuleiro diziam coisas como: "Não jogue futebol na via. Cuidado com o tráfego. Coloque cinco fichas na piscina." Ou: "A Brigada de Jovens do Tráfego ajuda você a atravessar a rua em segurança. Role os dados novamente."[53]

Meu pai me manda um *e-mail* sobre suas experiências com a educação sobre segurança no trânsito: "Tínhamos aulas sobre segurança no trânsito na escola, supervisionados pela Segurança no Tráfego da Holanda. Depois tínhamos que fazer um teste de ciclismo com alguém nos acompanhando, e então recebíamos um certificado. Você também fez a mesma coisa, não é mesmo?"

Sim, também fiz um teste de segurança no trânsito. Aprendi sobre sinais de trânsito jogando um jogo de cartas chamado "O Tráfego e Eu". Hoje em dia, as crianças leem um livro chamado *Bolinha e os Tubarões das Ruas*, também publicado pela Segurança no Tráfego da Holanda.

Aprender a ser vigilante: qual outra alternativa? Também ensino meus filhos a pararem e olharem para os dois lados da rua antes de atravessá-la. Pare, Olhe, Escute, como aconselham as campanhas no Reino Unido e na Austrália[54].

"Olhe para a direita, olhe para a esquerda, e novamente para a direita": isso ainda é um mistério para meu filho mais novo, de dois anos de idade. Passando pelo velho prédio da Correct em meu caminho para o supermercado, segurando firme sua mãozinha, sinto como se estivesse andando por um lugar que é o oposto do meu bairro. Graças às fotos antigas, sei como era originalmente e não posso desconsiderar essa imagem.

"Caça a Animais de Pequeno Porte – Temporada Aberta o Ano Todo"

Era uma vez uma alternativa à Segurança no Tráfego da Holanda, a organização que ensinava como atravessar a rua com segurança. Uma associação que exigia ações para tornar tais preocupações desnecessárias.

Descubro essa organização quase por acaso. Seu nome soa como um movimento antiaborto: Stop de Kindermoord (Parem de Assassinar as Crianças). Essa foi a associação que resistiu à cultura do carro da maneira mais aguerrida na década de 1970, por meio de panfletos, manifestações, *posters* – tudo isso transmitia uma mensagem contundente.

Um desses materiais inclui um desenho em branco e preto de uma bicicleta de criança esmagada em um acidente de carro. Na parte de baixo do desenho aparece o *slogan* "Caça a Animais de Pequeno Porte – Temporada Aberta o Ano Todo".

Outro retrata três amplas rodovias pretas desenhadas sobre um fundo azul. Um rosto de criança, quase invisível sob as pinceladas, pergunta: "Mas, e quanto a mim?"

O pronunciamento anunciando a fundação desse movimento em 1972 era bem distante da linguagem da Segurança no Tráfego da Holanda:

> Em Eindhoven e Helmond, algumas pessoas decidiram rejeitar a resignação com a qual o povo holandês aceita o massacre diário de

> crianças no tráfego nas vias [...] já é hora de acabar com a ignorância, descuido ou cinismo que determina o estabelecimento de prioridades nesse país. Esse não é um problema irrelevante; trata-se de saber se queremos ser uma nação civilizada. Todas essas declarações sobre a humanidade, direitos humanos, *habitat* humano – o Tratado de Roma, a Declaração de Estocolmo (e não vamos nem mencionar os dois mil anos de cristianismo) – são apenas frases ocas se não estamos prontos para tirar as conclusões necessárias.

Então o autor, o jornalista Vic Langenhoff, muda para uma nota pessoal: "Uma das três mil pessoas mortas em acidentes de trânsito em 1971 foi meu filho mais novo, que tinha apenas seis anos de idade, atropelado a caminho da escola por alguém correndo a toda velocidade em uma curva cega. (A multa foi de 150 florins – dirigir criminosamente é mais barato do que se pode imaginar.)"

Do ponto de vista desse pai, o motorista não deve ser absolvido da culpa só porque pagou uma multa. Mas havia outro ponto que Langenhoff queria destacar. Foi dada carta branca aos motoristas para que utilizassem o espaço público de tal maneira que resultou na morte de quatrocentas crianças por ano. Já era hora de acabar com isso. Qualquer um podia entrar em contato com Langenhoff se também estivesse farto da indiferença reinante: ele colocou o endereço dele debaixo do manifesto e continuou a publicar artigos sobre as reações que recebeu dos leitores. A resposta foi impressionante.

O que começou como um grupo de pressão logo cresceu e se transformou em uma organização com ativistas de base no país inteiro, que lutaram para que ruas residenciais se tornassem lugares onde as crianças pudessem brincar e viver suas vidas despreocupadamente, como era antes do advento do tráfego de veículos motorizados.

Maartje van Putten, de Amsterdã, se tornou coordenadora do Parem de Assassinar as Crianças. Num sábado de manhã, ela e um grupo de algumas dúzias de pais e crianças foram de bicicleta até a casa do então primeiro-ministro Joop den Uyl. Em um documentário britânico de 2019, *Stop Killing Our Children* (Parem de Assassinar Nossas Crianças), Van Putten fala sobre a experiência: "Ele mesmo abriu a porta e conversamos por vinte minutos mais ou menos. Ele distribuiu doces para as crianças e disse, 'Venham me visitar no meu escritório durante o expediente.'"[55] A essa altura, Vic Langenhoff tinha feito críticas contundentes à Segurança no Trânsito da Holanda, que, por sua vez, atacou o Parem de Matar as Crianças, colocando o ônus nas crianças e em seus pais, afirmando que eles é quem deveriam cuidar de sua própria segurança[56]. Por fim, o Parem de Assassinar as Crianças obteve amplo apoio público, inclusive da família real da Holanda[57]. Também ajudou a criar o ENWB, grupo de pressão de ciclistas.

E gradualmente o número de vítimas começou a cair. A mudança também ocorreu em parte graças a Tjerk Westerterp, o ministro de Transporte. Ele também perdera um filho em acidente de carro. Segundo alguns, foi isso que levou o governo a tomar medidas: um exemplo dessa iniciativa foi a introdução, em 1975, de cintos de segurança, uma medida salva-vidas para condutores e passageiros de automóveis.

Porém, a maioria das iniciativas que tornaram a vida nas ruas menos perigosas era local. A *woonerf* ou "zona do lar", um fenômeno sobre o qual mais tarde eu viria a apender muito, fez sua primeira aparição. Várias cidades começaram a instalar ciclovias separadas e a implementar medidas para moderar o tráfego. Roterdã introduziu um "aporte orçamentário substancial" de um milhão de florins para financiar a instalação de lombadas nas vias: qualquer cidadão poderia se inscrever para ter uma colocada na rua, em frente da sua casa[58]. Tal como o ENWB, Parem de Assassinar as Crianças mudou seu nome, passando a se chamar agora Prioridade Para as Crianças!, e se tornou um parceiro de confiança do governo.

Então nasci e conheci a Holanda do início dos anos 1980 como um país razoavelmente amigável em relação às pessoas. Claro, uma criança pequena não podia atravessar a rua sozinha. Antes de atravessar, também era preciso olhar para a direita, depois para a esquerda, e depois para a direita novamente. As pessoas interessadas em andar de bicicleta eram obrigadas a fazer seu teste de proficiência em ciclismo. Contudo, eu podia brincar com os amigos que viviam nas "zonas de lares", e quase todos os outros países do mundo eram mais perigosos para os ciclistas. O pior já tinha passado. Eu não fazia ideia do que tinha acontecido, ou como se pôs fim àquilo.

Eu era completamente ignorante em relação ao sofrimento causado por ferimentos ou mortes nas vias.

3

a história que nunca é contada

quem são as vítimas desse sistema?

Acidentes. Era sobre isso que Marco queria conversar comigo no dia em que nos encontramos pela primeira vez em Amsterdã. "Sabe o assunto sobre o qual você realmente deveria escrever num artigo? Acidentes de tráfego!", exclamou ele no meio de nossa conversa.

Fiquei impressionada pela paixão dele, mas não me detive nesse comentário que ele fez. Apenas alguns meses depois daquela conversa começo a prestar mais atenção a esse problema e me lembro de nossa conversa. Em um dos meus artigos, comento que quatrocentas crianças foram mortas por carros em 1972, o que provoca Marco a retrucar: "Mortas por motoristas, você quer dizer. Você não diz que alguém foi atingido e morta por um revólver, não é?"

Ele dá mais uma dica em uma conversa no Twitter:

Professor de ciclismo @fietsprofessor
Uma coisa boa – eu já passei por muita coisa para ser cego em relação a esse problema.

Thalia Verkade @tverka
Você já esteve envolvido em um acidente?

Silêncio radiofônico.

A resposta que não foi dada permanece entre nós. Tocamos nela em nossas trocas de mensagem no Twitter. Marco deixa escapar que há algo que ele quer me contar, mas não diz o que é. Desajeitadamente, chegamos a um acordo tácito de que vou perguntar a ele sobre isso na próxima vez em que nos encontrarmos.

Isso ocorre em um café terraço em Amsterdã. Após uma longa conversa sobre os prazeres de viajar, pergunto a ele, cautelosamente, o que aconteceu.

"Não falo sobre isso há quase trinta anos, e não tenho certeza do que vai acontecer se lhe contar", começa Marco. "Quero dizer, não sei o que isso fará comigo."

Esse início de conversa é seguido por um aviso: "A maioria das pessoas à minha volta não sabe que algo aconteceu. Então estou bem preocupado com o que vão pensar meus colegas, jornalistas, formuladores de políticas se ficarem sabendo. Talvez digam: 'Ah, então ele é apenas um ativista que sofre de um trauma.' E isso é contraproducente, pois significa que você não é um cientista objetivo. Fenômenos mensuráveis são a única coisa que conta; as emoções só atrapalham."

Aceno com a cabeça, demonstrando que entendo o que ele quer dizer. "Você quer conversar sobre isso?"

"O que quer saber?"

"O que aconteceu?"

Há um momento de silêncio, e então ele começa a falar.

> Eu tinha nove anos. Era uma quarta-feira à tarde, e eu estava brincando fora de casa com dois amigos. Minha mãe tinha saído por alguns minutos; ela deu um pulo na loja. Nós morávamos em um beco sem saída silencioso em Ulft, uma cidadezinha na região leste de Gelderland. Havia uma estrada que passava em nosso beco. Meu amigo Dion e eu perguntamos à minha irmã mais velha se a gente podia sair pelo portão dos fundos da casa. Ela disse que tudo bem. Queríamos passar por uma abertura na cerca viva que dava para a rua para nos escondermos de nosso outro amigo, Niels. Então fomos correndo, atravessamos o portão em direção àquela abertura.

Pausando momentaneamente, Marco passa a falar no tempo presente.

"Niels está esperando ao lado da casa. Dion e Niels se avistam um ao outro, então Dion dá um pequeno salto e aterrissa na beira da estrada. Um motorista se aproxima, não consegue brecar a tempo. Pneus cantando. A bola que Dion segura salta para a estrada." Marco pausa novamente. Vejo o esforço que é para ele falar sobre isso.

Apenas um ano e meio mais tarde ele me conta os detalhes do que vivenciou nos primeiros segundos e minutos depois do que aconteceu. Como o corpo de Dion aterrissou acerca de oito metros de distância, ao lado do caminho que levava à casa do vizinho, e como o para-brisa do carro foi estilhaçado. Como ele correu em direção a Dion, que jazia inerte, metade do corpo na beira da rua.

> Tinha sangue jorrando de sua cabeça. Comecei a gritar e corri para dentro de casa, em pânico, procurando alguém que pudesse ajudar. A única pessoa em casa era minha irmã de doze anos. Nós corremos juntos, passamos Dion e disparamos para a casa da vizinha. Ela já estava ao telefone. Ela me ouvira gritar e percebeu que tinha que ligar para os serviços de emergência antes mesmo de ver o que tinha acontecido.

Marco não me conta tudo isso de uma só vez no café terraço. O que ele me conta sai aos trancos e barrancos.

> Há muitas coisas que não consigo mais me lembrar, mas outras ainda se destacam na minha memória. Por exemplo, estava no assento da frente no carro da polícia, pois tinha que dar uma declaração, e de repente um barulho de pneus derrapando fez minha alma pular para fora do meu corpo. A polícia estava fazendo um teste de frenagem com outro carro, presumivelmente para medir a distância de travagem e estabelecer a velocidade com a qual o primeiro carro estava viajando.
>
> Minha mãe e minha outra irmã estavam voltando para casa da loja quando elas viram a ambulância atrás de nossa casa. Mas nossa família não conseguia obter nenhuma informação do hospital quando ligamos, pois não éramos parentes de Dion.
>
> A mãe de Dion passou por ele na sua bicicleta, com o outro filho na garupa da bicicleta: ela estava levando esse outro filho para o treino de futebol, a cem metros de distância. Você pode imaginar?

> Eles implicaram comigo na escola. Me chamaram de assassino. "Marco empurrou ele pra frente do carro", diziam eles. Me senti culpado por anos. Eu deveria ter ido primeiro, com a bola. Era uma atitude de pessoa bem-educada – ele estava brincando na minha casa, então eu é quem deveria ter ido na frente.
>
> Depois do enterro, nós não falamos mais de maneira profunda sobre o que aconteceu, nem na escola nem em casa. O que fizemos foi nos sentarmos no sofá com os cabelos úmidos, assistindo a um programa de TV sobre todo tipo de acidente de estrada e como esses acidentes afetaram as pessoas envolvidas. Eu ainda me pergunto se ficar assistindo a esse tipo de programa na TV foi algo que fiz seguindo o conselho de alguém. Na verdade, acabou me fazendo bem assistir ao programa com o resto de minha família: os apresentadores estavam sempre apontando que acidentes envolvem uma série de coincidências...

Então Marco desloca a conversa do particular para o geral.

> Você entende? Duas vezes ao dia, neste país, alguém envolvido em um acidente de trânsito nunca volta para casa. Em um ano, isso ocorre seiscentas, setecentas vezes. Desde a morte do Dion – no dia 3 de outubro de 1990 – isso já aconteceu dezoito mil vezes. E no ano que vem serão outras seiscentas mortes ou mais. E pense sobre todas as pessoas que sofreram lesões sérias, que são um número cinco vezes maior que o número de mortes: pessoas cujas vidas são transformadas para sempre, o que em geral significa uma enorme deterioração na qualidade de vida delas. Isso simplesmente continua acontecendo ano após ano. E então há todas as pessoas sofrendo de trauma. Todas as pessoas que vão aos enterros – parentes, amigos, colegas. As pessoas que trabalham nos serviços de emergência.

Há também o motorista que matou alguém desprevenido, acidentalmente, do nada. "Imagine que você está dirigindo, despreocupado, e no minuto seguinte seu para-brisa está estilhaçado, há uma criança deitada na rua, outra criança gritando e correndo em volta, e, de resto, há um silencio mortal." O carro que bateu em Dion era de pequeno porte. "A mulher que dirigia deve ter ficado em estado de choque."

Durante a nossa primeira conversa, Marco queria levantar esse assunto – o fato de que havia mais em jogo do que engarrafamentos e rodovias para bicicletas. Ele concordou em ser entrevistado por mim, porque pensou que poderia ter uma conversa séria com uma jornalista do *De Correspondent*.

Porém, eu estava muito focada na manutenção do fluxo de trânsito e em economizar o tempo de viagem, assim como todo mundo. A mobilidade e a economia eram uma máquina, e eu era uma pequena engrenagem ansiosa por fazer aquela máquina funcionar ainda mais rápido e com mais eficiência. Como jornalista, queria ser útil à Holanda. Eu era como um robô. E Marco, que soube desde quando tinha nove anos que havia algo fundamentalmente errado em nosso sistema de mobilidade para além dos engarrafamentos, teve que explicar para um robô por que ele não estava interessado em chuveiros nos locais de trabalho.

Só agora pude compreender por que nossa conversa tinha sido tão estranha.

Cúmplice Involuntariamente

Alguns meses depois, Marco e eu publicamos em conjunto um apelo intitulado: "Como Nossa Sociedade Lida Com Acidentes de Trânsito?"

Apenas a partir de então realmente aprendi sobre um problema em relação ao qual estive cega por muitos anos, e que nunca foi meu foco enquanto jornalista. Recebemos centenas de comentários, tanto no artigo original como por *e-mail*.

Em alguns casos, a ênfase recai sobre soluções técnicas. Espelhos melhores. Câmeras retrovisoras. Airbags externos. Veículos autônomos, talvez?

Há também as histórias pessoais de sofrimento relacionado ao trânsito. A maioria delas chega por *e-mail*. Minha caixa de entrada começa a parecer a de um correspondente de guerra: "uma morte associada a um acidente de trânsito é uma morte violenta", como os jornalistas Gerard van Westerloo e Elam Verhey escreveram em 1971[1].

Mergulho nessas histórias e converso com dezenas de pessoas. Grande parte dos traumas é de longo prazo. Um homem, Niels van der Wal, me conta que ele ainda está se recuperando depois do acidente que aconteceu há oito anos, quando foi atingido por um motorista enquanto andava de bicicleta.

> O motorista era responsável por pagar minha renda, mas troquei isso por uma quantia fixa para que eu pudesse comprar o tipo de moradia de que precisava, que tinha que ser silenciosa – o dano cerebral me deixou ultrassensível a barulhos. Atualmente, oito anos depois do acidente, estou me reabilitando e com a esperança de que possa voltar a ter um emprego remunerado. Estou trabalhando voluntariamente no campo em que costumava trabalhar, e está indo bem. Espero que eu possa voltar a ter um emprego remunerado no ano que vem.

O pai de uma jovem me escreve. As coisas pareciam estar bem logo depois do acidente (não tinha quebrado nenhum osso), mas sua filha teve dano cerebral e dores de cabeça permanentes a longo prazo. "Não somos mais apenas pais, somos cuidadores em tempo integral." Esse pai não quer que a filha seja identificada a partir da minha descrição. "Não quero que ela seja 'rotulada', pois isso pode lhe causar problemas no futuro. Ela provavelmente já terá dificuldades suficientes para lidar com as coisas do jeito que estão."

A escritora Fleur van der Bij, atualmente com 38 anos, me conta sobre a morte trágica de sua irmã Ylse aos doze anos de idade. Fleur tinha então quinze anos. Apenas muito mais tarde, quando estava viajando pela África a fim de escrever um livro, é que o pesar que tinha reprimido veio à tona, se manifestando como uma doença mental com episódios maníacos e psicóticos. "Levou cinco anos para me recuperar." Ela acabou escrevendo dois livros sobre suas experiências[2].

▪ ▪

Aprendo sobre a inadequação da linguagem que utilizamos. Uma trombada frequentemente é chamada de acidente – mas por que chamamos algo de acidente se é o resultado previsível de políticas públicas? Também poderíamos chamar isso de "violência sistêmica".

Uma mãe de Flandres que atropelou e matou uma criança me conta que, depois desse incidente, ela não conseguiu trabalhar por quatro anos. Ela não conseguia dar aos filhos o amor que mereciam; a única coisa que conseguia fazer era chorar e censurar a si mesma, sentindo-se profundamente envergonhada por não ter conseguido impedir o que aconteceu. "Chamo a mim mesma de criminosa, pois você precisa usar um rótulo qualquer." Do que mais se poderia chamá-la? Uma vítima-criminosa? Cumplice involuntariamente?

A filha de um motorista que matou uma menina de doze anos escreveu: "Meu pai nunca falava sobre isso. Minha mãe me contou o que tinha acontecido, e, depois disso, não voltamos a tocar no assunto. Já faz vinte anos e não se toca mais nesse assunto, assunto encerrado. Eu tinha a mesma idade que a menina que morreu naquele dia. Levou muito tempo para que entendesse que algo horrível tinha acontecido e que também me afetou profundamente. Uma das razões para isso é o terrível tabu em torno dessas situações."

Eu a entrevisto mais tarde, tendo combinado de encontrá-la na casa dela. Ela tem feito terapia para processar seu trauma: a sensação de que tudo de bom que ela antes considerava natural poderia desaparecer em um instante, de que ela não tinha mais o direito de existir. Esse estado de coisas, esse trauma, não é algo que ela possa explicar ao seu pai, então ela opta por se manter anônima. Ele não deve saber nunca que a história foi tornada pública[3].

É assim que aprendo como é profundo o trauma causado pela violência no trânsito e até onde se estende. Quatrocentos e trinta europeus morrem dessa forma toda semana[4]. Morrer ou matar outra pessoa em um espaço público, a caminho do ponto A para o ponto B, acidentalmente – isso não é comparável a qualquer outro tipo de morte, e para muitos dos afetados é impossível se reconciliar com isso.

Pergunto a mim mesma qual é a dimensão desse sofrimento cumulativo. Faço a soma do total de mortes ocorridas no trânsito na Holanda desde a catastrófica inundação do Mar do Norte em 1953 e concluo que o número de mortes no trânsito é o equivalente a um desastre de inundação a cada dois a três anos na média, o que eleva o número total de mortes no tráfego para mais de 110 mil. Mais estadunidenses morreram em acidentes de trânsito nos últimos vinte anos do que a soma de mortes em ambas as guerras mundiais[5]. Segundo a Organização Mundial de Saúde, mais de 1,3 milhão de pessoas morrem dessa forma a cada ano: é a principal causa de morte entre os jovens (15-29 anos de idade)[6].

E se somássemos todas elas? Desde quando publiquei meu primeiro artigo sobre engarrafamentos, ao menos quatro milhões de pessoas foram mortas dessa forma no mundo todo. Desde 2000, perdemos 24 milhões de pessoa no trânsito. Isso é mais que o número de pessoas supostamente mortas sob o regime de trinta anos de Josef Stálin – contando apenas os últimos vinte anos de fatalidades no tráfego. O número total de mortes desde o primeiro acidente fatal de carro ainda é desconhecido. Mas provavelmente é ao menos igual à população total do Reino Unido[7].

Faz sentido fazer essas somas. Uma morte nas estradas não é uma tragédia única isolada. Pessoas cujas mães ou pais foram atropeladas e mortas em 1953 ainda estão vivas hoje e sentem falta dos familiares que perderam. A cada semana há entre dez e quinze cremações e funerais, somente na Holanda, que podem permanentemente tirar o brilho da vida para pais, crianças, entes queridos e amigos. E há aqueles cujas vidas foram transformadas permanentemente por acidentes. Pessoas cujos entes queridos se tornaram cuidadores em tempo integral. Há aqueles que trabalham em serviços de emergência e que precisam tocar a campainha da casa das pessoas, e aqueles que viram o acidente acontecer e ainda acordam aterrorizados no meio da noite. O que temos a oferecer a essas pessoas?

No Dia Mundial em Memória das Vítimas de Trânsito

Quando Marco e eu destacamos no meu artigo a questão do sofrimento causado pela morte e por ferimentos nas vias e estradas, recebemos uma breve salva de palmas: do ponto de vista moral, estamos certos. Porém, para onde vamos a partir daqui? O que mais pode ser feito? Teríamos que tirar todos os carros das vias para eliminar totalmente o risco, o que não vai acontecer.

Mas será que podemos realmente aceitar o atual estado de coisas? Faço essa pergunta para as pessoas e vejo que as opiniões divergem. Alguns oferecem inovações tecnológicas para reforçar o *status quo*: "Podemos resolver isso." E outros dizem: "Não podemos permitir que isso continue assim."

Peter Mak, que trabalha no Ministério de Infraestrutura, no banco de dados nacional de acidentes de tráfego, diz: "Meu trabalho é apenas o de analisar dados. Porém, pessoalmente, penso que é inaceitável. Duas mortes a cada dia."

"Pensamos que é socialmente aceitável que mais de seiscentas pessoas morram em acidentes de trânsito a cada ano", diz Nicolai Lieshout. Ele é analista de acidentes de trânsito da unidade policial de Zelândia-Oeste-Brabante (Zeeland-West-Brabant), um dos membros de um serviço especial da polícia que lida com acidentes graves.

"E o que *você* acha?", pergunto.

"Não é aceitável, do meu ponto de vista."

Começo a conversar com Lieshout no evento do Dia Mundial em Memória das Vítimas de Trânsito realizado em Middelburg, Zelândia, pela organização nacional para as vítimas de tráfego. No seu primeiro dia como policial, diz ele, teve que tocar uma campainha e contar para a mulher que atendeu a porta que seu marido nunca mais voltaria para casa. Há dez anos ele trabalha como pesquisador forense. Ele vê pessoas mortas e gravemente feridas imediatamente após as colisões. "Você nunca se acostuma com isso."

"Há quantos analistas de acidentes de trânsito?", pergunto.

"São 175 em todo o país e treze em Zelândia-Oeste-Brabante."

Nós empregamos 175 pessoas para analisar a violência em nossas estradas.

A Organização Nacional Para Vítimas de Trânsito, dirigida por Elly Winkel, várias vezes ao ano costumava realizar encontros entre as pessoas afetadas[8]. Uma vez por ano eles se encontravam em Middelburg no Dia Mundial em Memória das Vítimas de Trânsito – em um hotel que era de difícil acesso exceto para carros.

"Reuniões de sobreviventes e enlutados estão entre alguns dos poucos eventos dos quais podemos participar para obter apoio caso tenhamos perdido um ente querido", diz Fleur van de Bij, explicando como se envolveu com a organização de Winkel. Ela participou de sua primeira reunião 21 anos depois que sua irmã mais nova, Ylse, foi atropelada em sua bicicleta e morta aos doze anos de idade. "O fato de acidentes de tráfego serem tão repentinos deixa muitas das pessoas enlutadas em estado de choque depois", diz ela.

> Você pode levar muito tempo para processar sua dor e passar pelo luto da pessoa que perdeu. Também depende da natureza de sua relação com a vítima. Quando uma criança morre, são sempre os pais que recebem toda a atenção. Isso faz sentido ou parece fazer sentido; mas, como irmã da vítima, fui ofuscada pela dor dos meus pais, e quase não havia suporte disponível para mim. Quando só depois de anos você descobre que está sofrendo em função daquilo que aconteceu, é mais difícil ainda de lidar com a dor. Isso é algo que todos nesses eventos compreendem. Suas experiências são reconhecidas e você pode se conectar com as pessoas.

O prefeito de Middelburg faz um discurso solidário na sala em que se encontram centenas de pessoas que perderam entes queridos. Olho para as cabeças na minha frente: pais de crianças que não estão mais vivas, pessoas que estão tendo a primeira oportunidade de falar sobre sua dor, a primeira oportunidade de encontrar outros parecidos com eles, de evitar ter que explicar como se sentem, de ter a profundidade de seu pesar compreendido por todos na sala, exceto por uma jornalista que teve a sorte de ser poupada desse conhecimento.

Uma mulher de cabelos brancos chamada Marian Kreemers sobe ao palco. Seu filho Etienne, nos conta ela, foi morto há vinte anos, quando andava de bicicleta ao longo de um dique com seus amigos escoteiros. Ele caiu da bicicleta e, de repente, um motorista estava lá. Ele tinha dezessete anos.

Marian conta como agora ela percorre escolas falando sobre a sua perda. "A melhor coisa dessa atividade", diz ela, "é quando as crianças falam para mim, logo depois do meu relato, 'Vou ter muito mais cuidado agora'".

Olhando para os enormes vasos de flores brancas que flanqueiam o palco, sinto uma onda de indignação surgir dentro de mim. Em vez de uma mãe procurando um espaço para seu pesar, o que ouço é uma mãe inconscientemente culpando seu filho pela morte e exortando outros jovens a serem mais cuidadosos.

Mordo minha língua. A sensação é que essas vítimas têm sido punidas duas vezes: primeiro pela tragédia em si, depois pelo modo como a sociedade fala sobre isso, colocando o ônus desses desastres nos usuários mais vulneráveis das vias, cobrando deles mais cautela. Essa mãe está realmente salvando a vida das crianças – pode genuinamente ajudar as pessoas se elas se mantiverem mais alertas quando estão fora de casa. Mas por que ninguém aqui disse que é insano ser tão fácil morrer nas ruas em volta de sua casa, as ruas onde você passa um tempo junto com seus amigos, as ruas por onde você anda a pé ou de bicicleta a caminho de onde quiser ir?

A razão é que há uma única narrativa, repetida diversas vezes: temos que nos livrar de motoristas perigosos e prestar mais atenção quando estamos fora de casa. O próximo palestrante é um homem da Segurança no Trânsito da Holanda que faz o que a organização tem feito desde sua fundação em 1932 – ele fala de como podemos ensinar as crianças a se comportar de maneira "segura".

Ciclistas São Proibidos de Enviar Mensagens

Era uma vez nos Estados Unidos um homem que estava digitando a mensagem "Eu te amo" para sua mulher enquanto dirigia seu carro. Naquele instante, ele colidiu com a carroça puxada a cavalo de uma família Amish, matando um rapaz de dezessete anos, uma menina de cinco e um menino de três. A história dele foi incluída em um filme sobre os perigos de uma pessoa enviar mensagens de texto enquanto está dirigindo[9]. O filme não lida com os perigos inerentes à direção de veículos motorizados, com a quantidade de concentração e atenção que isso demanda ou com o fato de que a habilidade de concentração dos seres humanos é limitada.

Não há nada intrinsicamente perigoso em enviar uma mensagem de texto, mas há sim em dirigir um carro. Porém, o que abordamos é o perigo de enviar uma mensagem de texto. Os holandeses agora decidiram que você não pode enviar mensagens de texto se está andando de bicicleta, embora não sejam os ciclistas mandando mensagens que atropelam e matam as pessoas.

Tenho uma conversa estranha com Peter van der Knaap, o diretor administrativo do Instituto Holandês de Pesquisa Sobre Segurança nas Estradas (swov), sobre o princípio de falibilidade humana da Segurança Sustentável. "Você nunca deve ter uma situação em que um erro humano pode resultar em uma lesão grave ou morte", diz Van der Knaap. "O que você precisa buscar é um sistema seguro que vai substituir os milhões de decisões tomadas por indivíduos. Em um tráfego rodoviário seguro e sustentável, as situações perigosas devem, idealmente, ser fisicamente impossíveis, para que as pessoas nunca as enfrentem." Segundo a Segurança Sustentável, isso significa separar as pessoas em fluxos distintos, dependendo se elas estão se movendo devagar ou rapidamente.

"Mas será que estar cansado ou distraído não é apenas um problema porque as pessoas insistem em viajar por áreas públicas em máquinas pesadas que se movem em alta velocidade – e são obrigadas a fazer isso?", pergunto eu.

Van der Knaap responde, "Mensagens – ou beijos – são absolutamente letais em combinação com o volante. A mesma coisa se aplica a cuidar de crianças pequenas enquanto se descasca uma maçã. Só não devemos combinar atividades tão diferentes ao mesmo tempo... É como participar de uma conversa; você não pode enviar uma mensagem de texto ao mesmo tempo. Você só consegue se concentrar em uma coisa de cada vez."

É verdade, só conseguimos nos concentrar em uma coisa de cada vez. Mas, se você manda mensagem de texto durante uma conversa ou bebe demais numa festa, você bem que pode ser antissocial, mas certamente não vai matar alguém.

No hotel em Middelburg, vejo as fotos na parede atrás do palco: setenta a oitenta indivíduos que as pessoas no evento perderam. Um retrato de um jovem orgulhoso com seu primeiro carro, aquele com o qual ele saiu da estrada, está pendurado ao lado da foto de uma menininha que estava andando em sua bicicleta quando foi atropelada. Saio e vou ao estacionamento do hotel, que é maior que o próprio hotel.

Agora compreendo o que o filósofo Ivan Illich chamava de "monopólio radical": "quando um produto exerce um controle exclusivo sobre a satisfação de determinada necessidade e exclui outros produtos da competição". Na linguagem cotidiana, isso significa que permitimos que tudo em nossa vida dependa de carros, mesmo que nos destruamos uns aos outros no processo. Também significa que não conseguimos escapar de tal dependência[10].

Vítimas de violência nas estradas chegam de automóvel a um evento em homenagem a vítimas da violência nas estradas, e ninguém percebe o quão louco isso é. Trata-se apenas de um caso de "não há alternativa". Podemos enviar foguetes para Marte, podemos clonar animais e podemos eletrificar o mundo inteiro. Porém, transformar o tráfego está além de nossas possibilidades.

Então focamos nossas energias em salvar vidas. Afetuosamente, ternamente, instruímos nossos filhos a se manterem em segurança, assim como nós mesmos aprendemos a fazê-lo: mantenha-se na faixa de pedestres, não fique no ponto cego, atrás daquele caminhão, aprenda a calcular a distância que um carro leva para frear totalmente. E, por favor, certifique-se de usar um capacete quando andar de bicicleta, embora nunca tenha existido nenhuma pesquisa que comprovasse a eficácia desse procedimento em uma colisão com um veículo a motor[11].

No meu bairro, os pais não podem mais se voluntariar para atuar nas escolas ajudando as crianças a atravessar as ruas, segurando placas para sinalizar aos motoristas que parem. É muito perigoso.

Van Colide Com Carro

O monopólio radical dos carros também tem afetado o modo pelo qual relatamos acidentes de tráfego, como descubro nos meses seguintes.

Em 1930, ainda era possível ler sobre o que um impacto violento fazia no corpo humano, e você sabia a identidade das pessoas envolvidas:

> No dia 21 de outubro de 1930, o jovem H. Vijgen, habitante de Heerlen, estava conversando numa trilha ao longo da rodovia pública Heerlen-Schaesberg, em Heerlen. Ele estava em pé ao lado de algumas árvores quando J.J.S., um viajante comercial de Beek (perto de Sittard), passou em um carro. O último estava dirigindo muito para a direita e, consequentemente, atropelou o jovem Vijgen. O jovem infeliz foi lançado contra uma árvore e morto instantaneamente. Porções de seu cérebro e de seu cabelo ficaram presas na árvore, e seus intestinos saíram do seu corpo. Parte de seu crânio foi recuperada do chão por transeuntes, que o embrulharam em jornal e entregaram à polícia.[12]

Noventa anos mais tarde, veja como é relatado um incidente semelhante:

> Essa noite, uma van capotou depois de uma colisão próxima à rodovia de acesso Hoograven na saída da A12 em Utrecht. O acidente ocorreu por volta das 20h45, no início da Laagravenseweg em direção a Nieuwegein. Ao sair da rotatória, a van, uma Renault, bateu em um carro. Em seguida, atingiu a barreira de metal, voou no ar e caiu de lado. Ao todo, quatro pessoas se envolveram no acidente.[13]

A pessoa que tuitou essa notícia escreve: "É quase engraçado – como se uma van enlouquecida tivesse corrido de forma alucinada com quatro pessoas dentro dela."

Marco e eu criamos um *website* dedicado a esse tipo de reportagem: <roaddanger.org>. Nesse *site*, com a ajuda dos leitores, colecionamos notícias curtas que aparecem todos os dias em dezenas de meios de comunicação locais: reportagens de cinco a seis frases, com manchetes como "Van Colide Com Automóvel" ou "Ciclista Morre em Acidente"[14].

Em uma semana, recebemos setenta artigos por dia. Ficamos impressionados por descobrir um vasto mosaico de sofrimento cotidiano. Relatos de acidentes nas estradas estão espalhados pelos jornais locais do país. Às vezes estão até dispersos dentro de um único jornal. Ao longo de dois dias, o *Algemeen Dagblad* apresenta três artigos curtos sobre três colisões diferentes envolvendo carros em uma mesma pequena cidade:

> Ciclista atingido por carro em Veenendaal.
> Ciclista ferido em Veenendaal.
> Competidor de ciclismo ferido é levado ao hospital depois de colisão em Veenendaal.

Ninguém olha para o contexto mais amplo; não há nenhum artigo analisando como isso poderia ter acontecido em Veenendaal – a capital holandesa de ciclismo daquele ano. Agora me dou conta de que a atomização das notícias é uma das razões principais do meu fracasso em perceber a violência no trânsito como um grande problema. O sofrimento que causa está escondido em pequenas reportagens de jornais regionais – se é que um artigo aparece em primeiro lugar. Muitos desses artigos apenas descrevem a trajetória do veículo em questão e a situação, uma vez que tudo ficou parado e todos tiveram que ser retirados do veículo e levados ao hospital. Eles são redigidos em termos padronizados, como aqueles que você vê em relatórios da bolsa de valores ou de previsão do tempo.

As pessoas:

- perdem o "controle da direção";
- "não notam" alguém;
- são "atingidas por um veículo";
- são "levadas para o hospital com ferimentos não especificados";
- e, frequentemente, "escaparam por pouco".

Por que não somos mais bem informados sobre os seres humanos envolvidos? "O jornal se certifica de que as vítimas não sejam identificadas – é uma questão de respeito", diz o jornalista Job van der Meer do jornal regional *De Gelderlander*. Ninguém quer descobrir por meio de uma notícia de jornal que um amigo ou colega morreu na estrada.

Jasper van Reenen, um fotógrafo *freelancer* de colisões no trânsito trabalhando para vários veículos de imprensa regionais, explica que regras mais rigorosas em relação à privacidade são a razão pela qual você vê menos pessoas nas fotos de acidentes. "Hoje em dia, um fotógrafo pode ter problemas apenas por haver espectadores em uma foto."

O que recebe cobertura é também determinado por quão fotogênica é uma cena de acidente e se um fotógrafo consegue chegar lá a tempo de fotografá-la – essa é uma razão pela qual as notícias tendem a focar mais em acidentes envolvendo carros. Dois carros em uma colisão, com carroceria amassada e para-brisa rachado, tendem a ficar onde estão por algum tempo. No entanto, a bicicleta esmagada de uma criança será levada embora pela polícia.

Van der Meer explica quão dependente seu jornal é hoje em dia do trabalho de fotógrafos *freelancers* de emergência e acidentes. "Jornalistas não vão para as cenas de emergência sistematicamente nos dias atuais, então eles não têm a oportunidade de falar com vítimas ou testemunhas. Hoje em dia não há tempo para isso. Às vezes jornalistas são enviados para cobrir um acidente mais grave. Depende um pouco do impacto que um incidente tem: se há vários carros, se um caminhão está envolvido, ou se as estradas ou rodovias ficam fechadas por muito tempo."

É assim que definimos impacto.

O *site* <edestad.nl> tinha a seguinte manchete acima de um artigo sobre um pedestre de 74 anos atropelado por um motorista: "Graves atrasos no trânsito – pedestre atropelado."[15] Que chato, mais um engarrafamento! A vítima morreu por causa dos seus ferimentos. No caso de colisões nas rodovias, é mais comum ainda o foco principal recair sobre a obstrução do tráfego:

> Atraso após engavetamento na A21.
> Grave obstrução do trânsito após acidente na A4 entre Amsterdã e Haia.
> Trânsito miserável após sucessivos acidentes na A50.

Tráfego miserável. Nesse artigo, menciona-se de passagem que uma pessoa foi levada ao hospital. O que aconteceu com ela? Nós não sabemos. Não se dá atenção à miséria humana.

Atrasos no Trânsito: Pedestres Atropelados

Deve afetar os leitores o fato de que, nos dias de hoje, reportagens sobre acidentes quase nunca falam alguma coisa sobre as pessoas envolvidas. Experimentamos em nosso novo *site*. O que aconteceria se tornássemos as manchetes mais humanas? "Homem mata rapaz de 21 anos com um caminhão-tanque – e se fere gravemente." "Duas pessoas não voltarão para casa após uma colisão de carros na A50." E se a gente visse setenta notícias desse tipo todos os dias? Então entenderíamos que crise é essa – e perceberíamos que o sofrimento que causa é sistêmico, não incidental.

Além disso, há as outras pessoas envolvidas, aquelas que pertencem a uma categoria para a qual é difícil achar um nome apropriado, que também são frequentemente negligenciadas pela mídia: as pessoas comumente chamadas de "culpados" e "perpetradores"; aquelas que ficam sem lesões físicas graves; aquelas interrogadas quando o helicóptero de emergência aterrissa. As manchetes de notícias com frequência as deixam de fora completamente: "Mortes em acidente na A50 perto de Heteren." "Ciclista morre em frente ao posto policial de Amersfoort." Não, aquele ciclista não morreu de um ataque cardíaco.

Os jornais não publicam quantos motoristas são responsáveis pela morte de alguém em seus resumos anuais. Tais números são dados oficiais incompletos, consignados à página seis de um relatório de segurança no trânsito publicado pelo Instituto Holandês de Pesquisa Sobre Segurança nas Estradas.

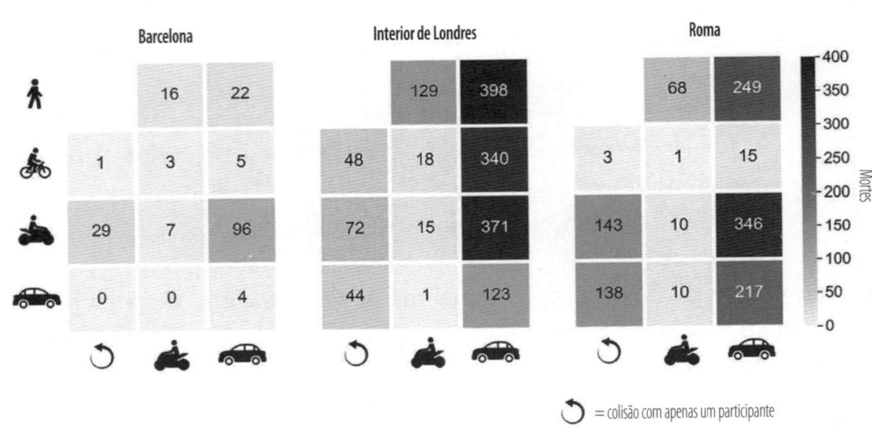

Vítimas por tipo de usuário das estradas em três grandes cidades europeias em 2018.

Fonte: KLANJČIĆ, M.; GAUVIN, L.; TIZZONI, M.; SZELL, M. "Identifying Urban Features For Vulnerable Road User Safety in Europe", ***SocArXiv***, 2021. Disponível em: <https://doi.org/10.31235/osf. io/89cyu>.

O Rapaz de Quinze Anos Que Fazia Entregas de Bicicleta

No dia 10 de janeiro de 2019, a seguinte notícia foi publicada no jornal *Algemeen Dagblad*:

> *Rapaz de Bicicleta Que Fazia Entregas Morreu em uma Colisão na Amsterdamsestraatweg*
> Um rapaz de bicicleta que fazia entregas, ficou gravemente ferido em uma colisão na Amsterdamsestraatweg em Utrecht na quarta-feira à noite, e morreu mais tarde em decorrência dos ferimentos. Essa informação foi fornecida pela escola frequentada pelo jovem.[16]

O nome do editor que escreveu essa matéria me chama a atenção – Peter Koop, um colega de meu curso de jornalismo. Trata-se de um cara legal, que conseguiu um emprego no *Algemeen Dagbad*. Mais tarde, ele me enviou um *e-mail* para dizer que, embora o nome dele apareça acima da notícia, ela foi de fato escrita em conjunto com outros editores, como frequentemente acontece. "Eu apenas escrevi as passagens mencionando a escola (que foi quem compartilhou a notícia)."

O que exatamente foi escrito pelos editores?

A notícia que leva o nome de Koop começa focando no jovem ciclista e seu trabalho como entregador de comida. "O menino de quinze anos, que parece ter atravessado a rua entre dois carros estacionados, aparentemente deixou de detectar um carro que estava passando." O foco aqui é na vítima e o que ela poderia ter feito de diferente. O rapaz de bicicleta que fazia entregas deixou de detectar o carro que bateu nele.

"A colisão foi tão violenta que a bicicleta do menino se partiu em dois pedaços." Claramente o motorista tinha o pé no acelerador.

"O motorista, um homem de 21 anos de Breukelen, foi detido depois do acidente. 'Nós o interrogamos e detivemos seu carro para exames', diz a porta-voz da polícia citada no artigo. Ela continua: "Ainda é cedo demais para dizer exatamente qual papel ele desempenhou. Isso dependerá da investigação técnica, em combinação com sua declaração. O Ministério Público vai decidir com base nisso se ele é de alguma forma culpado."

Em outras palavras, não vamos tirar conclusões precipitadas sobre a culpa do motorista.

Seguem-se alguns parágrafos que vão além de um comunicado de imprensa da polícia ou das anotações do fotógrafo de acidentes. Esses parágrafos refletem a profunda dor expressa pela escola e pelo empregador do jovem que fazia entregas. Há também a menção a um observador que tentou ajudar antes de o helicóptero da polícia chegar ao local.

Essa história é humana e detalhada de maneira incomum em comparação à maioria dos artigos de notícia impessoais que Marco e eu coletamos. Assim mesmo, ela ainda coloca a culpa, implicitamente, na vítima: *o jovem deixou de detectar o carro.*

A notícia se espalha e as pessoas tuitam suas reações. Marieke Dubbelman, a colunista do mesmo jornal, escreve:

> **Marieke Dubbelman** @enkelvrouw
> 15! Que tragédia. Tantas vezes eu os vejo passar correndo nas suas bicicletas, com fones de ouvido, celulares na mão, pois não sabem o caminho. Sozinhos na escuridão atravessando a cidade.

Saskia Kluit, diretora do Sindicato Holandês dos Ciclistas, responde:

> **Saskia Kluit** @saskiakluit
> Estava pensando a mesma coisa. Frequentemente seus empregadores os pagam por entrega e não fornecem seguro suficiente. Não sabemos exatamente o que aconteceu, é claro, mas que desperdício de uma jovem vida.

Parece óbvio: o entregador estava correndo para terminar seu serviço e deixou de prestar a devida atenção.

Essa análise tem certas consequências.

Vários dos maiores serviços de entrega anunciam que enviarão seus entregadores para treinamento de tráfego[17].

Uma investigação criminal é realizada em relação a Burgerme, a empresa onde trabalhava o entregador que morreu: Será que ele estava trabalhando além do horário de trabalho[18]?

O sindicato FNV declara que entregar comida é perigoso demais para jovens[19].

Seis semanas mais tarde, o *Algemeen Dagblad* publica um perfil do entregador[20]. Somos informados de seu nome, Ruiz Meijer. "Alguns pensavam que ele poderia se tornar um político. Mas seu sonho, na realidade, era estudar golfinhos ou tubarões." O artigo enfatiza como foi inesperado ele ter morrido dessa forma: "Ele era pontual, e também era um ciclista cauteloso, muito alerta e cuidadoso para não correr riscos. Por isso, é tão difícil para seus colegas, amigos e familiares compreender como Ruiz, entre todas as pessoas, pudesse morrer em um acidente de trânsito."

O jornal também investiga o motorista, que "foi incapaz de frear a tempo". Seu advogado afirma que não havia drogas ou álcool envolvidos[21]. Isso se revela uma inverdade. O caso apresentado à corte, também relatado pelo *Algemeen Dagblad*, mostra o que de fato ocorreu.

Acontece que o motorista de 21 anos, Thomas, tinha ido a um "café"[22] com três amigos[23]. Ele fumou um pouco de maconha e mais tarde, naquele dia, foi dirigir o Volvo de seu pai. Estava dirigindo a 80 km/h quando atropelou Ruiz – em uma rua cujo limite de velocidade era 50 km/h.

Ruiz tinha acabado de terminar seu turno e estava indo para casa. Ele teria alcançado o outro lado da rua se Thomas não estivesse dirigindo tão rápido.

Porém, o foco na vítima e em seu comportamento se limitara a discutir o comportamento imprudente de pessoas de bicicleta que fazem entregas, que foram então obrigadas a fazer treinamento de tráfego e foram proibidas de entregar refeições se tivessem menos de dezesseis anos de idade[24].

Dirigir não era perigoso, entregar comida era. Nenhuma palavra sobre como Thomas fora capaz de andar a 80 km/h em uma rua de Utrecht.

Cabe às vítimas tomarem medidas para evitar se tornarem vítimas. Um funcionário público sênior, que trabalha com segurança no trânsito, fica duplamente chocado quando se dá conta de quão profundamente essa atitude está enraizada, até mesmo em sua mentalidade. Estamos conversando sobre um jovem casal que estava andando de bicicleta quando foi morto recentemente por um motorista. "A primeira coisa que veio à minha mente quando ouvi a notícia", ele diz, "foi perguntar a mim mesmo se eles estavam com roupas claras. Às vezes é difícil enxergar os ciclistas."

"Então você está dizendo que a culpa foi deles?", pergunto.

"Não, eu retiro o que disse", responde ele instantaneamente.

Mais tarde, descobriu-se que o motorista estava bêbado e dirigindo a 100 km/h em uma zona em que a velocidade máxima permitida é de 50 km/h, e que ele já teve sua carteira de motorista retirada em uma ocasião anterior[25]. As vítimas, Alice Dessi e Miki Trpkovski, tinham 33 e 30 anos respectivamente quando morreram.

Mesmo aqueles cujos filhos foram atropelados e mortos focam no que os mais vulneráveis usuários das vias poderiam ter feito de diferente, e assim fazem sempre. Quando aponto isso para Marian Kreemers, a mãe de Etienne, vítima do tráfego, que visita escolas para contar sua história, ela diz: "Seria melhor se não houvesse necessidade para tais precauções, mas há."

Não consigo deixar de pensar na morte de Ruiz, e nos erros que cometemos no modo como o enquadramos. Ao ler sobre Ruiz no *site* memorial que seus pais criaram para ele, as lágrimas enchem meus olhos.

Em um texto que seus pais incluíram no depoimento da vítima, ele escreveu: "Me vejo novamente brincando nos campos, jogando uma bola de neve numa menina..."

Ele também escreveu: "Outra coisa sobre a qual eu penso é como estou trabalhando em prol de um grande futuro. Penso sobre como posso canalizar minha filosofia para influenciar a sociedade e reduzir as desigualdades. Sinto raiva da desigualdade, e por vezes me sinto invencível também."[26]

Deixamos esse menino morrer numa rua no meio de Utrecht. E então, como sociedade, ficamos apenas sentados conversando sobre os descuidos de pessoas que fazem entregas com bicicleta.

Thomas, o motorista que matou o menino, recebe uma sentença de prisão de três meses e uma sentença de suspensão de sua carteira de motorista por seis meses. O Conselho de Justiça fornece uma explicação no seu *site*, já que ninguém em todo o país consegue entender o veredicto: em termos jurídicos, um motorista é culpado de imprudência criminosa apenas se ele brinca de gato e rato com outro motorista, cada um tentando ultrapassar o outro. Nesses casos, a sentença é dobrada[27].

Mas e se você corre nas vias bêbado ou chapado? Aparentemente, isso não é classificado como imprudência criminosa. Uma pessoa que aleija ou esmaga alguém em uma faixa de pedestres quando está bêbado recebe algumas centenas de horas de serviço comunitário e é proibida de dirigir por algum tempo[28]. Alguém com epilepsia grave que causa oito acidentes volta a dirigir até que ela atropela duas pessoas, matando-as. Então recebe uma suspensão de sua carteira de motorista por seis meses[29].

Essas penalidades são tão lenientes, que estão sendo ligeiramente aumentadas hoje em dia: qualquer um que faça o que Thomas fez terá uma sentença de um ano de prisão.

A injustiça por leniência exagerada em casos de imprudência no volante tem inspirado um epigrama que se tornou moeda corrente: "Se quiser escapar impune de um assassinato, compre um automóvel."[30]

Incredulidade em relação ao excesso de tolerância com a imprudência no volante absorve grande parte da atenção de jornalistas, incluindo a minha inicialmente. Mas então percebo que essas são exceções. E exceções sempre ocupam uma parcela desproporcional do noticiário. Dois terços dos acidentes de trânsito envolvem pessoas que raramente ou nunca excedem o limite de velocidade[31]. É o sistema em si que é letal. O homem que matou Etienne Kreemers tinha perdido o próprio filho um ano e meio antes em um acidente em que fora a única vítima. "Ele nunca superou aquilo", diz Marian Kreemers. "E toda vez que entro no carro, penso sobre como poderia acontecer comigo também."

Mais tarde fico sabendo de um caso no Reino Unido em que um ciclista foi encarcerado por dezoito meses por atropelar e matar uma mulher[32], um tipo raro de acidente que atrai uma cobertura desproporcional de mídia: infelizmente um ciclista atropela e mata uma mulher, comparado com as mortes não intencionais quase cotidianas de ciclistas por motoristas. Um homem de Kent compartilha uma longa lista de casos semelhantes "para os especialistas fazendo fila para torcer as mãos sobre ciclismo perigoso e sentenças leves na sequência do caso Allison" – uma litania de incidentes em que crianças foram mortas ou gravemente feridas por motoristas que receberam sentenças leves[33]. Outro exemplo do modo como simplesmente aceitar a ideia de que os automóveis são máquinas mortíferas.

Uma Fórmula Para Mortes no Tráfego

Niek Mouter, um economista e filósofo do transporte, tem feito pesquisas interessantes a respeito de fatalidades no trânsito. Ele e dois outros pesquisadores perguntaram às pessoas quantos minutos extras elas estariam dispostas a gastar viajando para salvar uma pessoa da morte no tráfego.

Há um método que os governos utilizam para calcular isso: trata-se de uma análise de custo-benefício social ou SCBA. Em essência, trata-se simplesmente de uma planilha na qual o valor do tempo gasto viajando e o valor da vida humana – que os economistas estimam em 2,6 milhões de euros – são ponderados um em relação ao outro. Para calcular o valor de um minuto de tempo de viagem, os pesquisadores conduziram uma enquete na qual várias centenas de pessoas em estações de trem e serviços rodoviários responderam a uma série de perguntas de múltipla escolha sobre quanto dinheiro estariam dispostas a gastar para reduzir o tempo de jornada. Isso foi seguido por uma enquete maior *on-line*. Juntas, essas pesquisas produziram um dado que poderia ser usado em uma SCBA: uma hora dentro de um carro vale €9,25 para o viajante[34].

Segundo Mouter, políticos são informados que o SCBA mostra que o ganho de 45 segundos por viajante em uma rodovia comum produz mais benefícios econômicos do que evitar um acidente fatal de tráfego por ano. Afinal, se alguns milhares de motoristas poupam 45 segundos do tempo que gastam nas vias a cada dia, ao longo de um ano a soma se torna significativa. Então, menos horas de veículos são perdidas.

E foi assim que, em 2011, um departamento do Ministério de Infraestrutura e Manejo das Águas calculou as fatalidades adicionais de tráfego que ocorreriam com o aumento do limite máximo de velocidade para 130 km/h. Com algumas medidas compensatórias, seria bem aceitável[35].

"Mas se você pergunta para as pessoas quanto tempo estão preparadas para esperar a fim de evitar uma morte no tráfego – isto é, como devemos lidar com isso coletivamente – elas vão dizer imediatamente que não teriam problema algum em esperar uns quinze minutos", diz Mouter. "Que é vinte vezes mais tempo."

Em outras palavras, se um motorista entregador atropelasse um menino de cinco anos na rua, quase todo mundo diria que ficaria bem feliz se o pacote fosse entregue com maior segurança no final do dia, desde que ninguém fosse morto no processo[36]. No entanto, perguntam nossa opinião apenas na qualidade de consumidores de velocidade. Somos tratados como *Homo economicus*, não como a espécie social que somos.

E os políticos se referem a um modelo estatístico construído a partir disso para justificar a expansão das rodovias ou o aumento do limite de velocidade. Um modelo que transforma um menino de cinco anos – aliás, todo ser humano – em uma "vida humana estatística".

Não falamos de mortes reais, mas de riscos, que podemos calcular. Até eu me acostumei tanto com isso que não penso mais sobre como é desumanizante.

Descubro isso quando estou procurando a fonte de um gráfico que mostra que a chance de matar alguém se você dirige a determinada velocidade ou acima dela cresce exponencialmente com cada quilômetro adicional.

Encontro os números em um artigo *on-line* publicado pelo Instituto Holandês de Pesquisa Sobre Segurança nas Estradas (SWOV). Eles aplicaram uma fórmula matemática que mostra como o risco de uma fatalidade aumenta abruptamente depois dos 50 km/h, alcançando 100% na velocidade de 120 km/h[37]. Mas então descubro um estudo mostrando que o risco também se eleva muito rapidamente a partir dos 30 km/h, e que o impacto que ocorre a 60 km/h é quase sempre fatal[38]. Isso é metade da velocidade considerada fatal pelo SWOV.

Então agora, como jornalista, me deparo com as seguintes questões: qual gráfico é correto, qual deles devemos imprimir, e por que a SWOV escolheu a estimativa mais alta em seu relatório para o Ministério da Infraestrutura em vez do que tem a estimativa mais baixa – mais segura?

Procuro me informar. Patrick Rugebregt, porta-voz da SWOV, me conta em um *e-mail* que a resposta está em um estudo mais recente. Pergunto a Marco o que ele acha disso.

Professor de ciclismo @fietsprofessor

Em termos puramente científicos, a abordagem do Instituto faz sentido. Mas, se eu fosse um menino de nove anos, isso não me importaria. Eu apenas me perguntaria por que as pessoas estão tentando produzir fórmulas matemáticas para chegar à probabilidade relativa de uma criança morrer nas ruas.

É apenas quando ele coloca a questão dessa forma que eu entendo quão bizarro tudo isso é: nem pisco agora quando engenheiros criam fórmulas matemáticas para prever a velocidade com que um membro do público matará outro – fórmula essa que um perito em tráfego pode usar para calcular se a velocidade máxima é aceitável antes de dar uma devolutiva aos políticos.

É isso – a fórmula matemática produz uma curva ascendente ao longo da qual é possível medir a probabilidade P de uma pessoa morrer se for atropelada por um veículo viajando a uma velocidade v, expressa em quilômetros por hora. Na velocidade de 120 km/h, todos morrem.

$$P(v) = \frac{1}{1 + \exp(6{,}9 - 0{,}09v)}$$

Essa é a menos cautelosa das duas maneiras de calcular a probabilidade de um resultado fatal. Parece totalmente objetiva, mas desvia a atenção da escolha política que permite que continuemos nos matando uns aos outros nas ruas. Dion foi morto em uma via onde motoristas podem alcançar até 50 km/h e ainda hoje podem, embora hordas de crianças atravessem essa via todos os dias a caminho do treino de futebol.

Coloque a Culpa nos Arbustos

Enquanto estou vendo coisas que não enxergava antes e agora não posso deixar de ver, Marco conversa com seus pais e os pais de Dion pela primeira vez sobre o que aconteceu há quase trinta anos. Mais tarde, Chiel, o irmão mais novo de Dion, agora com 35 anos, se junta a eles. Há uma tensão nessas conversas, "pois você não sabe como vai te afetar se reconhece sua dor e raiva, e você também está ansioso em relação a como pode afetar a outra pessoa", diz Marco depois. "Parece tão mais fácil não falar sobre isso, manter os olhos fechados e seguir em frente."

Todos descobrem o quanto ainda estão sofrendo com aquilo que aconteceu. Quantas vezes ambas as famílias estavam prestes a entrar em contato. Todo esse tempo era por demais sofrido falar sobre o assunto, e a maior preocupação de todos era deixar o outro em paz. No entanto, a mãe de Marco trabalhava como voluntária há anos com a mãe de Dion em um lar de aposentados.

"Tenho a impressão de que todos ainda se sentem culpados", Marco me diz, "pelo menos até certo ponto: por estar longe de casa por um momento, ou porque tínhamos um portão que nós mesmos havíamos feito, ou porque nós, crianças, tínhamos permissão para sair assim, ou porque eu não saí primeiro."

Marco ouviu de seu pai que o relatório da polícia se referia aos arbustos, que as autoridades locais supostamente deveriam manter mais aparados.

Ele ouviu pela primeira vez de Rita, mãe de Dion, o que se passou com ela quando apareceu com Chiel na sua bicicleta, sem saber que algo tinha acontecido. Toda vez que ela vê uma ambulância, ela revive aquele momento. Ela viu um carro com o para-brisa estilhaçado e alguns observadores, incluindo uma mulher que ela conhecia bem. O cachorro dessa mulher tinha ido até onde Dion estava e então havia deitado ao lado dele. "Então a primeira impressão de Rita foi a de que o cachorro tinha sido atropelado. Quando se aproximou para ver, a mulher disse, 'Cuidado, Rita, é Dion'." Chiel, então com cinco anos de idade, foi cuidado pelos observadores.

Os pais de Dion ouviram Marco contar o que tinha acontecido nos últimos segundos da vida do filho deles: que Dion provavelmente nunca soube o que aconteceu; que não foi Dion quem gritou por sua mãe, como sempre pensaram, mas Marco.

Enquanto ele me conta sobre essas conversas, me pergunto o que o jornal local escreveu sobre a morte de Dion. Será que um menininho tinha atravessado a estrada do nada novamente? Então me pergunto se de fato importa como o jornal havia noticiado o que aconteceu. Será que eu iria deixar a mídia determinar minha percepção da realidade mais uma vez?

Resolvo deixar as coisas como estão.

Mas, quando Ruiz morre e a mídia conta sua história, mudo de opinião. O que escreveram sobre Dion importa sim. Os jornais não noticiam o que importa necessariamente, mas o que é considerado importante, ou o que as pessoas pensam que os outros vão considerar importante.

Thalia Verkade @tverka
Você por acaso sabe o que os jornais escreveram sobre Dion na ocasião?

Professor de ciclismo @fietsprofessor
Não.

Então acabo indo até um arquivo em Arnhem mais uma vez. Os jornais de 1990 são armazenados no centro de patrimônio da cidade, debaixo da biblioteca pública. Mas, quando chego lá, descubro que não estão em microfichas. Os volumes do jornal estão em outro lugar, do outro lado do Reno.

Isso resulta em uma viagem inesperadamente gratificante: pego uma bicicleta de transporte público na estação e, um pouco mais tarde, vou de bicicleta até o outro prédio de arquivos com o bibliotecário Ferry Reurink, ao lado da A325, passando pelo estádio de futebol Gelredome. Essa é a ciclovia oficial que parte de Arnhem e vai até Nijmegen, e é bem ampla. Não há estresse aqui, nenhum engarrafamento de bicicletas; aparentemente, as pessoas que viajam entre o trabalho e suas casas ainda não descobriram essa rota. Desfrutamos de uma conversa prazerosa enquanto andamos de bicicleta.

Nas estantes, com a ajuda de Reurink, folheio os livros grossos cheios de cópias encadernadas de jornais diários. Dessa vez encontro o que procuro, em *De Gelderlander*, com data de 5 de outubro de 1990.

> *Criança de Ulft morre após acidente*
> Dion Le Comte, menino de nove anos, morreu após ser atropelado por um carro na Anton Tijdinklaan, Ulft. A criança emergiu de um jardim ao longo da rua Zuiderkruis e atravessou a via correndo. Durante a travessia, foi derrubado por um carro dirigido por uma mulher de 27 anos, de Steenderen. Como a criança emergiu dos arbustos, ela não conseguiu evitá-la a tempo. O menino sofreu graves danos cerebrais e foi levado de ambulância ao Hospital Saint Joseph em Doetinchem, onde faleceu por causa de suas lesões.

"Dion Le Comte". Seu nome é mencionado. Não tenho visto esse tipo de menção em notícias recentes da mídia escrita imediatamente depois de um acidente. *Atravessou a rua correndo.* Foco na vítima. "Emergiu dos arbustos. Como um jovem cervo, saindo repentinamente da floresta."

Encontro outra notícia curta, quase idêntica, em outro jornal local. E é só isso.

Nenhuma menção da criança que gritou pela mãe.

Não há nada para ler sobre como os pais de Dion tiveram de decidir no corredor do hospital em Doetinchem se deixariam ou não os órgãos do filho disponíveis para doação. Também não há notícias de como foi o dia seguinte na sala de aula de Dion, onde sua carteira permaneceu vazia, ou no time de futebol, que, de repente, perdeu um de seus melhores jogadores. Da mesma forma, não é possível saber o que aconteceu ao outro garoto que estava brincando de esconde-esconde com Dion, nem há uma linha que dê alguma ideia sobre como ficou o menino que perdeu seu irmão mais velho e que agora tinha que brincar sozinho.

A notícia sobre Dion está na última página do jornal regional, ao lado de uma série de anúncios classificados colocados pelos proprietários da Opel Kadett, que querem vender seus carros. Entre os obituários, há um grande anúncio posto pelo próprio jornal *De Gelderlander*, direcionando seus leitores para as páginas que vendem carros de segunda mão. "De carros antigos a turbo-diesel." Eles enterraram Dion entre anúncios de venda de carros.

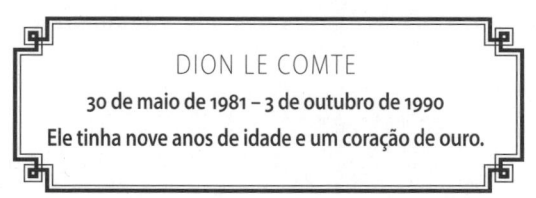

DION LE COMTE

30 de maio de 1981 – 3 de outubro de 1990

Ele tinha nove anos de idade e um coração de ouro.

Dion com seu irmãozinho, Chiel, quatro anos mais novo. Foto tirada quatro semanas antes da morte de Dion.

Fonte: a família Le Comte.

4

no piloto automático

onde vamos parar se continuarmos por esse caminho?

Em uma noite chuvosa de fevereiro, estou sentada no carro com três amigos, e me sinto alegre. Depois de passar semanas andando de bicicleta em condições tempestuosas todos os dias, é maravilhoso viajar no conforto, em um lugar aquecido e seco, sem ter que fazer qualquer esforço. Mas não consigo deixar de pensar que esse luxo tem um preço alto – e não estou falando sobre uma conta inesperadamente pesada depois de passar pela inspeção do MOT[1].

Se alguém inventasse o carro hoje, ele nunca seria permitido nas estradas. Pense sobre isso – uma máquina que mata milhares, contribui para doenças respiratórias e cardiovasculares e requer mais da metade do espaço público nas cidades[2]. Entretanto, continuamos a defender nosso direito de usá-lo.

Isso me lembra o debate sobre armas de fogo nos Estados Unidos, onde muitos defendem que a posse de armas é um direito fundamental e que essas armas mortais têm seus usos, a despeito de todos os desastres que provocam. Outros países não conseguem entender isso: "Por que não se faz algo sobre o controle de armas?", escreve o jornal *The Independent*, do Reino Unido, depois de outro massacre em uma universidade[3]. É loucura seguir permitindo algo tão perigoso, certo?

Mas vamos comparar os dados. Nos Estados Unidos, pouco menos de quinhentas pessoas morrem a cada ano em acidentes relacionados com armas de fogo, enquanto outras 14.500 são intencionalmente mortas a tiros – então 15 mil mortes anuais são causadas por armas e pelas pessoas que as apontam[4]. Compare isso com o número de pessoas que morrem em acidentes de tráfego todo ano: 1,3 milhão no mundo todo, quase 38 mil nos Estados Unidos[5].

Entretanto, nenhum país tem um debate nacional para discutir se a propriedade de um carro é uma coisa boa.

O fato de não ousarmos imaginar um mundo que não seja dominado pelo carro me intriga.

O Grande Ato de Desaparecimento

Aonde chegaremos se continuarmos a enxergar a mobilidade como um problema para o qual soluções técnicas, como carros elétricos, rodovias de bicicletas e limites de velocidade mais altos, vão automaticamente fornecer respostas? Quero explorar essa questão.

Mas antes quero saber: por que nunca pensei nisso antes? Por que simplesmente aceitei o *status quo*? Na escola, aprendi como atravessar a rua com segurança, mas nada sobre os protestos dos anos 1970 que tornaram a Holanda o país amigo do ciclismo que é hoje – por que foi assim?

Encontro a resposta em Delft, na mesa de cozinha de Janneke Zomervrucht. Embora agora esteja aposentada, ela vem trabalhando com segurança no trânsito desde 1995.

Um dos papéis que desempenhou foi como oficial de política pública para a "Prioridade Para as Crianças!" (*Kinderen Voorrang*!), campanha sucessora de "Parem de Assassinar as Crianças". Zomervrucht me conta que "Prioridade Para as Crianças!" foi engolida pela Segurança no Trânsito da Holanda, que é muito maior, e que ensina as crianças a ser vigilantes e a seguir de perto o Código das Rodovias, em vez de questionar se deveriam fazê-lo. Essa é uma fala de advertência, de interesse para qualquer um que queira compreender melhor como um grupo de pressão pode ser marginalizado pela ordem estabelecida.

▪ ▪

"O nome foi alterado em 1994 por causa das associações errôneas com o movimento antiaborto", Zomervrucht me conta, sentada na sua cozinha, onde a carta de uma de suas netas é exibida na janela. "O número de crianças mortas nas vias também estava começando a declinar, em parte por causa das melhorias no desenho delas." Outra razão, porém, é que pais estavam esperando até seus filhos ficarem mais velhos antes de permitir que eles saíssem sozinhos. O impacto negativo no desenvolvimento infantil dessas restrições quanto à mobilidade independente preocupava o movimento "Prioridade Para as Crianças!"

"Nós costumávamos organizar Dias Nacionais de Brincadeiras nas Ruas", diz Zomervrucht. "Nossos apoiadores fechavam centenas de ruas em todo o país para trânsito motorizado com a finalidade de que as crianças pudessem brincar fora de casa o dia inteiro." O número de ruas envolvidas aumentou ao longo dos anos para mais de duas mil.

Mas então tudo deu errado.

Em 2000, o Sindicato dos Ciclistas, o "Prioridade Para as Crianças!" e a organização na qual Zomervrucht tinha iniciado sua carreira, a Associação de Pedestres (Voetgangersvereniging), foram obrigados a se fundir com a Segurança no Trânsito da Holanda, que era muito maior. Se não fizessem essa escolha, perderiam o acesso a subsídios nacionais.

O Sindicato dos Ciclistas conseguiu permanecer fora dessa fusão, mas as outras duas organizações eram muito pequenas e por demais dependentes dos subsídios. Então uma nova era se iniciou: aquela da 3VO, uma abreviação confusa criada por uma consultoria de marketing para as "três organizações unidas de segurança no trânsito". O novo Ministro de Transportes instou a Segurança no Trânsito da Holanda a assegurar que as ideias e os princípios das duas organizações parceiras menores permanecessem reconhecíveis[6].

"Era difícil para nós encontrarmos o nosso lugar", continua Zomervrucht. "O que a Segurança no Trânsito da Holanda queria era que as crianças aprendessem que o tráfego é perigoso, e como lidar com isso. Não estão errados, mas é uma visão unilateral. Nós enfatizávamos a necessidade de colocar mais esforço na qualidade do desenho das ruas."

Jan Torenstra, membro do Executivo local de Delft à época, que prestava seu apoio à "Prioridade Para as Crianças!" e que está sentada conosco agora na cozinha de Zomervrucht, dá a seguinte explicação: "A Segurança no Trânsito da Holanda afirmava que os carros precisavam continuar em movimento, e depois acrescentou que todos deveriam estar seguros nas ruas. Enquanto isso, de nossa parte, nós olhávamos para o pedestre primeiro.

Como você pode assegurar que o espaço público é acessível para pedestres? Há espaço suficiente para carros?"

Para a Segurança no Trânsito da Holanda, uma criança é como um cervo atravessando a estrada. Para Zomervrucht, Torenstra e seus colegas, as vias é que atravessavam o espaço vital das crianças.

"Algumas seções da Segurança no Trânsito da Holanda não 'entendiam' o Dia de Brincadeiras na Rua e se recusavam a se envolver na campanha", diz Zomervrucht. "Eles achavam que brincar na rua estava dando às crianças uma ideia completamente equivocada."

Então o Dia de Brincadeiras na Rua foi substituído por Dia de Brincadeiras Fora de Casa. Em um acordo com a Segurança no Trânsito da Holanda, o canal de TV infantil Nickelodeon até saiu do ar por uma tarde para encorajar as crianças a saírem de casa. Era uma boa ideia, diz Torenstra. "Contudo, a ênfase estava em brincar fora de casa, não na questão de a rua ser um lugar para as crianças brincarem."

Então uma decisão foi tomada de cima para baixo que exigia uma mudança do nome da organização, pois "3VO" tinha pouco apelo. "Segurança no Trânsito da Holanda" foi reinstituído e os dois outros parceiros da fusão tornaram-se irrelevantes.

Havia mais atritos nos bastidores e, em 2012, Zomervrucht era a única pessoa que permanecia das organizações menores que haviam se fundido com a velha Segurança no Trânsito da Holanda. Ela trabalhou até sua aposentadoria em projetos que não se afastavam demais dos seus princípios.

"Agora não há mais grupos profissionais de pressão para representar os interesses dos pedestres e das crianças, e tampouco há financiamento", lamenta ela. "As pequenas bolsas de financiamento que o Prioridade Para as Crianças! e a Associação de Pedestres recebiam agora se destinam à Segurança no Trânsito da Holanda. E, assim como no período anterior à fusão, a Segurança no Trânsito da Holanda tem um foco unilateral."

A Segurança no Trânsito da Holanda novamente leva esse nome, como se nada tivesse acontecido. A única mudança é que o novo estatuto estabelece o ano da fusão, 2000, como a data na qual a organização foi fundada, em vez de 1932. Esse estatuto não faz nenhuma menção aos dois parceiros menores[7].

Rob Stomphorst, o porta-voz da Segurança no Trânsito da Holanda, me conduz às instalações da organização ao lado da estação de trem em Amersfoort, onde ainda está a antiga escrivaninha de Janneke Zomervrucht. Foi difícil, diz ele. "Os outros parceiros da fusão eram organizações representando grupos de interesse muito específicos. Nossa filosofia é que *todos* devem estar seguros nas ruas."

Stomphorst é a pessoa encarregada dos contatos políticos e patrocínios da Segurança no Trânsito da Holanda. Ele comenta comigo, entusiasmado, o negócio que fez recentemente com a Total, a companhia de petróleo.

"Há um livro infantil que gira em torno da noção de 'escapar do ponto cego'. A ideia é que olhar no espelho nos transporta para um universo paralelo – é tudo muito estimulante. O autor já estava planejando escrever um posfácio sobre os perigos do ponto cego no trânsito. Então pensei que era exatamente disso que precisávamos. A Total queria fazer algo sobre os perigos do ponto cego – estariam preparados para financiar uma tiragem grande? Nós acabamos fornecendo uma pilha desses livros para as bibliotecas de todas as escolas que dão uma aula sobre o ponto cego – novecentas por ano. Tudo financiado pela Total."

Stomphorst também colaborou com a Shell para criar uma rotatória móvel que as escolas usam para ensinar seus estudantes sobre o Código Rodoviário.

Acho que a Prioridade Para as Crianças! nunca teria aceitado dinheiro de companhias de petróleo, cuja força vital é o motorismo. E, embora seja sensato aprender sobre o ponto cego atrás do veículo, a pergunta real é se faz sentido ter rolos compressores trovejando pelas movimentadas ruas urbanas em todas as horas do dia.

"Você consegue entender por que os outros parceiros da fusão podem ter achado difícil se encaixar na sua organização?", pergunto.

"Acho que precisam ver as coisas de forma realista e objetiva", diz Stomphorst.

"Sim, o que fazemos é preparar as crianças para lidar com o tráfego tal como ele se encontra hoje", concorda Hermy Grapperhaus, o advogado interno com o qual tinha combinado de me encontrar originalmente, que não havia falado muito até aquele momento.

"Trata-se apenas de um dado de realidade", continua Stomphorst. "Nós temos desenvolvido materiais para escolas de ensino fundamental baseados em nossos princípios desde 1932. Mais de 75% das escolas os utilizam."

"Será que não há alternativas? Quer dizer, alternativas à imposição de todas essas restrições às crianças?", questiono.

"Há sim, mas significaria viver em uma comunidade ou em uma cabana no meio de uma charneca", responde Stomphorst.

Conversamos a respeito do Dia de Brincadeiras na Rua. Ele é duro em relação a isso: "Ensine às crianças que elas podem brincar na rua e você ensinará a elas um tipo de comportamento equivocado. Daí, no dia seguinte, você terá de explicar por que não é sensato brincar na rua." Não há florestas para jovens cervos.

Acho difícil ouvir tudo isso. Os valores da Segurança no Trânsito da Holanda são extremamente diferentes daqueles do Prioridade Para as Crianças! Será que é possível defender os interesses de todos os usuários da rua, como alega a Segurança no Trânsito da Holanda? Peter R. de Vries, repórter policial, pegou membros da organização duas vezes em excesso de velocidade – o porta-voz e o diretor. É um pouco como pegar membros da Sociedade Vegetariana comendo uma picanha.

A Segurança no Trânsito da Holanda não seria apenas uma apologista do *status quo*?

No escritório da organização conversamos sobre o futuro. Eles estão otimistas. Afastando-se um pouco, Stomphorst volta com uma visão que o encanta. É um desenho de uma ampla rodovia de bicicletas ladeada por uma rodovia de automóveis. Aceno com a cabeça. Também teria ficado animada com esse projeto um tempo atrás – agora vejo apenas o mesmo tráfego segregado em fluxos diferentes. Ao nos levantarmos, ele se entusiasma com a facilidade com a qual podemos andar de bicicleta em nosso país, "da Zeelândia no Sul a Groningen no Norte". Contudo, nossas crianças não podem ir andando sozinhas para a escola.

Ao me levar até a porta de saída, ele me dá um livro infantil ilustrado sobre o trânsito do qual ele participou da produção. Algo para ler em voz alta para meus filhinhos. "Há trânsito em todo lugar, então tome cuidado. Mantenha seus olhos atentos e seus ouvidos abertos!"

Cristalizado em Diretrizes

É por isso que nunca percebi que havia outra forma de pensar a segurança no trânsito. As organizações alternativas que poderiam ter apontado outro caminho foram devoradas pelo monólito.

Então outra questão me ocorre: por que eu não tinha nenhum ponto de vista a respeito do desenho e do *layout* da minha rua e da minha cidade até agora? Já tenho a resposta a essa pergunta: é porque o desenho da rua é visto como um assunto técnico de peritos em tráfego, em vez de ser um assunto político que concerne a todos nós.

Esse foi um desenvolvimento em que o CROW, instituto com sede em Ede que Marco me indicou durante a visita aos espaços de estacionamento do seu bairro, desempenhou um papel importante. Eu me deparei com esse nome dezenas de vezes desde então.

É uma ferramenta de informática da CROW que prescreve dezessete vagas de estacionamento para cada dez lares no novo bairro de Marco. Também da CROW são as recomendações endereçadas à escola dos seus filhos para que seja criada uma zona de embarque e desembarque.

Diretrizes da CROW permitem que engenheiros de trânsito da minha cidade, Roterdã, decidam se uma rampa de interseção na rua é necessária quando duas vias se encontram[8].

O módulo da CROW dos semáforos explica quando se deve colocar um conjunto de semáforos em um cruzamento e quando construir uma rotatória em vez disso. Este, juntamente com outros módulos, é parte de um curso profissional de engenharia de trânsito.

Para qualquer questão relacionada às ruas, a CROW tem uma solução técnica. Ela é a sala de máquinas por trás do desenho das ruas que todos nós tomamos como certo sem nem sequer percebermos.

O fato de que a CROW tem sua sede em Ede não é tão arbitrário como pode parecer. Qualquer especialista em planejamento urbano vai instantaneamente identificar Ede como a localização ideal para isso – está situada no meio do país, à beira de uma das maiores áreas de belezas naturais da Holanda, mas apenas há 25 minutos de Utrecht por rodovia e trem.

"Fomos criados em 1987 por corpos governamentais e participantes do mercado ativo na construção de estradas, tecnologia de trânsito e desenho do espaço público. A ideia era que a padronização iria tanto economizar dinheiro como evitar a reinvenção da roda", leio no *site* da organização, que apresenta um carrinho de compras no canto superior direito. CROW se sustenta pela venda de diretrizes para "autoridades de manutenção das estradas" tanto locais quanto provinciais que as utilizam para organizar o espaço público com a ajuda de engenheiros de trânsito. Que extraordinário. Embora o que está em jogo aqui seja o uso do espaço público – algo que por definição pertence a todos nós –, qualquer um que queira compreender por que esse espaço público é tão frequentemente convertido em espaço para veículos – espaço veicular – precisa pagar dezenas e por vezes centenas de euros. É surpreendente que uma instituição conhecida por tão poucas pessoas desempenhe um papel tão fundamental no desenho de nossas ruas e cidades, enquanto membros do público não conseguem ter fácil acesso a suas diretrizes.

Eu me pergunto, como a própria CROW vê seu influente papel.

Marco e eu decidimos fazer uma visita juntos. Marcamos um encontro com o diretor, Pieter Litjens, que trabalha lá há um ano, tendo sido antes membro do Executivo local de Amsterdã responsável por tráfego e transporte. Alugo uma bicicleta na estação de trem Ede-Wageningen, digito "CROW" no Google Maps e sigo as setas até um lindo trecho de floresta onde vejo uma placa indicando um parque empresarial. O pessoal de Ede fez um bom trabalho. Marco aparece em sua bicicleta assim que chego.

Dentro da sede da CROW, um prédio grande cercado por árvores altas, apertamos a mão de Litjens. Embora ele tenha cinquenta e pouco anos, ainda há algo nele que lembra o estudante de ciência política da Universidade de Amsterdã que ele já foi.

"Vocês dois vieram pela rotatória também?", pergunta ele. Nós viemos. Todos os três chegaram de manhã pela rotatória que marca a intersecção entre estradas com limite de velocidade de 60 km/h e 80 km/h. Essa rotatória, situada na fronteira entre a cidade de Ede e a área ao seu redor, acaba por ser uma perfeita ilustração de como diretrizes de trânsito operam e a que dilemas elas levam.

A rotatória fica na beirada externa de uma área construída. Motoristas tem prioridade sobre ciclistas aqui, diferentemente do que ocorre em áreas urbanas. Isso foi decidido pelo Ministério da Infraestrutura, a partir do conselho do Instituto Holandês de Pesquisa Sobre Segurança nas Estradas (SWOV) e a CROW. A rotatória foi desenhada com base nas diretrizes da CROW[9].

"Quando chego de carro nessa rotatória", diz Litjens, "sempre acho difícil entender o que devo fazer. Pois fica bem na beirada da área construída. Na prática, você encontra mais ciclistas do que motoristas ali."

Em áreas urbanas, ciclistas têm a preferencial, o que é o oposto daqui. Então todos que usam essa rotatória precisam fazer coisas que vão contra o que estão habituados: motoristas devem seguir dirigindo em vez de dar a preferencial para outros, embora isso pareça inseguro com tantos ciclistas, e ciclistas precisam aguardar em um lugar onde geralmente teriam a preferencial.

"Mas, se ciclistas tivessem direito à preferencial fora das áreas urbanas, logo haveria problemas de segurança, pois normalmente há muito menos ciclistas fora das cidades", explica Litjens. "Portanto, os motoristas poderiam simplesmente seguir adiante sem aguardar em alguns casos, já que não esperariam que houvesse ciclistas. Vocês podem imaginar os resultados."

Por que colocaram essa rotatória fora da zona urbana? "Se colocassem a placa de 'Ede' do outro lado, o problema estaria resolvido. Então estaria dentro da área construída, e os motoristas teriam que dar a preferencial aos ciclistas", diz Marco, que tem familiaridade com essa rotatória, já que ele circula por ela regularmente com sua filha a caminho do clube atlético. "Mas, segundo o modelo de tráfego, isso levaria a congestionamentos, o que levaria os motoristas a fazerem um desvio pelos bairros residenciais para evitá-la. É por isso que colocaram a placa de 'Ede' no lado interno da rotatória; então agora ela é automaticamente uma rotatória com a preferencial para motoristas, em consonância com as diretrizes."

O fato de motoristas terem a preferencial significa que a filha de Marco, com sete anos de idade, não pode ir sozinha para sua aula de atletismo – um trajeto de dez minutos de bicicleta. Toda noite o clube está cheio de pais que tiveram que levar seus filhos de carro para as aulas de esportes.

Embora pareça imparcial, o modo como essa rotatória é desenhada e posicionada está baseado em uma escolha. E, nesse caso, a escolha é garantir que o tráfego de veículos motorizados possa fluir sem impedimentos.

Será que realmente existe algo como um modelo, uma diretriz ou um padrão imparcial? Essa pergunta não cessa de surgir. Litjens afirma que construir diretrizes imparciais é a razão de ser da CROW. "Fazemos o possível para ficar fora dos debates políticos."

Mas será que isso é realmente viável?

Marco diz que não é. "Vamos tomar a segurança como exemplo – ninguém vai se opor a isso. Então você poderia elaborar uma diretriz afirmando que árvores teriam de ser posicionadas a alguns metros da beira da estrada para evitar acidentes. Porém, você poderia igualmente recomendar que todas as estradas provinciais ladeadas por árvores teriam que ter um limite de velocidade menor. Sempre se resume a uma escolha política, não é mesmo?"

"É viável elaborar um padrão que corresponda razoavelmente ao que o setor quer", responde Litjen.

"Quem ou o que é o setor?", pergunto.

O setor, explica Litjen, significa "as autoridades de manutenção das estradas", as autoridades locais que tomam medidas de engenharia de tráfego, e os empreiteiros, engenheiros e conselheiros que as implementam. Ele reitera várias vezes que a CROW apenas implementa o que o setor quer. "Não impomos nada a ninguém. Padrões são estabelecidos de acordo com as necessidades comuns", diz ele. "Elas são algo a que você pode recorrer e facilitam colocar em prática o que o setor deseja."

"Quem são as pessoas que precisam recorrer a padrões?", pergunto.

"Os responsáveis por implementar decisões, por desenhar as estradas. E os políticos também. Percebi isso quando era membro do conselho da cidade de Amsterdã. Às vezes havia desentendimentos sobre como reestruturar um cruzamento ou uma rotatória; grupos queriam que as coisas fossem feitas de forma diferente. Como a pessoa responsável pelo trânsito, eu às vezes comentava: 'Isso é baseado nas diretrizes da CROW, você sabe.' Havia bem menos discussão depois disso."

Então a diretriz pode ser utilizada para silenciar as pessoas?

"Mas tanto políticos como membros do público podem levantar objeções, desde que forneçam razões", diz Litjens. "Diretrizes podem ser deixadas de lado se há argumentos sólidos para fazê-lo."

"Porém, muitas pessoas não sabem disso", diz Marco. "São apenas informadas que há um padrão, e que um desenho particular será utilizado porque é o mais seguro." E você não tem como simplesmente verificar isso *on-line* – você tem que pagar pelo privilégio dessa informação.

Marco conta para Litjens sobre a implementação de uma zona de embarque e desembarque escolar planejada em seu bairro e como os pais e o diretor da escola não estavam cientes de que esse projeto decorria de um modelo padronizado da ferramenta de informática da CROW[10], muito menos sabiam que tinham a liberdade de expressar alguma opinião sobre o seu desenho.

O diretor da escola, Leo Trommel, confirma: "Eu não sabia que os padrões que aplicaram eram apenas diretrizes, e não regulamentos a serem cumpridos obrigatoriamente."

A situação seria semelhante em outros países?, perguntei a mim mesma.

Engenharia de Trânsito e "Ruaestradas"

Mergulho em *Confessions of a Recovering Engineer* (Confissões de um Engenheiro em Recuperação), de Charles Marohn. Marohn, dos Estados Unidos – onde nasceu a engenharia de trânsito –, escreve sobre o tempo que passou em Minnesota como engenheiro civil tentando aplicar o que aprendeu durante seu treinamento acadêmico – o que os manuais prescrevem.

O que aconteceu, diz Marohn, é que a lógica aplicável às estradas era aplicada às ruas ladeadas por residências de ambos os lados. Por exemplo, uma das tarefas que coube a ele era a de persuadir os moradores que ampliar a rua em frente às suas casas iria melhorar a segurança. A ideia por trás disso é que o motorista que comete um pequeno erro não dirija direto para a beira da via ou calçada, nem desvie para o outro lado da via. Parece sensato, certo? Mas essa solução técnica é problemática, até no caso das autoestradas. Embora uma estrada mais ampla possa parecer mais segura, as pessoas arriscam mais em uma via aparentemente mais segura. E o problema não termina aí. Em áreas residenciais, esse desenho da diretriz resulta no tipo de rua que Marohn chama de "ruaestrada" – uma rua que deve sua existência às casas de ambos os lados, mas cujo desenho reflete as diretrizes para estradas pavimentadas a fim de levar as pessoas o mais rápido possível de um ponto A para um ponto B.

State Street em Springfield, Massachusetts, é uma "ruaestrada" típica. É uma das ruas principais da cidade, onde se situa a Biblioteca Central, porém você pode andar nela a 40 km/h. Para atravessar, pedestres precisam andar mais de oitenta metros até chegar ao cruzamento, onde há semáforos.

O livro de Marohn tem como foco uma mãe de duas crianças que arriscou e começou a atravessar a rua diretamente em frente à biblioteca, em vez de andar até o cruzamento com semáforos. A colisão subsequente custou a vida de sua filha. E não é culpa dela, diz Marohn. É culpa de engenheiros como ele, que desenham as ruas de tal forma que elas são perigosas e aí justificam esses planos referindo-se a diretrizes para estradas que, para início de conversa, nunca deveriam ser aplicadas a ruas como essa.

Marohn parou de trabalhar como engenheiro civil. Ele é fundador de uma organização chamada Strong Towns (Cidades Fortes), que trabalha há mais de dez anos para dotar as pessoas de conhecimentos que beneficiarão a comunidade como um todo, e não o trânsito.

"Não é diferente conosco", diz o canadense Tom Flood, de Hamilton, perto de Toronto, com quem falo por videoconferência. "Fazer com que medidas para moderar o tráfego [sejam aprovadas] é um processo monumental. Mas por que todo o conselho municipal tem que considerar uma intervenção para fazer com que motoristas dirijam mais lentamente em um lugar?"

Para Flood, "a luz de alerta se acendeu" quando ele estava levando seus filhos de bicicleta para a escola. "De repente, não podia deixar de ver o absurdo absoluto do fato de que as crianças não podiam andar para a escola sozinhas sem arriscar suas vidas."

Flood encontrou um público grato no Twitter com quem compartilhar sua frustração pessoal. Um ex-executivo de publicidade, ele recorta anúncios de carros mostrando as pessoas dirigindo rapidamente e de forma irresponsável, e mistura esses anúncios com seus vídeos caseiros de seus filhos andando de bicicleta pela cidade.

Ele também tuíta – escreve isto depois de participar de um passeio de bicicleta fantasma, um memorial para um jovem de dezoito anos morto por um motorista em Toronto enquanto andava de bicicleta:

> **Tom Flood** @tomflood1
> Pelo amor de Deus, precisamos de uma organização sem fins lucrativos que advogue para adultos em posições de liderança a fim de que estes providenciem rotas seguras para pedestres e pessoas andando de bicicleta. Pensem nisso. Meu Deus, o que fizemos?

"A violência nas estradas não é acidental, é resultado direto das escolhas de nossas cidades", diz Flood.

> Nossas cidades têm mostrado repetidas vezes que a única coisa que importa é o movimento rápido, veloz e desobstruído do tráfego de veículos – não importa a que custo. Todos os relatórios oficiais e outros procedimentos técnicos e burocráticos pelos quais temos que passar se quisermos mudar algo são apenas mais formas de mascarar o fato de que nossas cidades continuam a priorizar o movimento do motorista acima de qualquer outra coisa, incluindo a vida de seus residentes. Como disse antes, esses não são *acidentes*, são os *resultados*!

Lutando Por um Ambiente Escolar Amigo da Criança

Na Holanda, pouco depois de nossa visita à Crow, Marco me manda notícias sobre a área em frente à escola de seus filhos.

Professor de ciclismo @fietsprofessor
Acabo de voltar da reunião que solicitei para consultar os residentes sobre possíveis usos alternativos para a área em frente à escola. Que noite difícil. Havia três pessoas presentes que insistiam em seus direitos como motoristas, independentemente de todos os outros aspectos. E seu argumento principal era que as diretrizes prescrevem uma zona de embarque e desembarque de alunos. Era isso que estava acordado, eles disseram!

Professor de ciclismo @fietsprofessor
E então as pessoas da autoridade local me empurraram para a frente a fim de que eu fornecesse os contra-argumentos. Eles não têm que fazer uma escolha – afinal, são apenas alguns moradores locais fazendo exigências. É tão óbvio que a maioria gostaria de ver o espaço utilizado de forma diferente, de uma forma que seria bom tanto para as crianças como para o nosso bairro. Porém, temos essa batalha contra o que ditam as diretrizes.

Thalia Verkade @tverka
E o que acontece agora?

Professor de ciclismo @fietsprofessor
Bem, pelo menos há uma nova oportunidade. A próxima coisa que temos que fazer é organizar uma enquete local sobre as opiniões dos moradores. Não há necessidade de fazer isso se você quiser encher o bairro de vagas de estacionamento ou construir uma zona de embarque e desembarque, porque essas coisas são padrão, conforme as diretrizes. Mas, se quiser criar um ambiente agradável e seguro para as crianças e para o bairro como um todo, aí é preciso realizar uma enquete.

Que batalha! Numa pequena área em frente de uma escola em Ede. Mas pelo menos Marco pode tentar fazer mudanças, já que ele mora em um bairro novo. Ainda há área na frente da entrada da escola. E ele tem o conhecimento, a rede de contatos e as habilidades para efetuar essas mudanças.

A essa altura, tinha lido sua carta endereçada às autoridades locais. Para sustentar seus argumentos, ele se referiu a uma diferença crucial entre a situação dele e a minha: "Pesquisa recente realizada pela Universidade de Wageningen demonstra que pais frequentemente estão dispostos a mudar seu comportamento (ao reduzir o uso de carros para levar seus filhos à escola, estacionar mais longe da escola, e assim por diante), mas que o único momento em que isso é realmente viável é quando se abre uma escola nova."[11]

A única coisa que o diretor de Tilburg, Bas Evers, pode fazer – assim como todo mundo que acha que a aproximação à entrada da escola local é perigosa demais – é lutar contra o que já está estabelecido em asfalto e concreto: a infraestrutura existente, na qual professores e pais baseiam seu comportamento habitual. E para implementar quaisquer mudanças, você precisa questionar diretrizes e modelos de tráfego que parecem imparciais, embora sejam tudo menos isso.

É Nessa Direção Que As Coisas Estão Indo

"É nessa direção que as coisas estão indo." Essa é uma frase recorrente que escuto durante minhas investigações. Como se o futuro da mobilidade fosse em si autônomo. Talvez seja. Quando tanta coisa é determinada por fórmulas, diretrizes e modelos, a situação não se parece com, digamos, um veículo autônomo? O algoritmo opera, e os seres humanos intervêm apenas quando algo dá errado.

Assim mesmo, os algoritmos e as diretrizes são, é claro, escritas por pessoas, que fizeram certas escolhas.

Quando comecei a escrever sobre mobilidade, o ceticismo em relação a carros elétricos ainda era generalizado. Porém, depois de três anos de angústia climática, nenhum país da Europa parece ter qualquer dúvida. "É nessa direção que as coisas estão indo."

A Holanda – talvez em parte por causa de artigos entusiasmados de jornalistas como eu – é atualmente o país do mundo mais favorável aos carros elétricos em termos de incentivos fiscais. Até a indústria automobilística quer se envolver, desde que a transição seja subsidiada: a Associação RAI de vendedores de bicicletas e carros, o Real Touring Club Holandês (ANWB), os donos de garagens representados por BOVAG e as companhias de carros de aluguel da VNA, todos assinaram o "Acordo do Clima", "para o qual todos os meios de transporte farão uma contribuição, assim evitando uma situação em que todo custo seja suportado pelo motorista". Em outras palavras, vamos todos pagar.

Há algum tempo eu pensava que reduzir as emissões de CO_2 fabricando carros que funcionam a bateria era uma escolha sólida e baseada em princípios para retardar as mudanças climáticas. Não tinha me ocorrido que poderia haver aspectos perversos nessa transição, como o fato de que 700 milhões de euros em subsídios, fornecidos pelo contribuinte holandês, iriam para pessoas que já são ricas[12]. Incentivos fiscais para acelerar a transição para veículos elétricos agora estão sendo criados em muitos outros países, incluindo os Estados Unidos e o Reino Unido. (Noruega e Holanda estavam entre os primeiros). A partir de 2011, residentes do Reino Unido poderiam se valer de uma "concessão de carro plug-in", cobrindo 25% do custo de compra de um carro (até o máximo de cinco mil libras; agora reduzido para 2.500 libras e que deve ser totalmente eliminado) e 20% do custo de uma van (até no máximo oito mil libras). Esse foi o maior incentivo disponível para veículos particulares no Reino Unido, reduzindo o custo total de veículos elétricos para abaixo do custo de carros convencionais em alguns casos[13].

Atualmente, estou ficando cada vez mais cética em relação às inovações que costumavam me entusiasmar cegamente. Será que bicicletas elétricas realmente fazem as pessoas deixarem de andar com seus carros? Ou será que pessoas que usavam bicicletas comuns agora estão usando as elétricas? Ambas as coisas: pessoas com e-bikes estão gastando menos tempo em bicicletas comuns e em carros[14]. Quem são as pessoas usando os diversos tipos de veículos de aluguel, inclusive táxis, espalhados pela minha cidade, Roterdã? Pessoas que costumavam dirigir, ou pessoas que costumavam andar e pegar transporte público? Segundo uma enquete conduzida por jornalistas em Bruxelas (entre 150 pessoas) e pesquisa acadêmica na França (entre quatro mil pessoas), apenas 3% das viagens de *scooter* elétrica, se não tivessem sido feitas com esse meio de transporte, teriam sido feitas de carro. A maioria das pessoas, por sua vez, nesse caso, teria feito esse deslocamento andando a pé (59% em Bruxelas, 44% na França), teria pego transporte público (16% e 30%, respectivamente) ou teria ido de bicicleta (15% e 12%, respectivamente)[15]. Nos Estados Unidos, Uber e Lyft deram um golpe esmagador no transporte público e criaram ainda mais congestionamento do que havia antes[16].

Em Roterdã, a única área em que você pode pegar uma Felyx (motoneta elétrica) alugada é conhecida como “zona de serviço”, nas partes mais abastadas da cidade ao norte do rio Maas. Se você mora mais ao sul, onde a moradia é mais barata, as ciclovias também são bem piores. Essa é a essência da pobreza de transportes – a pessoa não consegue ir aonde quer devido à distribuição desigual de recursos disponibilizados à mobilidade.

No que diz respeito a ciclovias, o tráfego de bicicletas no caminho para a escola do meu filho mais velho tem ficado mais intenso e rápido ao longo do último ano, com números crescentes de pessoas usando e-bikes, bicicletas elétricas de velocidade e bicicletas elétricas de carga, incluindo nós mesmo de tempos em tempos. Quando estamos em nossas bicicletas comuns, às vezes pedalamos na faixa de caminhada para cães, que ladeia a ciclovia, onde uma criança pequena ainda pode bambear de lá para cá. Dou aos donos dos cães um sorriso ligeiramente envergonhado; espero que consiga manter boas relações com eles. Desde 2020, há um plano de aluguel acessível de bicicletas elétricas caras, projetado para tirar duzentos mil passageiros do transporte público e de seus carros. Esses novos ciclistas, pedalando rápido com a ajuda de baterias, estão deixando as ciclovias ainda mais ocupadas do que eram antes[17].

Quão satisfeita estou com essa mudança, três anos depois de ter defendido precisamente a mesma ideia como jornalista, com meu projeto “ciclismo *vs* congestionamento”? Marco me manda um novo projeto de proposta da CROW, e eu engulo seco. A ideia é dividir ao meio as ciclovias com uma linha azul brilhante, para evitar que ciclistas ultrapassem outros ciclistas. Trata-se de algo similar a uma linha divisória projetada para tráfego motorizado em uma estrada perigosa[18].

O que eu tinha percebido como um futuro revolucionário agora me parece cada vez mais uma versão aprimorada do que temos agora: mais e mais mobilidade, mais viagens para cobrir distâncias cada vez maiores. O participante mais veloz do tráfego ainda tem mais direitos. A rua ainda é um canal de trânsito, com carros cada vez mais volumosos e bicicletas mais velozes, que começam a se assemelhar cada vez mais a carros de duas rodas.

Onde tudo isso vai parar se continuarmos assim, se permanecer a cargo dos engenheiros encontrar soluções? É o suficiente para inspirar um episódio da série distópica britânica *Black Mirror*. Você está sentado confortavelmente? Então vou começar.

A Utopia de Serviços do Futuro

Estamos em 2030. Seu e-carro, que estava andando pelo seu bairro a 6 km/h, traça um plano a partir de sua casa. Ele então leva você até a rodovia, onde continua em um ritmo inteligente de 150 km/h – o número de vítimas de trânsito nessa velocidade é o mesmo de quando humanos mais falíveis dirigem a 130 km/h. O e-carro deixa seu filho mais novo na zona de embarque e desembarque ao lado da escola, a oito quilômetros da sua casa.

Embora nunca tenha sido oficialmente reconhecido, carros autônomos podem aprender a dirigir sozinhos graças a tecnologias incluindo reCAPTCHA. Esse é o sistema que alguns *sites* de internet utilizam para capacitar as pessoas a provarem que não são robôs ao clicarem em todas as fotos que incluem imagens de semáforos, ciclistas ou carros. Ao fazer isso, sem que tenhamos a menor ideia, eles têm treinado os carros autônomos da Google[19].

Seu filho acaba de ser promovido ao próximo ano na escola fundamental 1. Mais tarde você verá uma foto da classe, que a professora vai lhe enviar usando um aplicativo. Mas agora você tem que entrar em uma chamada de uma conferência de trabalho no para-brisa de seu carro sem volante.

Os algoritmos usados pelos superconglomerados Uble e Metazon são projetados para resolver o problema de congestionamento ao assegurar que as pessoas sejam apanhadas em suas casas em determinados turnos. Às vezes você começa a trabalhar às nove da manhã e às vezes às catorze horas. Também é mais barato viajar quando não há muito trânsito.

Se puder pagar por uma viagem particular, você pode ter acesso a videoconferências, shows da TV ou filmes projetados na face interna da janela do carro. Se isso está além de suas possibilidades, você pode ver comerciais, assim como no seu leitor eletrônico.

Se você for menos abastado, pode compartilhar uma corrida via Uble. Mais pessoas em um carro é mais eficiente; resulta em economia de espaço nas vias. Há fones de ouvido de realidade virtual pendurados acima do seu assento, assim você não é obrigado a falar com os outros passageiros – uma invenção criada pela Mercedes[20].

Até 2030, a mobilidade se tornará um serviço com tudo incluído. Ninguém será proprietário de veículo privado. Se quiser ter acesso a vias públicas, você precisará pagar pelos serviços da Uble ou da Metazon; não há alternativas. Se realmente precisa ter o mesmo carro na frente da sua casa o tempo todo, você tem que pagar caro pelo privilégio, e o carro segue sendo propriedade do seu fornecedor de mobilidade.

Por um custo adicional, você pode andar em um carro com os mais recentes filtros de absorção de partículas de alta eficiência (HEPA). Nesses dias, é mais saudável estar dentro de um carro do que fora dele – ao menos no que diz respeito aos seus pulmões. O governo tem declarado guerra à obesidade: com o número crescente de carros e bicicletas elétricas, o excesso de gordura corporal é atualmente o inimigo público número um. O McDrive serve apenas produtos com baixo teor de calorias.

Depois das atualizações no rádio sobre os engarrafamentos – eles ainda existem –, há notícias a respeito das greves nas minas da República Democrática do Congo, de onde o cobalto para esses carros é extraído; as greves estão ocorrendo pacificamente, graças à presença massiva da polícia. Segue-se a isso uma boa notícia: na reserva de javalis localizada no centro do país, onde os javalis foram colocados para que não possam mais causar perdas econômicas ao serem atropelados pelos carros, nasceu o primeiro bebê javali[21]. "Que fofo", você pensa, percebendo que seu carro autônomo está tentando se deslocar para a 15ª faixa, onde pode andar a 180 km/h pagando um custo adicional.

De vez em quando você vai ao trabalho de bicicleta elétrica, porque precisa perder alguns quilos. Então toma um banho rápido: graças aos esforços de jornalistas zelosos, todos os empregadores são agora obrigados a fornecer chuveiros. Para viagens dentro da cidade, você usa um aplicativo para acessar sua bicicleta de aluguel Swapfiets (Swapfiets foi incorporado à Uble em 2023). Ninguém mais é proprietário de bicicleta; você não quer sobrecarregar o sistema de estacionamento de bicicletas.

Se sua bicicleta tem uma falha mecânica, uma e-van da Uble vai aparecer à noite (para evitar mais engarrafamento) e lhe trazer uma nova. Ainda não é possível automatizar esse serviço completamente, então ele fornece um raro emprego a alguém.

Os kits de conserto de bicicletas pretos, brancos e vermelhos da Simson desapareceram das lojas holandesas depois de quase um século e meio. Expressões como "alavanca de pneu" e "tempo de viagem" são arcaísmos dos velhos tempos, quando as pessoas ainda usavam combustíveis fósseis.

Os jornais têm um novo tópico para debater: será que deve ser uma exigência para crianças de oito anos de idade que passaram em seu primeiro teste de ciclismo (organizado pelo Uble, do qual a Segurança no Trânsito da Holanda é agora uma subsidiária) ter suas bicicletas microchipadas antes de deixá-las pedalar nas ciclovias?

Elas terão que estar sujeitas a mais regras ainda. Não poderão mandar mensagens de texto, é claro. Nada de andar uma ao lado da outra. Não poderão chamar uma a outra enquanto pedalam. Não poderão tirar as mãos do guidão – aquela velha regra, imposta aos ciclistas holandeses durante a ocupação alemã na Segunda Guerra Mundial, está de volta[22]. Sem devaneios. Um requisito de velocidade mínima – 13 km/h. Sua filha de seis anos consegue fazer isso, graças à sua bicicleta movida a bateria.

No fim de semana, um carro autônomo leva você e sua família para a ilha de Terschelling no mar do Norte por meio de um novo túnel. Você relembra nostalgicamente da época em que o vento bagunçava seu cabelo na travessia de balsa. O para-brisa reproduz anúncios encorajando você a sair de férias de *hyperloop* neste verão para Los Angeles, onde um empresário de tecnologia, que já defendeu veículos elétricos, conseguiu construir cem túneis, um em cima do outro. Uma estátua dele foi inaugurada no local onde os túneis se cruzam.

Sua vida é rápida, confortável e livre de atritos. A mobilidade não é mais uma fonte de frustrações, porém um serviço cada vez mais eficiente para o *Homo economicus* do futuro. Contudo, há também muitas coisas que ela não é – espontânea, autônoma, pacífica. Esses valores não fazem parte dos algoritmos que moldam sua mobilidade. E ainda bem, pois você não sabe o que está perdendo.

Felizmente, essa é apenas uma historinha. Mas por que não a comparar com as previsões da Aliança pela Mobilidade, que representa vários grupos de motoristas na Holanda? A visão para 2030, emitida em 2019, contém o seguinte parágrafo:

> Não seria bom se uma viagem em 2030 fosse assim? De manhã você recebe uma mensagem no seu diário, em sua mídia social, para informá-lo que seu itinerário está pronto. Isso mesmo, você tem algumas reuniões em Haia hoje. Enquanto seu carro manobra silenciosamente para fora de sua vaga de estacionamento, você verifica sua agenda diária de viagem gerada automaticamente. O itinerário é integrado a um planejador de rotas no seu carro. Na esquina, você desliga o modo de direção autônoma e passa a dirigir você mesmo. Uma vez que está na estrada regional, você liga o piloto automático novamente. De acordo com as instruções recebidas, você dirige até o centro de viagens próximo a Amersfoort, onde uma vaga de estacionamento foi reservada para você. Você sai antes de chegar à área aberta em volta do centro de viagens, e o carro estaciona sozinho. Você apanha seu café favorito que encomendou enquanto estava o

> carro. Você embarca no trem, e durante a viagem recebe uma mensagem lhe dizendo que sua reunião foi transferida agora para um local no centro da cidade. O itinerário se ajusta automaticamente. Então você cancela o carro alugado que reservou e opta por alugar uma bicicleta, que permitirá que você chegue ao seu destino com mais rapidez e facilidade. Quando chega à Estação Central de Haia, seu celular lhe diz onde a bicicleta de aluguel está esperando por você. Você chega relaxado e a tempo para a sua primeira reunião.

Para conseguir isso, a Aliança pela Mobilidade observa que investimento em mobilidade é uma "necessidade urgente" – são necessários 3 bilhões de euros adicionais por ano até 2040, segundo o *site* da Aliança, totalizando 57 bilhões de euros nos próximos dezenove anos.

Os anúncios de carro refletem a mesma imagem. Um Hyundai fica preso em um engarrafamento matinal: a mulher ao volante (o carro ainda tem um) consulta seu relógio (tempo de viagem!), sai do carro, desdobra uma *e-scooter* da Hyundai e percorre, dessa forma, o último quilômetro até seu escritório na "milha financeira" de Amsterdã, passando por carros arrastando-se de para-choque em para-choque. Olhando para fora da janela de seu prédio alto de escritórios, ela sorri enquanto observa seu próprio carro estacionar autonomamente[23].

Utopia para alguns, distopia para outros. Então ouço algo a respeito de uma tragédia que mostra como um episódio de *Black Mirror* pode se tornar realidade.

Mais Máquinas, Menos Gente

No dia 18 de março de 2018, um carro autônomo pertencente à Uber matou uma mulher no Arizona. Essa foi a primeira vez que um carro autônomo matou uma pessoa. Imagens granuladas são disponibilizadas alguns dias depois. O YouTube permite que o mundo inteiro seja testemunha da morte acidental de um ser humano.

A rodovia, iluminada na escuridão, segue abaixo da câmera. Mas então, de repente, um ponto distante na imagem se transforma em uma mulher empurrando uma bicicleta vermelha com sacos de compras pendurados no guidão. A câmera de painel mostra o rosto da motorista reserva do Uber, que deve estar de prontidão caso o robô cometa algum erro.

No momento em que a colisão se torna inevitável, a motorista reserva ergue, assustada, os olhos de seu colo, onde – mais tarde transparece – ela estava assistindo a um programa de TV (*The Voice*) em seu celular.

Elaine Herzberg era o nome da mulher com a bicicleta. Ela tinha 49 anos. Estava atravessando a via em um ponto usado por pedestres na ausência de uma faixa de pedestres. Nenhum são Nicolau subiu em uma plataforma de construção para resolver esse problema.

Uma vez que o vídeo foi postado *on-line*, a mídia focou toda a sua atenção na funcionária da Uber. Estava claro que ela não estava prestando atenção. Mas então os holofotes se voltaram para a própria empresa. A mulher não tinha experiência profissional prévia para assumir tal responsabilidade, então, por que ela recebeu essa incumbência?

Outra amarga ironia foi o fato de a vítima ser uma sem-teto. Ela foi morta por um brinquedo robótico experimental de um multibilionário que foi solto no espaço público. Que diferença de poder entre ricos e pobres. Embora a Uber tenha recebido críticas, no final nenhum processo criminal foi instaurado contra ela[24].

Escrevi um artigo sobre isso: "Um carro autônomo matou uma mulher esta semana. Por que foi permitido nas vias?"

As pessoas me perguntaram por que essa morte me chocou tanto. Afinal, carros autônomos fariam tudo mais seguro a longo prazo – a pesquisa (conduzida por uma indústria automobilística) afirmou isso. Naquele momento, eu ainda não era capaz de explicar minha indignação. Mais tarde, porém, percebi que ela vinha da minha sensação de que nossas ruas estão sendo tomadas por máquinas e de que as pessoas estão perdendo sua liberdade, sua capacidade de influenciar o que acontece ao seu redor, sua própria humanidade, e se tornando consumidores escravizados de velocidade.

Elaine Herzberg desapareceu dos noticiários. E então a KPMG, uma firma de contabilidade, anunciou que a Holanda seria o primeiro país a ficar pronto para carros autônomos. O único problema eram os ciclistas holandeses, ainda tão imprevisíveis que carros autônomos não seriam capazes de lidar com eles.

Um representante da KPMG fez uma comparação com o aparecimento de carros normais há mais de um século. No início, um carro era precedido por um homem com uma bandeira, para alertar as pessoas a se afastarem. Algo assim estava a caminho agora, ele disse[25].

Teremos engenheiros de trânsito projetando as melhores "ruas inteligentes" possíveis para carros autônomos? Seremos permitidos a andar ou pedalar em lugares onde não foram instaladas calçadas elevadas ou caminhos separados? O algoritmo que opera o carro autônomo será tão conservador, que o carro terá de parar para cada folha que sopra na estrada, ou será que as pessoas terão de mudar seu comportamento mais uma vez para acomodar esses veículos?

Há outras questões ainda mais prementes para as quais não consigo encontrar respostas: o que exatamente são os interesses das corporações e organizações que estão desenvolvendo carros autônomos? Por que a DARPA – Defense Advanced Research Projects Agency (Agência de Projetos de Pesquisa de Defesa do Pentágono) investiu tão pesadamente no seu desenvolvimento? Para uma agência militar, um carro autônomo é um drone de quatro rodas.

Sou atormentada por dúvidas cada vez maiores. Por que tantos peritos estão tão convencidos de que esse é o único futuro possível, e por que só discutimos como "nos prepararmos para ele"? Por que tão poucas perguntas realmente críticas são formuladas em nossos debates públicos, na televisão e nos jornais? Por que todos nós ficamos tão obcecados com cada nova promessa de mobilidade desobstruída? Onde estão os seres humanos em tudo isso?

"Menos carros autônomos, mais crianças autônomas", tuíta Marco. Ele adiciona um videoclipe de um pai em uma bicicleta de carga fabricada artesanalmente, levando dois bebês em assentos de crianças montados numa tábua e uma terceira criança pequena na frente. Segundo a KPMG, o algoritmo utilizado por carros autônomos é incapaz de lidar com isso. O que significa que ciclistas como esse terão de sair das vias.

Para mim, agora é evidente que todos os modelos, diretrizes, manuais e algoritmos que usamos para alocar prioridade aos nossos usuários das estradas mais velozes são sustentados por uma estratégia aparentemente imutável, em nossas ruas. Poderíamos seguir em frente da mesma maneira que antes. Isso significaria optar por dar prioridade aos direitos dos modos mais rápidos, eficientes e confortáveis de transporte.

Também significa optar por ignorar todo o resto. O direito de se locomover sem a assistência da tecnologia ou de uma corporação. O direito de estar nas ruas com uma criança sem temer. O direito à paz e ao silêncio em um espaço público. O direito a ter ar limpo. O direito de não ser morto ou de matar alguém *acidentalmente*. O direito à igualdade em nossas ruas.

O que acontece se você opta *por* todas essas coisas? Se você escolhe algo diferente do que sempre viajar mais rápido e para lugares mais distantes? Esse é o assunto do nosso capítulo final.

5 espaço público como se as pessoas impor tassem

o que acontece se você tenta fazer as coisas de forma diferente?

ão há mais calçadas, estacionamentos restritos, dormentes instalados estrategicamente, vasos de flor dispostos como barricadas – bem-vindos ao *woonerf*. A descrição do jornalista Tijs van den Boomen desse tipo de desenho de bairro acertou em cheio: "Muitas vezes tratava-se de um acúmulo de tantos itens de mobiliário de rua quanto possível, como se uma criança tivesse sido instruída a usar todos os blocos de construção da caixa."[1]

Assim como antes eu considerava as faixas de pedestres e os botões de passagens de pedestres garantidos, sempre considerei o *woonerf* um fenômeno tipicamente holandês que existe desde tempos imemoriais e que provavelmente fora o resultado de geração espontânea. Entretanto, descobri que *woonerfs* também são uma invenção. Nos anos 1970, quando essa revolução no desenho urbano começou a atrair a atenção internacional, eles surgiam como um novo desenvolvimento pensado para anunciar o futuro do país.

O *woonerf* fez sua primeira aparição em Emmen, no início dos anos 1960, onde a caixa de blocos de construção foi virada de cabeça para baixo por Niek de Boer, um urbanista contratado para projetar um bairro para os trabalhadores de uma nova fábrica de viscose. A palavra *woonerf* (que se traduz literalmente como "lote residencial") foi cunhada espontaneamente naquela época[2]. Um conjunto de *woonerfs* constituía outra inovação, conhecida pelos holandeses como um "bairro couve-flor", embora a ilustração inspiradora dessa expressão tenha sido criada por um alemão, Walter Schwagenscheidt. Hoje em dia, cerca de um milhão de casas holandesas fazem parte de "bairros couve-flor"[3].

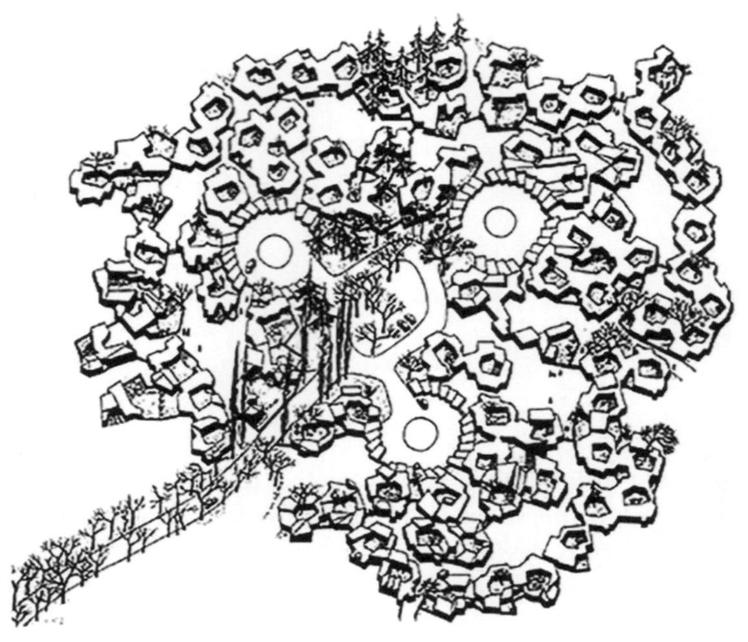

O "bairro couve-flor".

Fonte: Walter Schwagenscheidt, ***Ein Mensch wandert durch die Stadt / Un homme se promène par la ville/A Wanderer in the City***, Verlag H. Müller-Wellborn/Die Planung, 1957, p. 77-78.

À época, o modelo ideal de cidade era modernista e funcional, um lugar onde as pessoas não andavam, mas eram deslocadas de um lugar para outro tão rápido quanto possível por meio de carro e de trem[4]. Quando ficou claro que era quase impossível atravessar a rua a pé, faixas de pedestres foram introduzidas. A faixa de pedestres fez sua estreia em uma prancheta na Inglaterra. Logo se tornou uma realidade, pintada em branco no asfalto ou no concreto. A primeira faixa de pedestres holandesa foi instalada em 1949, em Breda, pelo Real Touring Club Holandês. Mas este último achou por bem fazer uma observação disciplinadora: "A faixa para atravessar não deve ser muito convidativa para pedestres."[5]

Para assegurar uniformidade e visibilidade, é essencial marcar ***todas*** as faixas de pedestres exclusivamente no padrão Zebra.

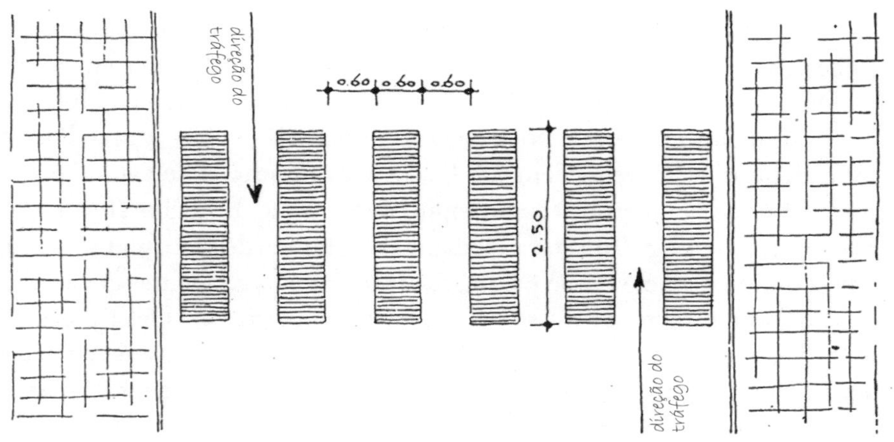

O padrão Zebra.
Ilustração do ***Memorando n. 6***, Real Touring Club Holandês (ANWB).

Hoje em dia, faixas de pedestres no mundo inteiro determinam como nos movimentamos nas ruas e interagimos uns com os outros. O modelo de cidade daquela época é também reconhecível em bairros como Bijlmer (parte de Amsterdã) e Amsterdã Nieuw-West, assim como em novas municipalidades, como Zoetermeer e Nieuwegein. Essas têm um espaço relativamente grande para carros, tanto nas vias como nas áreas de estacionamento[6].

O *woonerf* foi uma reação a esse modelo. Tratava-se de um novo ideal focado na diversão, na igualdade e na coesão social, em vez de ter foco no fluxo do trânsito, na velocidade e na eficiência. Embora carros fossem autorizados a entrar nos *woonerfs*, o limite de velocidade era expresso em termos humanos: uma velocidade de caminhada. Ou seja, apenas 6 km/h. O pedestre também sempre teve prioridade em relação aos demais usuários das ruas.

A partir dos anos 1970, havia tanto áreas residenciais mais antigas, que tinham sido convertidas em *woonerfs*, como novos bairros projetados usando o modelo *woonerf*; em vez de serem tubos para o trânsito rápido, as ruas eram desenhadas para se passar tempo nelas.

Além da Holanda, os *woonerfs* foram imitados em muitos outros países. Eles eram conhecidos como "ruas completas" nos Estados Unidos e "zonas residenciais" na Inglaterra[7]. "Em vez de se ignorarem polidamente uns aos outros, como os londrinos tendem a fazer, os moradores [...] agora fazem festas de rua, organizam torneios de *rounders*[8] e de *softball* em um parque próximo dali e se socializam nas noites", escreveu o jornalista Carl Honoré em 2016[9].

Mas, nesse meio-tempo, as coisas começaram a dar errado na Holanda.

O primeiro *woonerf* de Niek de Boer ainda está em boa forma. Porém, John Schoorl, escrevendo em *De Volkskrant* em 2015, descreve o "bairro couve-flor" de Emmerhout como muito deprimente. Edifícios altos foram acrescentados, ninguém estava cuidando da grama adequadamente, a área estava dominada pelo crime e a rotatividade entre os residentes era alta.

Pedalo em torno de Tanthof, um pequeno bairro em Delft dos anos 1980, que é uma coleção de *woonerfs* interligados, fileiras de casas separadas por becos para evitar a propagação do fogo e passagens estreitas. Pedestres e ciclistas podem dar a volta no bairro a partir de qualquer ângulo, mas há apenas uma entrada para motoristas.

A principal coisa que me impressiona é a quantidade de carros estacionados aqui. A grama e as plantas existentes não me parecem muito bem cuidadas. Embora seja um feriado escolar, não há crianças brincando do lado de fora das casas. Todo mundo permanece dentro de suas casas. Há várias explicações possíveis para isso. Porém, hoje em dia Tanthof não é um exemplo brilhante a ser apresentado às delegações estrangeiras.

"Os residentes estão mais velhos agora", diz André Pettinga. Como planejador de tráfego para a autoridade local, ele tem uma visão privilegiada de como o *woonerf* mudou. "Então as pessoas se sentam e andam por Tanthof, mas há muito menos crianças brincando do lado de fora de suas casas do que havia nos primeiros anos, quando tudo era novo." Devido ao número cada vez menor de crianças no bairro, as escolas de Tanthof estão preparadas para uma fusão obrigatória[10].

Pode ser que isso esteja acontecendo em parte por causa de mudanças naturais na estrutura demográfica: minha própria rua tem ido na direção oposta em anos recentes e agora tem moradores mais jovens. Entretanto, não consigo encontrar um *woonerf* genuinamente vibrante construído nos anos 1970 ou 1980. Em Roterdã, me deparo com uma placa *woonerf* em um bairro dos anos 1930. Não consigo distinguir nitidamente essa pequena rua lateral das outras que correm paralelas a ela. Não há diferenças no mobiliário urbano ou em qualquer outro aspecto do seu desenho: não há plantas ou árvores, nem chicanas, tampouco há vasos de flores. Será que uma pequena placa é o suficiente para fazer os motoristas dirigirem em velocidade de caminhada?

Quando conto a Marco sobre meu passeio de bicicleta em torno de Tanthof, ele responde:

Professor de ciclismo @fietsprofessor
Moro em um bairro pós-couve-flor. Há ruas estreitas e sinuosas aqui também. Mas motoristas regularmente dirigem a 39 km/h.[11]

E meu colega Gwen Martèl, de 32 anos de idade, diz: "Eu morava na Galvanistraat, em Haia, uma rua construída antes da guerra. Quando eu morava lá, era um *woonerf*, com uma placa de rua especial. Não havia calçadas. Carros só podiam estacionar em um padrão em ziguezague, o que deixava muitas áreas livres para as crianças brincarem, enquanto motoristas tinham que esperar se tivesse um carro vindo da direção oposta. Mas agora é uma zona com um limite de velocidade de 30 km/h, e se tornou uma rua de mão única."

O que aconteceu?

A Placa de 30 km/h

Segundo André Pettinga, zonas de 30 km/h introduzidas em 1984 acabaram com os *woonerfs* nos bairros mais novos.

"A ideia de um limite de 30 km/h veio para nós da Alemanha. Coloque uma placa de 30 km/h em uma via alemã e a população local vai cumpri-la. Aqui não é a mesma coisa."

Pouco a pouco, diz Pettinga, o *woonerf* – outrora um conceito robusto em planejamento urbano e melhoria social – deu lugar a um modelo bem menos ambicioso focado em questões técnicas de tráfego, com muito menos ênfase na rua como um lugar no qual se pode passar tempo.

Além disso, é bem mais barato e mais fácil fazer ruas retas com a estranha lombada de velocidade. Isso até pode ser feito mecanicamente, estendendo as pedras da calçada como um tapete. Tais ruas são muito mais fáceis de conservar e manter livres de sujeira e de neve, permitindo que as autoridades locais economizem dinheiro. E, segundo a filosofia de Segurança Sustentável, esse desenho era de fato mais seguro[12]. As crianças iriam aprender novamente que deveriam se manter nas calçadas[13].

A palavra *woonerf* desapareceu do Código Rodoviário Holandês no final dos anos 1980: atualmente, o que permanece é a palavra *erf* (literalmente "quintal"), que inclui propriedades industriais e ruas comerciais. "Penso que é realmente um progresso podermos estender o conceito para cobrir outras áreas urbanas, não apenas ruas residenciais e bairros", diz Pettinga. "É bom que possamos pensar nisso sem colocar os carros em primeiro lugar, o que costumava ser a abordagem padrão."

Porém, a ideia da rua como local onde se pode passar tempo desapareceu em muitos bairros residenciais. A Segurança Sustentável não tem nada a dizer sobre os *woonerfs*.

Segundo Janneke Zomervrucht, que, como defensora dos interesses das crianças e dos pedestres, é a favor dos *woonerfs*, algumas autoridades locais ainda usam esse modelo em seus planos para novas áreas de construção. Porém, o termo utilizado para o limite de velocidade aplicável a *woonerfs*, *stapvoets* (em um passo de caminhada), foi deletado do Código Rodoviário em 2013, e muitas pessoas nem sabem mais o que significa[14]. Nos últimos anos, várias autoridades locais acrescentaram um adesivo indicando um limite de velocidade de 15 km/h à placa azul retangular do *woonerf*, retratando uma casa, um adulto, uma criança com uma bola e um carro[15].

Quinze quilômetros por hora. Essa é a velocidade média de um ciclista adulto. Não é um passo de caminhada.

Segundo Estatísticas da Holanda, o país perdeu mais de 2.500 *woonerfs* na segunda metade dos anos 1990, permanecendo um pouco mais de quatro mil[16]. Quantos será que existem ainda hoje, e como exatamente são contabilizados? Procuro no *site* de Estatísticas da Holanda pelos dados mais recentes. Quando não consigo encontrá-los, ligo para o serviço de informação. "*Woonerfs*? O que precisamente você quer dizer com isso? Nunca ouvi essa palavra antes. Nós mantemos dados sobre isso?", um membro da equipe responde. Mais tarde, Estatísticas da Holanda me manda um *e-mail* com um conjunto de estatísticas sobre currais (um dos principais significados de *erf*). "Era isso que você estava procurando?"

E assim o termo *woonerf* desapareceu do Código Rodoviário, dos manuais, dos princípios de projetos e das estatísticas, e, em última análise, da memória humana.

Ao mesmo tempo, foi conferido um estatuto especial a zonas com limite de velocidade de 30 km/h, enquanto a lombada foi homenageada com um módulo de *design* oficial da CROW[17]. Agora é uma ferramenta disponível para engenheiros de trânsito que projetam ruas ou estradas locais que precisam acomodar tanto os usuários lentos quanto o tráfego motorizado. Membros do público, porém, enfrentam muita dificuldade para instalar uma lombada, e, comparado a um *woonerf*, é apenas um esparadrapo em uma ferida aberta, uma solução concebida a partir da perspectiva do motorista.

Assim como acontece com os semáforos, membros do público precisam pressionar os jornais locais e membros do Executivo local se desejam a instalação de uma lombada[18]. Você não vai conseguir instalar uma, mesmo que mostre que 15% dos motoristas excede 39 km/h em uma área onde o limite de velocidade é de 30 km/h. Isso não é considerado suficientemente perigoso.

O último exemplo vem do novo bairro de Marco em Ede, onde outros pré-requisitos-chave para um "bairro couve-flor" seguro também estão desaparecendo.

Professor de Ciclismo @fietsprofessor

Embora as ruas terminem em becos sem saída, elas são muito largas, e um amplo espaço foi fornecido para estacionar e sair das vagas de estacionamento. O limite de velocidade para os primeiros quinhentos metros da via de acesso ao bairro é 50 km/h. Isso provavelmente é assim porque um modelo de tráfego diz que isso facilita a saída dos carros das ruas de "ordem superior" de fluxo mais rápido. E é muito mais fácil dirigir com rapidez nos carros de hoje em dia, que são maiores, mais velozes e mais confortáveis do que os seus homólogos de 1980. É provável que haverá um acidente aqui mais cedo ou mais tarde. Então certamente vamos obter uma lombada.

Niek de Boer ficou desapontado quando o princípio de que bairros deveriam ser projetados como lugares onde se pode passar tempo foi abandonado. John Schoorl escreveu: "Ele falou de um 'compromisso miserável, uma caricatura': havia agora uma 'mistura desastrosa de diferentes tipos de tráfego, junto com crianças brincando'." O princípio *woonerf* foi sacrificado pela eficiência e pelo culto à velocidade.

Porém, *é* possível, como essa história histórica demonstra, projetar ruas, praças, bairros, distritos e cidades segundo um modelo completamente diferente – e colocar esses projetos em prática.

Passeando Pelas Margens do Sena

Anne Hidalgo, prefeita de Paris, está tentando transformar uma cidade com vários milhões de habitantes em um lugar onde as pessoas possam voltar a realizar as suas tarefas de forma despreocupada, sem necessidade de viajar em alta velocidade ou de utilizar máquinas pesadas para chegar aos seus destinos.

Essa prefeita não se intimida com a ameaça de congestionamento. No verão de 2016, depois de alguns experimentos, ela fechou uma via nas margens do Sena para tráfego motorizado. Antes disso, essa via tinha acomodado 2.600 carros por hora durante o horário do *rush*. Agora é possível pedalar de novo e passear ao longo do que antes fora uma via asfaltada de duas mãos, aberta na cidade na década de 1960, ou saborear um aperitivo em uma das mesas de piquenique que se encontram por ali.

Peguei emprestado o carro dos meus pais para uma visita a Paris. Apenas um dia antes de partir descubro a existência da "vignette Crit'Air" ou certificado de qualidade do ar. Desde 2016 é obrigatório ter um no seu para-brisa para entrar de veículo motorizado na cidade. O custo (quatro euros) não foi problema. Mas o procedimento para encomendar o adesivo *on-line* – a única forma de adquirir um – levaria dez dias. *Merde!*

Felizmente havia a possibilidade de entrar em Paris sem o adesivo entre as oito horas da noite e oito da manhã. Então fiz arranjos para chegar à cidade de noite, e, uma vez lá, o Citroën Picasso foi direto para o estacionamento, a um custo de 35 euros por dia, a poucas estações do metrô do meu hotel. Quando o alarme soou às seis da manhã no dia da partida, saí da cama xingando: se ao menos tivesse reservado uma passagem do trem de alta velocidade, o Thalys, poderia ter desfrutado de um café da manhã em Paris e ainda ter chegado em Roterdã na mesma hora, e teria me custado quase nada a mais. Agora tinha que sair de Paris antes das oito da manhã – só por causa do certificado de qualidade do ar.

Um ano e meio depois visitei Paris novamente com um amigo e descobri outras formas pelas quais a cidade está tentando quebrar seu hábito de carro. Dessa vez, nós fomos de Thalys. Ao chegar à Gare du Nord, coloco os detalhes do meu cartão de crédito em um terminal bicicletário, e pegamos duas bicicletas de aluguel idênticas.

Agora nós dois temos uma Vélib', palavra que combina *vélo* (bicicleta) e *liberté* (liberdade). A primeira meia hora é gratuita. Você paga um euro para a próxima hora e mais um euro a cada meia hora adicional. Se você troca de bicicleta na próxima estação bicicletário dentro de meia hora, você pode seguir pedalando sem custo. Cada Vélib' é usada em média seis vezes ao dia, e trezentos mil parisienses têm uma assinatura. Esse é um dos maiores esquemas de compartilhamento de bicicletas do mundo[19].

Pouco depois de nossa visita, o sistema entrou em colapso quando uma nova operadora resolveu eletrificar todas as estações de bicicletário. Deu tudo errado[20]; o sistema foi prejudicado por uma série de problemas técnicos. Porém, durante nossa estadia, pudemos ver muitas pessoas andando em Vélibs. Pedalar pela cidade de Paris é emocionante e divertido. A cada cruzamento, pistas de bicicletas sugeridas são demarcadas: linhas pontilhadas do lado direito da rua, com o esboço de uma bicicleta em intervalos. E há sinais de trânsito representando bicicletas por toda parte.

Sinto que sou bem-vinda. Como turista, acho isso bem mais relaxante do que dirigir por aí, tentando encontrar algum lugar para estacionar. Podemos pedalar para quase todos os lugares, e podemos até pedalar na direção oposta do tráfego motorizado ao longo da pista de ônibus, que tem uma dupla função, de pista de ônibus e de bicicleta. Parisienses de bicicleta, tanto com Vélibs como com suas próprias bicicletas, pedalam sem preocupações, deixando o tráfego motorizado parar para eles. Nós pedalamos alegremente de cruzamento em cruzamento, ao longo das avenidas, passando por pequenos cafés que servem expresso e *croissants*; vamos em direção à via sem carros às margens do Sena. Pedalando por baixo das placas atualmente redundantes para o tráfego motorizado, nos encontramos no rio.

Agora, de repente, somos os usuários mais rápidos da via. Muitos terraços de cafés e atividades animadas por aqui. Procuramos uma estação bicicletário, onde oportunamente pegaremos nossa próxima bicicleta no devido tempo. Percebo que o bicicletário não é na calçada, mas na própria via. Um espaço do tamanho de um carro agora acomoda seis Vélibs.

Hidalgo ganhou aplausos e críticas por devolver a margem do Sena aos pedestres. Um grupo de pressão chamado "40 millions d'automobilistes"

("40 milhões de motoristas", um nome que reflete o número de pessoas na França com carteira de motorista) moveu uma ação judicial contra a prefeita, argumentando que suas ações tinham comprometido a mobilidade. Ela foi acusada de ter falsificado os dados para mostrar que o fechamento da via ao longo do Sena tinha reduzido o trânsito motorizado no centro da cidade. Seu número de telefone particular foi compartilhado *on-line* em 2017.

A remoção de uma via pode facilitar a condução mais livre em outros lugares? Um grande estudo de 63 vias e praças fechadas para o tráfego motorizado em várias cidades europeias (principalmente na Inglaterra e na Alemanha) sugere que sim[21]. Em muitos casos, os carros desaparecem de vez, em lugar de serem deslocados para ruas paralelas, diminuindo assim o temido congestionamento.

Hidalgo fez a mesma afirmação, mas a corte discordou, alegando que a pesquisa era inadequada. Porém, medidas reais dos níveis de trânsito antes e depois do fechamento da via ao longo do Sena, anunciadas na semana que o tribunal proferiu sua decisão, indicaram uma redução de tráfego motorizado nas áreas próximas[22].

Seja qual for a situação, Paris oferece a seus residentes amplas alternativas para carros, algo que os modelos de trânsito deixam de levar em consideração. Quando meu amigo e eu pegamos o metrô depois de um concerto, ficamos impressionados com a quantidade de gente que transita por ele. Cinco anos depois que Anne Hidalgo se tornou prefeita, as pessoas fazem duzentas mil viagens a mais de metrô do que antes – todos os dias[23].

Determinada a tomar uma visão de longo prazo, Hidalgo deu continuidade à sua luta. Quando o tribunal negou que houve queda no tráfego motorizado na área em torno da via que foi fechada, ela mudou para uma abordagem diferente baseada em princípios mais fundamentais – a necessidade de proteger a herança cultural de Paris. Ela ganhou a causa: hoje em dia as pessoas podem seguir passeando ao longo das margens do Sena[24].

Em vez de permitir que mais pessoas viajem, Hidalgo quer aproximar seus destinos. Ela está empenhada em organizar Paris segundo o princípio da "hiperproximidade"[25]. As pessoas devem ter o direito de participar em todas as atividades significativas necessárias para satisfazer suas necessidades e desejos sem depender de modos de transporte rápido – essa é a mensagem da "cidade-de-15-minutos"[26].

Tendo ganhado as eleições municipais de 2020, Hidalgo aproveitou a pandemia de Covid-19 para acelerar seu plano de tornar a cidade de Paris uma cidade mais humana. Ciclovias temporárias têm aparecido na cidade toda e fundos adicionais se tornaram disponíveis para infraestruturas similares em distritos periféricos, os *banlieues*. Ela prometeu cortar 72% das vagas de estacionamento nas ruas – isto é, sessenta mil vagas. Seu objetivo final é que as pessoas possam chegar a qualquer lugar em Paris de bicicleta ou a pé: a Cidade Luz como uma colcha de retalhos de "comunidades de 15-minutos", com o Champs-Élysées transformado de avenida em jardim urbano.

Paris reabre meus olhos em relação a meu país. Nas avenidas ao longo do Sena, carros deram lugar a mesas de piquenique. Poderíamos fazer as mesmas mudanças?

O contraste com minha cidade natal, Roterdã, parece particularmente impactante. O túnel sob o rio Maas, que liga as partes norte e sul da cidade, poderia se tornar uma via livre de carros, mas após a reforma é reaberto por uma mulher em perna de pau e uma trupe de atores com dificuldades de aprendizagem. Temos permissão para atravessar o túnel a pé por um dia, para comemorar o fato de que amanhã poderemos correr novamente em nossos carros pelos tubos amarelos reformados.

Porém, aqui também o tráfego motorizado ao redor do túnel diminuiu quando foram iniciados os trabalhos de renovação. A rádio BNR anunciou, "A expectativa é que o bloqueio do túnel de Maas vai causar grandes problemas de trânsito", na noite anterior ao seu fechamento[27]. No dia seguinte, a organização de radiodifusão local RTV Rijnmond noticiou, "A primeira hora de *rush* noturna após o fechamento do túnel de Maas não é diferente do normal."[28]

Algumas cidades holandesas têm optado por colocar os interesses das pessoas acima daqueles do tráfego em algumas áreas. Em Utrecht, o canal em torno do centro da cidade, que foi transformado em uma rodovia urbana e área de estacionamento nos anos 1970, agora está sendo restaurado. Em 2019, Haia inaugurou uma rua de escola inspirada em exemplos de Flandres. A Abeelstraat, onde carros ficavam parados em frente aos portões da escola com seus motores ligados, agora é reservada a ciclistas e pedestres quinze minutos antes de os sinos da escola tocarem até quinze minutos depois[29]. Para garantir espaço suficiente de distanciamento social durante a pandemia de Covid-19, a autoridade local expandiu o projeto piloto para incluir mais uma dúzia de ruas. Um ano mais tarde, começou a tornar essas ruas de escola permanentes, por meio de uma lei de trânsito.

Groningen está em processo de criar "espaço para você". A autoridade local, que fez uma escolha radical nos anos 1970 – um centro da cidade com pouco trânsito –, está decidida a tomar mais medidas ao longo dos próximos anos. Mais carros fora, mais gente dentro. As diretrizes sobre o uso do espaço público, nas quais Marco teve um papel, afirmam: "Nós não adotamos mais uma abordagem unidimensional em relação ao desenho das ruas em que a mobilidade é o único princípio orientador. Em vez disso, a mobilidade vai se juntar à acessibilidade, segurança, percepção humana [significando experiência], saúde, interação social, ecologia, adaptação climática, economia e história cultural ao construir a rua: as dez dimensões da rua."[30]

Antes e depois da recente restauração do histórico canal da região central de Utrecht.

Fonte: Disponível em: <https://www.bouwpututrecht.nl>.

Mas outras iniciativas holandesas que inicialmente achei radicais se tornaram, afinal, a partir de uma inspeção mais detalhada, mais alinhadas com uma "lógica de carros".

Um exemplo é a placa "carros são convidados", que você pode ver em ruas especialmente designadas como "ruas de ciclistas", que são cada vez mais difundidas na Holanda. À primeira vista, é uma boa ideia.

Professor de ciclismo @fietsprofessor
Então pessoas são convidadas em todos os demais lugares nas vilas e cidades? Por que não colocam essa placa na entrada da área construída nos centros urbanos? "Bem-vindos à nossa cidade, onde carros são convidados"?

Planos para reduzir o número de acidentes de tráfego a zero são menos inovadores do que parecem. Veja o Vision Zero, o plano da Comissão Europeia para alcançar zero mortalidade no tráfego até 2050, que é também a meta que a Holanda estabeleceu para si. A iniciativa teve origem na Suécia, pátria da Volvo, carro que construiu sua reputação em torno da segurança.

Vision Zero está começando a se aproximar da meta nos países nórdicos. Helsinki anunciou que não houve mortes devido ao trânsito na cidade em 2019 – pela primeira vez desde que registros começaram a ser feitos[31]. Mas logo se esclarece que as pessoas pedalam e andam relativamente pouco na capital da Finlândia, especialmente crianças[32].

Oslo também quase conseguiu alcançar essa meta em 2019, com apenas uma fatalidade, em um acidente de carro envolvendo uma única vítima. No entanto, a política Vision Zero da Noruega prevê agora que as crianças sejam autorizadas "a andar de bicicleta na calçada". Portanto, as crianças norueguesas têm de evitar o trânsito, e não o contrário. Esse é o objetivo do Vision Zero? Zero fatalidade de tráfego porque não há mais pessoas nas ruas para serem atropeladas e mortas? A despeito dessas medidas, um menino de dois anos foi atropelado e morto em Oslo, em janeiro de 2020, quando os semáforos de trânsito e o de pedestres estavam verdes ao mesmo tempo[33].

Há alternativas. A abordagem adotada pela cidade espanhola de Pontevedra não é salvar vidas, mas evitar a necessidade de fazê-lo. Lá também não há mortes devido ao trânsito, não porque Pontevedra optou pelo Vision Zero, mas porque a administração da cidade baniu a alta velocidade em suas ruas.

O coração medieval da cidade e os bairros circundantes do século XVIII são atualmente livres de carros. Além disso, o limite de velocidade de outros veículos foi reduzido a 30 km/h. Semáforos foram retirados. A ausência de metrô não impediu as autoridades locais de criar um mapa colorido, no estilo dos mapas de metrô. Em vez de estações, o mapa mostra as distâncias de caminhada entre as praças principais da cidade, ruas e lugares públicos de interesse.

Como resultado indireto dessa política, a emissão de CO_2 em Pontevedra caiu 70%, sem que carros elétricos desempenhassem qualquer papel nessa redução[34]. Pontevedra demonstra que você não precisa ter uma política relativa a CO_2 ou Vision Zero se a administração local tem o objetivo de tornar a cidade um lugar que prioriza a vida saudável e a locomoção das pessoas de forma descontraída[35]. Também mostra que pode ser melhor não estabelecer metas unilaterais. Se você corta CO_2 promovendo o uso de carros elétricos, você ainda terá de implementar o Vision Zero e tirar as crianças das ruas para impedir que elas sejam atropeladas. Pontevedra demonstra que é possível alcançar o objetivo de ter ruas mais seguras e de reduzir a emissão de carbono ao implementar uma única solução.

Em outros lugares da Espanha, também há debates a respeito da serventia do espaço público. O planejador urbano Salvador Rueda chama nossa prática atual de "deslocamento": temos deslocado as pessoas e as confinamos em espaços restritos[36]. Pedestres nas calçadas, motoristas nas vias, ciclistas em algum lugar no meio disso tudo – todos separados em diferentes fluxos, exatamente como defendido pela Segurança Sustentável.

Rueda está em processo de criação de *superilles* (superquadras) em Barcelona. Trata-se de bairros livres de carros cujas ruas são, novamente, lugares onde as pessoas podem passar o tempo[37]. São bairros parecidos com os "bairros couve-flor", porém alinhados com a tradição catalã e baseados nos planos de rua da Barcelona do século XIX. E com bancos para os idosos.

▪ ▪

Sob a liderança de um prefeito liberal, a cidade flamenga de Mechelen tem adotado um novo nome para si mesma: *Kinderstad* (Cidade das Crianças). Um dia, dando uma olhada ao redor, vejo um lugar que era evidentemente entregue aos carros em algum momento, e que ainda tem muitos veículos grandes de quatro rodas estacionados nas ruas. Porém, há também "ruas de bicicletas" no centro onde elas têm prioridade, e pais andando em bicicletas de carga são uma visão comum. O local possui cafés adequados às crianças e todo tipo de engenhocas nas quais as crianças podem brincar. Mais longe do centro, há muitos parques infantis e áreas arborizadas projetadas para crianças. Mechelen também tem um Conselho de Crianças, com um Prefeito das Crianças e uma Secretaria das Crianças, que se encontra quase uma vez por mês e orienta o conselho da cidade.

No parque, pergunto a uma mãe o que acha da cidade. Eline van Dort, natural da Holanda, acaba de voltar do México, o país de origem do seu marido. Para ela, "cafés adequados a crianças" é um conceito bizarro. "Aparentemente, aqui temos que rotular um restaurante como 'apropriado a crianças', algo que quase sugere que você não seria bem-vinda em levar seus filhos a outros restaurantes, ou que não lhes seria permitido ficar à vontade neles", ela diz. "Cafés no México não têm características especiais para atrair crianças, mas crianças são bem-vindas lá – são uma parte da vida de um jeito que não são aqui."

Van Dort se mudou para cá não porque ela ouviu dizer que Mechelen era uma "cidade das crianças" e, evidentemente, não foi por causa dos cafés, mas porque a vida nas ruas é melhor para as crianças aqui do que em Bruxelas. É mais tranquila.

Essas iniciativas em outros países, que envolvem devolver as ruas aos pedestres, às pessoas mais idosas e às crianças, contrastam com algumas das inovações contemporâneas que os holandeses estão buscando promover internacionalmente. Essas incluem nossas eficientes "ruas de bicicletas" que são cor-de-rosa (onde bicicletas têm a preferencial), que apenas replicam os problemas com os quais temos familiaridade com carros: por exemplo, as crianças não podem atravessar a rua sem um dos pais para atrapalhar o trânsito, pois as bicicletas agora andam com muita velocidade e em grande quantidade, como motoristas sobre duas rodas[38].

Se pensarmos nisso, até o *chip cone* é essencialmente um meio para agilizar o fluxo de tráfego. Por um lado, era essencial que essa inovação não interrompesse o fluxo de trânsito de veículos motorizados: trata-se de uma inovação baseada no pressuposto de que a rua é uma via de circulação, não um lugar para passar o tempo.

Uma bicicleta como meio de ir de um ponto A para um ponto B com o máximo de eficiência – essa configuração está muito longe do que a pensada quando as pessoas estavam montando o ENWB (o Primeiro, Único, Real ou Justo Touring Club Holandês) e inventando os "bairros couve-flor". Naquela época, a bicicleta simbolizava um mundo diferente: um mundo de independência, equilíbrio, diversão, comunicação aberta e liberdade para o indivíduo que era experimentada sem ser às custas dos outros; um mundo em que John Lennon e Yoko Ono se deitavam na cama com uma bicicleta branca que não simbolizava apenas a solução para o problema de congestionamento no trânsito.

Professor de ciclismo @fietsprofessor
Talvez tenhamos tudo tão organizado aqui e agora com nossas ciclovias separadas que se tornou ainda mais difícil ver como nossas mentes foram colonizadas pelo pensamento da eficiência. Por outro lado, talvez isso nos dê o espaço que precisamos para pensar sobre as desvantagens da abordagem atual de colocar uma ciclovia ao lado de uma estrada.

A Corrida Pelas Ruas de Covid-19

O comentário do Marco voltou à minha memória após a eclosão da pandemia de Covid-19.

Bruxelas foi uma das primeiras cidades a anunciar medidas para dar espaço ao distanciamento social. O "pentágono" – o centro da cidade – foi declarado um *woonerf* ou área residencial com limites de velocidade baixos. Embora ainda fosse possível se deslocar no centro de carro, os motoristas eram obrigados a dar a preferencial para todos os outros usuários das vias.

Essa foi uma mudança política revolucionária: de repente, o espaço público no coração de Bruxelas não era mais de domínio dos carros, e sim das pessoas – independentemente do seu veículo. Você ainda podia circular de carro, porém o foco não estava mais nas vias como canais para veículos motorizados. Os semáforos foram desligados.

Contudo, sob a pressão das queixas, a cidade logo resolveu fazer ajustes no novo plano. Bruxelas está focada agora em se tornar uma cidade de 30 km/h, uma meta também adotada por outras cidades, incluindo Berlim, Colônia e Amsterdã. Isso também soa revolucionário, pois 30 km/h é muito mais seguro do que 50 km/h... mas será que é realmente? Mais uma vez, Bruxelas está focando na velocidade de nossas máquinas. O *woonerf*, em contraste, é um modo de usar o espaço público que coloca as pessoas em primeiro lugar.

E então surgiram as faixas temporárias para bicicletas. Até o final de abril de 2020, o urbanista Mike Lydon havia listado as dez melhores cidades com "ruas de Covid-19" pelo número de quilômetros de pistas de ciclismo prometidas[39].

1. Paris (403,8)
2. Lima (187)
3. Nova York (100) e Portland (100)
4. Oakland (74)
5. Bogotá (49,7)
6. Quito (38,9)
7. Auckland (37,9)
8. Minneapolis/St. Paul (36,8)
9. Burlington (25,8)
10. Milão (22)

Roma seguiu alguns dias depois, anunciando 150 km de novas ciclovias[40], enquanto em Montpellier, França, o prefeito foi filmado a seu pedido espalhando sinais amarelos para marcar ciclovias nas ruas de asfalto de sua cidade[41].

Enquanto isso, Sadiq Khan, o prefeito de Londres, e o comissário de pedestres e ciclistas Will Norman anunciaram: "A via para a recuperação de Londres não pode ser obstruída por carros. Tem que ser uma via pela qual os londrinos podem caminhar e pedalar como parte de um futuro mais verde, mais limpo e mais saudável."[42]

Tudo parecia ótimo. A ideia de que devemos dar espaço público aos ciclistas e não aos carros era a mesma ideia que tinha feito da Holanda "um paraíso dos ciclistas".

No entanto, percebi que nós também temos nossas limitações, à medida que os Países Baixos começaram a sentir-se cada vez mais como o único país onde a Covid-19 não tinha suscitado nenhuma discussão fundamental sobre a utilização do espaço público. Será que isso se deve a termos nos acostumado ainda mais com a ideia de que as ruas existem para tráfego rápido – e por que conseguimos nos adaptar tão bem com essa situação? Comecei a me sentir como uma estraga-prazeres, refletindo mal-humorada sobre o que outros apelidaram de "A Grande Reclamação"[43].

Mas me parece importante compartilhar esta lição da Holanda: embora pistas de bicicleta possam fazer a vida nas cidades melhor, elas também podem facilmente reforçar a ideia de que as ruas são projetadas para tráfego rápido. Se não há debate que discuta para que serve o espaço público, este pode simplesmente se tornar parte da lógica convencional de carros.

Como escreveu Robert Pirsig em *Zen and the Art of Motorcycle Maintenance* (Zen e a Arte da Manutenção de Motocicletas): "Se uma fábrica for demolida, mas a racionalidade que a produziu permanecer de pé, então essa racionalidade simplesmente produzirá outra fábrica. Se uma revolução destrói um governo, mas os padrões de pensamento sistemático que produziram esse governo permanecem intactos, então esses padrões vão se repetir."[44]

A Vista Através do Para-Brisa e o Espelho Trêmulo

Foi Roland Kager que primeiro me ensinou a plena extensão com a qual a lógica de carros tem colonizado nossos pensamentos – mas também como você pode brincar com isso. Faço arranjos para me encontrar com Kager diversas vezes; a primeira foi durante meu projeto "ciclismo *versus* congestionamento", em seu escritório em Groot Handelsgebouw (um prédio comercial) em Roterdã, ao lado da Estação Central. Kager é um analista de dados e pesquisador de transporte multimodal, o que significa que ele tem interesse em tráfego, mas não em carros. "Embora isso em si mesmo reflita a lógica de carros", explica ele. "É como dizer que a Igreja não está interessada em sexo. Não me preocupar com carros, na realidade significa que eles representam uma grande preocupação para mim."

A lógica de carros permeia a linguagem que utilizamos, diz Kager. "Dizemos que o túnel IJ está fechado para a Corrida de Barragem a Barragem, de Amsterdã a Zaandam. Por que não dizemos o contrário – que está aberta para os corredores?"

Ele ressalta: "Falamos de usuários vulneráveis da via, mas eles só se tornaram vulneráveis a partir do advento do tráfego veloz com grandes veículos pesados. Por que não chamamos esses veículos grandes e pesados de usuários *perigosos* da via?"

Trata-se de um jogo divertido, uma vez que você compreende como funciona; é como olhar para desenhos que podem ser lidos de duas formas diferentes. O que você vê, um pato ou um coelho?

Por que as vias próximas às quais você não pode morar, andar de bicicleta ou caminhar são chamadas de "vias principais"? Por que falamos em pistas "segregadas" ou "separadas" para bicicletas, quando, na verdade, são os motoristas que recebem um espaço "separado" só para eles? A linguagem do tráfego instila uma "visão de para-brisa" do mundo, como um especialista belga em mobilidade, Kris Peeters, escreveu uns bons vinte anos atrás[45]. Coloque um par de óculos tingidos de vermelho, e depois de um tempo você nem vai perceber que eles tornam tudo vermelho; isso vai parecer normal.

A linguagem do tráfego, porém, é mais que uma percepção ou um par de óculos. Ela distorce a realidade, como se estivesse olhando através do para-brisa de um carro ou por um espelho trêmulo. Um espelho distorcido altera a forma como você se comporta; você começa a fazer caretas. É assim que a realidade muda, e depois de um tempo nós não percebemos mais a diferença. Um monopólio radical.

Kager se depara com o efeito espelho trêmulo o tempo todo em seu trabalho. "Ele nos impede de ver o que realmente está acontecendo em nossas ruas. Por que falamos em acidentes de trânsito? Como se o ciclista que atropela e mata um pedestre – o que quase nunca acontece – fizesse parte do mesmo sistema que mata pessoas dia sim dia não, que quase sempre envolve carros."

Tráfego, de fato uma palavra curiosa. Segundo o *Oxford Shorter Dictionary*, foi apenas a partir do início do século XIX que ela adquiriu seu significado atual, a passagem de veículos e coisas semelhantes de lá para cá ao longo de uma rota. Um dos significados mais antigos de tráfego são as relações interpessoais.

Mas qual é o significado desse vocábulo no uso cotidiano de hoje em dia? No noticiário, você ouvirá que a neblina densa interrompeu o "tráfego"; que o "tráfego" está parado; que há atrasos no "tráfego" por causa de um acidente; que o "tráfego" está voltando ao normal aos poucos depois de tais incidentes. O que o tráfego significa nesses casos são os carros. Mas parece que diz respeito a todos nós.

"Na Holanda, circulamos com mais frequência de bicicleta, de transporte público ou a pé do que de carro", diz Kager[46]. "Especialmente quando as distâncias são curtas. Porém, não importa se você anda a pé até o centro de sua cidade ou dirige 80 km até uma loja de *outlet*; você será classificado como participante do tráfego do mesmo modo – mesmo que o fato de dirigir 80 km tenha um impacto incomparavelmente maior na sociedade do que um passeio a pé até o centro."

Algo peculiar também acontece ao contrário, diz Kager. "Quando multidões ficam presas nas estações de trem por causa de algum problema com os pontos, ninguém diz que o tráfego parou. Nós dizemos 'Não há trens andando entre Utrecht e Haia', e 'viajantes' podem tomar uma rota alternativa via Schipol. Então, os motoristas não contam como viajantes?"

Segundo Kager, o modo como falamos sobre "tráfego" faz com que os carros sejam muito mais importantes em nossa percepção do que são realmente no contexto holandês: o espelho distorcido os amplia. "O problema de tráfego que você queria resolver é um bom exemplo. Apenas 15% dos holandeses ficam presos em congestionamentos a cada semana, e apenas 5% da população diz que se trata de um problema que os atinge pessoalmente. Mas, porque todos nós queremos um sistema de tráfego funcional, 35% dizem que vêm isso como um problema social assim mesmo. Então uma em cada três pessoas aqui pensa que o congestionamento do tráfego é um problema que afeta outras pessoas, embora essas 'outras pessoas' sejam uma pequena minoria."[47]

Certíssimo! Eu tinha classificado o congestionamento nas estradas como um problema nacional porque pensei que era um incômodo para todos. E isso foi por causa da linguagem que usamos. No entanto, para algumas pessoas, a curta viagem de carro do trabalho para casa poderia até se estender mais um pouco. O fato de que isso poderia significar um breve período em um casulo, uma pausa de meia hora entre seu chefe irritante e seus filhos chorões, não tinha sequer passado pela minha cabeça[48]. Porque tínhamos um *problema* de congestionamento.

"E então não há estrutura conceitual para certas coisas", continua Kager. Muitos dos fenômenos que não envolvem carros que ele encontra e pesquisa em seu trabalho como pesquisador multimodal de mobilidade não têm nome. Não são categorias. Isso faz com que seja mais difícil torná-los visíveis em relatórios e trabalhos de aconselhamento para o governo – o que significa que recebem menos atenção e menos financiamento.

É por isso que Kager joga e leva o jogo da linguagem a sério em sua vida profissional.

Ao dar nomes diferentes às coisas, você pode tornar outras coisas mais visíveis e, assim, criar uma nova realidade?

O "Ciclista de Trem"

"Você sabia que quase metade das pessoas que você vê nos trens neste país chegaram à estação de bicicleta ou seguirão suas viagens de bicicleta?", me pergunta Kager durante nossa primeira conversa.

"Agora que mencionou", disse eu, "isso se aplica a cerca de três quartos das minhas viagens de trem."

"Isso não me surpreende. Criei um termo para as pessoas que fazem isso – eu as chamo de 'ciclistas de trem'", diz Kager. "Quantos dos ciclistas que você vê nas vilas e nas cidades você acha que são ciclistas de trem?"

Não tenho a mínima ideia. Um em cada dez?

"Um em três. Então, se metade de todos os passageiros de trem são ciclistas de trem e um terço de todos os ciclistas nos centros das cidades são ciclistas de trem, por que 'ciclista de trem' não é uma categoria oficial em pesquisas de mobilidade?"

Se você está viajando para um vilarejo ou cidade na Holanda, a combinação de bicicleta e trem é uma forma rápida de chegar ao seu destino, e frequentemente uma alternativa competitiva ao carro. É simples: você cobre a maior parte da distância em velocidade máxima, e pode pedalar os primeiros e os últimos quilômetros usando um modo de transporte ideal para acesso local.

Uma das razões pelas quais tantas viagens são feitas de bicicleta na Holanda, diz Kager, é o fato de que bicicletas são muito úteis para se conectar aos trens. E os trens holandeses são usados com bastante intensidade porque muitas pessoas andam de bicicleta. Isso torna tudo mais flexível. "Nas cidades grandes, quase sempre você tem uma escolha entre várias estações se você tem uma bicicleta para chegar lá. É por isso que muitas pessoas optam por ser 'ciclistas de trem' – por que é uma forma mais prazerosa de viajar, você faz seu exercício diário, pode observar as pessoas, pode ter encontros inesperados e tem tempo para leitura ou para a mídia social no trem."

A textura de nossas vidas, a aparência de nossas cidades e a natureza de nossa mobilidade são intimamente inter-relacionadas, resultando em um modo de vida típico de vilas e cidades holandesas, muito diferente daquele de outros países como Bélgica e França, onde a grande maioria das pessoas precisa dirigir até os hipermercados localizados fora de suas cidades. E é bem diferente dos Estados Unidos, onde um terço das pessoas come diariamente em lugares de *fast-food*, muitos dos quais estão localizados em cruzamentos de tráfego e são accessíveis apenas de automóvel[49]. Muitos holandeses habitantes dos centros urbanos podem fazer suas compras no caminho da estação de trem para suas casas – uma tendência crescente.

"O que você vê no centro das cidades hoje em dia, assim como em *campus* das universidades e ou na 'milha financeira' de Amsterdã", diz Kager, "é que, embora nessas regiões haja mais residências e empregos, o número de viagens feitas de automóvel está de fato diminuindo. Os engenheiros de trânsito presumem que mais residências e empregos vão automaticamente levar a mais trânsito motorizado: esse é o resultado produzido por seus modelos, afinal. Porém, a urbanização está tendo um impacto muito mais radical. As pessoas nas áreas urbanas estão pedalando e andando cada vez mais, e estão optando cada vez mais por pegar o trem em vez do carro para sair da cidade, a despeito de todo o investimento que tem sido feito em infraestrutura para carros." Isso, por sua vez, explica o aumento do número de ciclistas de trem, que se tornam mais numerosos a cada ano que passa. No entanto, o termo é uma novidade para mim.

▪ ▪

Assim como considerava os engarrafamentos um problema porque ouvia falar muito sobre eles, falhei completamente ao não perceber os ciclistas de trem enquanto grupo, embora eu mesma fosse uma ciclista de trem ativa. Foi assim que acabei focando em rodovias para bicicletas como uma alternativa aos carros, em vez de uma combinação de bicicletas e trens.

Não estou sozinha. As Ferrovias Holandesas e a ProRail (responsáveis pela infraestrutura de ferrovias) estão impressionadas com a popularidade das bicicletas no transporte público. Estas continuam a quebrar novos recordes de aluguel a cada ano. No entanto, o *site* holandês de planejamento de viagens 9292.nl ainda não oferece itinerários porta a porta que incluam bicicletas. O *site* das Ferrovias Holandesas agora permite que você indique se planeja chegar à estação ou seguir sua viagem de bicicleta, mas primeiro é necessário marcar a caixa apropriada.

Pessoas de outros países frequentemente se sentem inspiradas pelas suas experiências agradáveis em vilas e cidades holandesas, diz Kager, e percebem que o transporte combinado de trilhos e bicicletas são a razão disso. "Os holandeses que viveram fora do país por um tempo muitas vezes percebem isso pela primeira vez quando voltam para cá. Gostamos de viver assim, mas quase nunca colocamos isso em palavras."

Tive essa experiência na minha volta de Moscou. Era tão mais fácil andar de bicicleta ou pegar um trem na Holanda; não havia estacionamentos para bicicletas nas estações ferroviárias russas.

Estou fascinada pela história de Kager e escrevo um artigo com o título: "Conheça os Viajantes Que Acabaram de Receber um Nome – Ciclistas de Trem." E mais uma vez percebo como novas palavras podem mudar a realidade.

Recebo um *e-mail* do deputado flamengo Dirk de Kort. Ele leu o artigo sobre ciclistas de trem e quer mais informações. Eu o coloco em contato com Roland Kager. Eles conversam durante um longo tempo, compartilhando estatísticas e experiências, e depois De Kort incorpora "ciclistas de trem" ao seu vocabulário político. Ele cria outra variante que eles têm em Flandres: "ciclistas de ônibus".

Meio ano mais tarde, o assistente de De Kort me envia um comunicado de imprensa com a seguinte frase: "No parlamento flamengo, Dirk de Kort apoiou uma expansão do programa Blue-Bike (Bicicleta-Azul) em Flandres para apoiar ciclistas de trem e ônibus. O ministro Bem Weyts deu uma resposta positiva." A Bicicleta-Azul, uma bicicleta do transporte público belga, recebeu mais um milhão de euros, uma soma significativa.

Kager tornou visível um grupo de viajantes invisíveis, e deu a eles um nome. Agora eles constituem uma categoria oficial, e políticas que os levam em conta estão sendo ativamente desenvolvidas. Kager segue brincando com novas categorias. E se você dividisse os motoristas em quatro grupos: um quarto que dirige com mais frequência, um quarto que dirige menos frequência, e dois intermediários? Ele tem estudado essa nova categorização em Eindhoven: "O que podemos observar é que 25% daqueles que mais usam os carros são responsáveis por dois terços do tráfego de veículos motorizados da cidade. Então agora podemos ter uma discussão significativa: as autoridades locais deveriam facilitar as coisas para eles? Ou deveriam fazer mais pelos 75% que utilizam menos os carros ou os utilizam bem pouco, e levar mais em conta seus desejos em decisões que afetam a cidade?"

Imagine uma situação em que um quarto das pessoas que moram em uma rua produz dois terços de todo o lixo dos recipientes de reciclagem, de modo que esses recipientes estão sempre transbordando. As autoridades locais deveriam fornecer mais recipientes? Elas deveriam empregar mais lixeiros? Ou deveriam fazer algo bem diferente? Em que tipo de cidade você quer morar?

Enquanto Isso, de Volta à Cidade de Lego

A mesma questão emerge no mundo dos brinquedos: que tipo de cidade você quer?

"Há bicicletas em conjuntos de Lego", diz Marcel Steeman, que ocupa uma cadeira no Conselho Provincial do Norte da Holanda durante as horas de trabalho, e que também é um pai e fã de Lego. "'Mas onde estão as ciclovias?', meu filho perguntou. Isso me fez pensar. Andar de bicicleta é algo corriqueiro para nós. Entretanto, ao mesmo tempo, achamos normal que não haja ciclovias na Cidade de Lego."

Depois que as postagens a respeito desse assunto renderam milhares de curtidas nas redes sociais, e as pessoas desenterraram seus antigos conjuntos de Lego e descobriram que os modelos mais antigos reservavam muito menos espaço para os carros, Steeman decidiu mandar para a Lego Ideias um projeto incluindo ciclovias. Em três meses, ele coletou 10 mil assinaturas em apoio a esse projeto. Uma vez que se consiga essa quantidade de apoiadores, seu projeto é elegível para ser produzido e distribuído mundialmente pela Lego.

No entanto, foi uma grande luta, diz Steeman. Seu projeto foi rejeitado diversas vezes porque a Lego afirma abster-se de declarações políticas. Mas a falta de uma ciclovia na Cidade de Lego não é em si mesmo uma declaração política?

Outro problema era que o projeto tinha que corresponder a padrões internacionais, para que pessoas no mundo inteiro pudessem compreendê-lo. Enquanto Steeman estava desenhando o novo conjunto, ele descobriu quão complicado era tudo isso; há tantas regras diferentes em ciclovias. Uma ciclovia é separada ou não é, ela é vermelha (como na Holanda), azul (como na Dinamarca) ou verde (como na Alemanha)?

Enquanto ciclovias sumiram discretamente dos conjuntos de Lego nos anos 1980, é difícil restabelecê-las agora que todos os carros Lego são dois pinos mais largos e há tantos regulamentos diferentes a serem levados em consideração. É como o mundo real. As vilas e as cidades com infraestrutura de ciclismo na Holanda, Dinamarca e Alemanha são exceção, enquanto as sem ciclovias continuam sendo a norma.

A Rua Como Lugar de Convívio

Prioridade Para as Crianças! foi absorvida pela Segurança no Trânsito da Holanda depois da fusão forçada e desapareceu. No entanto, seu princípio subjacente, a ideia de que a rua é um lugar onde as pessoas podem conviver, ainda está por aí.

Eles estão de volta – Janneke Zomervrucht, Jan Torenstra e outros cerca de dez veteranos, incluindo ainda gente da Associação de Pedestres. Eles criaram uma fundação com a mesma meta que sempre tiveram: a de assegurar que continuemos a ver e a conceber nossos espaços públicos como lugares para passar o tempo, e as nossas ruas como ruas para as pessoas. É por isso que a organização deles agora se chama MENSenSTRAAT (RUA e HUMANO ou Rua Humana). "Uma rua onde o foco está em passear por aí de forma relaxada e conhecer outras pessoas. Uma rua atraente, segura e inclusiva... Ruas agradáveis, adequadas para seres humanos, muitas vezes não se materializam... porque não há pessoas comuns nas pranchetas como partes interessadas. Isso precisa mudar", escreve o jornal diário *Trouw*[50].

Assim como nos dias de Prioridade Para as Crianças!, a fundação concentra seus esforços em nível administrativo no departamento governamental relevante, explica Zomervrucht. MENSenSTRAAT também tenta obter uma cadeira na mesa de consultas onde o engenheiro de trânsito é muitas vezes o único perito presente – para deixar claro que, embora digamos que um veado atravessa uma estrada, poderíamos igualmente dizer que uma estrada atravessa um bosque de veados.

"Há cátedras em engenharia de tráfego, você pode estudá-la como disciplina", diz Zomervrucht, e penso em Marcus Popkema, que me contou como a profissão se desenvolveu nos anos 1950. "Mas o que poderíamos chamar de engenharia da habitabilidade urbana ainda não desenvolveu o mesmo fundo de experiência profissional."

É aí que MENSenSTRAAT está tentando fazer a diferença. Os resultados iniciais são encorajadores. Uma plataforma consultiva chamada Ruimte voor Lopen (Espaço Para Caminhar) foi criada em 2019, em cooperação com a associação dos caminhantes Wandelnet, e mais de trinta órgãos governamentais, instituições com expertise relevante e outras organizações sociais. "Também pedimos ao Ministério de Infraestrutura para nomear alguém responsável pela caminhada como meio de transporte", diz Zomervrucht. Há alguém agora – Filip van As, um ex-membro do executivo local de Zwolle. Ele administra o programa de Política para Pedestres e também coordena o Espaço para Caminhar de dentro do ministério.

MENSenSTRAAT não está sozinho. Outros estão observando o que acontece se você assumir que as ruas não existem para o tráfego, mas para as pessoas: em Groningen e Amsterdã, as cidades que fizeram as maiores mudanças nos anos 1970, mas também em Roterdã. Aqui, dois homens na casa dos trinta anos, Jorn Wemmenhove e Lior Steinberg, criaram uma consultoria para transformação urbana com outro nome "humano" – Humanidade. Sua meta é criar ruas que satisfaçam uma série de necessidades humanas, e não apenas as dos viajantes que precisam chegar rápido no trabalho.

"Queremos conectar a base de dados que contém os endereços residenciais de todas as crianças em idade escolar primária em Roterdã com uma base de dados das escolas primárias da cidade", diz Steinberg, entusiasmado, "e então garantir que haja ao menos um percurso ao longo de uma calçada contínua desde cada casa até a escola, para que as crianças não tenham que atravessar nenhuma via."

Estamos em um café terraço em frente à Estação Central de Roterdã. "Soa radical, não é?", diz ele. "Mas a única coisa que teria de fazer seria elevar algumas faixas de pedestres para o mesmo nível das calçadas que elas conectam, e instalar algumas rampas de cruzamento de rua. Isso poderia ser feito em todos os lugares de Rotterdam em apenas cinco anos!" Se isso se concretizasse, meus filhos conseguiriam chegar sozinhos ao parquinho do outro lado de nossa rua. "Legal!", respondo.

Mas então descubro como é difícil continuar quando você tenta colocar uma ideia como essa em prática. Por exemplo, lombadas em vias com limite de velocidade de 50 km/h constantemente enfrentam a resistência dos serviços de emergência, que não conseguem alcançar a meta que impomos a eles – atender chamadas de emergência em quinze minutos – se precisarem lidar com lombadas.

Um ano depois, Steinberg me dá um relatório do progresso sobre sua ideia de ruas conectadas por calçadas. Ele e Wemmenhove apresentaram seu plano para mais calçadas em toda a cidade, com seções de via para tráfego motorizado entre elas, em uma consulta convocada pela autoridade municipal de Roterdã acerca das áreas ao redor das escolas. Como resultado, duas escolas de Roterdã receberam permissão para realizar um experimento de segurança no trânsito de quatro meses que envolve mudanças temporárias na disposição da área em seu entorno. Isso está definido no Mobility Climate

Deal (Acordo de Clima e Mobilidade), um documento com a imagem de um caminhão com tomada elétrica no topo de cada página.

Steinberg continua otimista. "É sempre assim! Toda grande ideia é reduzida a um experimento de pequena escala, e você deve tentar tirar o máximo de proveito dessa experiência." Wemmenhove concorda. "É muito bom em Roterdã, sabe. Você consegue fazer as coisas rapidamente por aqui, pois estão acostumados com mudanças."

Eles estão batalhando para recuperar a cidade dos carros, metro por metro. Acabaram de instalar um *parklet* com as cores do arco-íris – um banco temporário cercado por vasos de flores – em frente ao Ferry, um bar gay na rua Westblaak. "Assim que colocamos as flores, uma abelha pousou em uma delas", diz Wemmenhove. "A natureza se adapta rapidamente. Agora a autoridade local quer remover uma fileira inteira de vagas de estacionamento e substituí-la por uma nova área verde."

Tenho outra oportunidade de ver como os moradores de Roterdã estão interessados em fazer as coisas diferente quando começo a frequentar as reuniões de segurança no trânsito em meu bairro. Os funcionários públicos envolvidos estão ávidos por testar novas ideias, e as autoridades locais têm um orçamento para projetos experimentais. O que está faltando no momento é um número suficientemente grande de cidadãos prontos para tomar a iniciativa, pessoas comprometidas que querem ajudar a moldar seu ambiente local. Pessoas dispostas a protestar, a tomar as ruas, a fazer cartazes – a brigar contra novas estradas ou empreendimentos que estragam a área em que eles vivem. Os funcionários públicos no meu bairro estão tentando encontrar "sementes para semear", e dizem especificamente que estão em busca de uma nova linguagem, de novas imagens.

"Quando a nova área verde foi discutida pela primeira vez", diz Wemmenhove, "a autoridade local percebeu que a área da Westblaak não *precisa* ser uma via de passagem." Em vez disso, está prestes a se tornar uma área onde as pessoas podem passear à vontade, assim como as margens do Sena.

Construa uma cidade em torno do carro e você terá motoristas. Mas, se você constrói uma cidade em torno das pessoas, você terá pedestres, ciclistas e crianças nas ruas[51]. Há atualmente uma discussão em andamento em Roterdã sobre como reintroduzir mais áreas verdes para que seja mais agradável passar o tempo na cidade, menos escorregadio no inverno e mais fresco no verão. Há um afastamento dos fluxos de tráfego tranquilos em direção a "lugares de apego"[52]), a rua como um lugar de convívio. E cada vez mais lugares de apego estão surgindo.

No bairro de De Pijp em Amsterdã, onde as pessoas vivem próximas umas das outras como era a norma antes da chegada dos carros, a roda parece ter dado uma volta completa. Ao fornecer vagas de estacionamento para os residentes em uma garagem subterrânea nas proximidades, permitiu-se que as primeiras ruas se tornassem livres de carros, com apenas estacionamento para bicicletas ao nível da rua. Parece maravilhosamente antiquado e maravilhosamente moderno ao mesmo tempo; você pode brincar de pega-pega como antigamente, ou correr na rua atrás de um Pokémon. Isto é, desde que os ciclistas locais não pedalem em uma velocidade antissocial.

Muito da resistência a essas mudanças é resultado do espelho distorcido invisível. Em um novo bairro de Amsterdã, Haven-Stad, a proporção de vagas de estacionamento para residências está sendo reduzida para três vagas disponíveis a cada dez residências. A mesma norma também vai ser aplicada na área do Canal Merwede de Utrecht, não longe da Estação Central de Utrecht: os planos de um novo bairro com capacidade para 12 mil pessoas não incluem vagas de estacionamento no nível da rua. Os novos residentes precisão se comprometer com a mobilidade compartilhada, usando um aplicativo local para reservar um carro que faça parte de uma frota compartilhada. "É realmente aceitável impor tais requisitos em uma área tão desejável?", escreve um banqueiro em resposta a uma das postagens de Marco sobre o novo plano de Utrecht.

"Boa pergunta", responde Marco, "mas curiosamente, isso é algo que ninguém pergunta quando um novo bairro com uma taxa de 1,7 vaga de estacionamento é erguido ao lado de uma estação intermunicipal."

É justo querer construir uma Cidade de Bicicletas onde pessoas dependentes de carro não podem morar? Uma preocupação genuína é que ela exclui quaisquer pessoas fisicamente dependentes de um veículo de quatro rodas: aquelas com deficiências físicas e idosos com restrições de mobilidade.

É justo construir Cidades de Carros no resto do país, onde qualquer um que não tenha um carro – mais de metade da população holandesa, incluindo todos os menores de dezoito anos – é obrigado a abrir caminho para os carros? Quando os holandeses fazem mais de metade de suas viagens sem carros?

Mobilidade Como um Bem Comum

E se não dependêssemos de companhias e todos os modos de transporte fossem compartilhados entre o público em geral?

Há atualmente um pressuposto tácito, especialmente entre as *startups* visando melhorar a acessibilidade nas cidades, de que as pessoas são consumidoras dispostas a pagar por assinaturas que possam atender às suas necessidades de transporte. Isso é conhecido no jargão de transporte como "Mobilidade Como Serviço" (MaaS). Um serviço de táxi que você pode chamar pelo aplicativo é um exemplo perfeito disso.

Em minha primeira de viagem de Uber, em Amsterdã, percebi que o motorista tinha colocado uma garrafa de água no assento de trás. Mais tarde me dei conta de que é exatamente isso que significa "Como Serviço" – máximo serviço a custo mínimo. Inicialmente, me sentia como se estivesse em um filme de Hollywood. Mas depois me ocorreu que o motorista colocou a água ali para receber uma boa avaliação sem termos que conversar um com o outro. Afinal, com quem eu estava fazendo negócio quando paguei pela corrida via aplicativo? Com o motorista de táxi ou com a equipe de Uber dos Estados Unidos? Ou com outra pessoa ou empresa? Isso se mostrou um tanto quanto nebuloso para mim. A Uber recebe parte de seu financiamento de um sheik do petróleo saudita[53]. E incorre em prejuízos de bilhões de dólares a cada ano[54].

Swapfiets, uma empresa holandesa que também opera na Bélgica, na Dinamarca, na França, na Alemanha e na Itália, é outro bom exemplo de mobilidade como serviço. Você pode fazer a assinatura de uma bicicleta, e, se houver algum defeito, a Swapfiets vai até o local em que você está com a bicicleta defeituosa a fim de trocá-la por outra. As condições para a efetivação dessa troca estipulam que você deve ser capaz de comprovar que manuseou adequadamente a bicicleta se algo der errado. A bicicleta não é sua. Em última instância, você depende do investidor, Pon, a empresa que importa Volkswagen e que é dona da marca de bicicletas Gazelle[55]. Os sistemas de bicicletas oBike e Mobike (com sede em Singapura e China respectivamente) provaram ser menos bem-sucedidos, mostrando o que acontece quando uma empresa de plataforma faz seu dinheiro atraindo capital de risco, em vez de se comprometer com um serviço de longa duração no mundo real. Em cidades europeias, as bicicletas quebraram ou foram jogadas em cursos d'água ou penduradas em postes de iluminação. A oBike entrou com pedido de falência em 2018, com muitos usuários relatando dificuldade em reaver os depósitos que fizeram por meio do aplicativo oBike. A Mobike parou de prestar serviços em muitas cidades europeias e agora reapareceu como um serviço de aluguel de bicicleta elétrica sob um nome de marca diferente.

Há alternativas a esse modelo? Anna Nikolaeva, professora de planejamento urbano na Universidade de Amsterdã, está desenvolvendo um conceito de "mobilidade como um bem comum"[56]. Enquanto a meta de mobilidade como serviço é maximizar a facilidade e o conforto, a meta de mobilidade como um bem comum – um bem compartilhado por um grande número de pessoas – é que você consiga organizar o modo pelo qual se desloca independentemente de empresas, mas em cooperação com outros. O plano das bicicletas brancas desenvolvido pelo Provo de Amsterdã nos anos 1960 é um exemplo, assim como a creche na escola das crianças de Marco, que empresta bicicletas de carga para as pessoas locais.

"Mobilidade é algo que compartilhamos, como o ar que respiramos ou a língua que falamos, e é algo que precisamos para dar sentido à coletividade", diz Nikolaeva. Trata-se de algo mais do que apenas ir de um ponto A a um ponto B da forma mais rápida e confortável possível. A maneira pela qual você organiza a mobilidade também envolve decidir se vai aprender a consertar você mesma a câmera de ar de sua bicicleta ou se vai conhecer e dar apoio à sua oficina de bicicletas local. Concerne se, você como cidadão, vai se envolver na decisão de como as ruas serão construídas por meio de sua participação como membro da associação nacional de ciclismo, ou se você vai tornar suas opiniões públicas ao preencher um formulário de queixa para a empresa de cujos serviços você tem assinatura.

O conceito de mobilidade como algo compartilhado por uma grande comunidade mostra que você não precisa ser um consumidor de plataformas como a Uber, que adquire uma posição dominante reduzindo as próprias despesas a cada novo usuário e que pode sustentar bilhões de dólares em perdas até que ela seja a única operadora restante. Tal como a Uber, a Swapfiets funciona com prejuízo[57].

É possível pensar em exemplos de mobilidade como bem comum além do aluguel de veículos? Nikolaeva menciona o Ring-Ring, um aplicativo que permite que você colecione pontos ao pedalar. Tais pontos podem ser gastos em lojas e comércios locais, de tal forma que o dinheiro gasto seja mantido dentro da comunidade.

Ela menciona ainda o orçamento dos cidadãos estabelecido por Niek Mouter e o economista Paul Koster, oficialmente conhecido como Avaliação de Valor Participativo[58]. Mouter é o filósofo de direito que me explicou quantas mortes no tráfego a construção de uma nova rodovia ou o aumento de velocidade máxima em uma rodovia podem custar. Para o orçamento dos cidadãos, Mouter e Koster pediram às pessoas de Amsterdã que dividissem o orçamento limitado disponível para os transportes da região entre vários projetos de construção, tal como se faria no orçamento doméstico de uma casa[59].

O que descobriram por meio desse experimento foi que se as pessoas forem abordadas não como consumidoras, mas sim como cidadãs, como membros de uma comunidade, elas se tornam mais inclinadas a escolher projetos que são bons não apenas para elas mesmas, mas para a comunidade em geral. As decisões envolvidas podem ser difíceis e pode haver vidas humanas em jogo. "No contexto desse experimento, também é possível optar por delegar essas decisões difíceis a peritos ou a outros cidadãos se você não quer tomá-las você mesmo", diz Koster.

Descubro um exemplo de mobilidade como bem comum – ou, ao menos, um passo na direção correta – em meu próprio bairro. Chegando em Fietslokaal, a oficina de bicicletas local que utilizo, com um cabo de engrenagem quebrado, vejo cinco bicicletas, todas pintadas de preto e com a palavra "Fietslokaal" em uma fonte estilosa e antiquada. As bicicletas têm pneus verde-claros – um aceno aos pneus azuis da Swapfiets.

O homem que conserta as bicicletas me conta que ele começou um tipo de esquema local de compartilhamento de bicicletas. "Essas são bicicletas que quero alugar principalmente para os moradores locais", diz ele.

"Eles podem fazer uma assinatura por vinte euros por mês, e precisam passar por aqui a cada seis semanas para que eu possa verificar se as bicicletas estão bem." Trata-se de um experimento: ele acha que será particularmente útil para pais com filhos que estão crescendo.

Em teoria, o plano deve oferecer a ele uma renda um pouco mais segura. Ao fazer uma assinatura nesse esquema, você o ajuda a desenvolver o negócio, um pouco como aqueles que apoiam um artista via patreon.com.

"As pessoas não acham um pouco incômodo ter que trazer a bicicleta para você regularmente?", pergunto. É mais barato alugar uma Swapfiets, e a empresa manda uma van para substituir sua bicicleta se há algum problema com ela.

"Então as pessoas podem simplesmente arrumar uma bicicleta Swapsfiet, não é?", retruca com firmeza. O esquema dele tem outras vantagens. Propicia contatos locais, não há necessidade de mandar vans circularem e o dinheiro fica na comunidade local. "Isso ajuda as crianças a cuidarem bem de suas bicicletas", ele defende. Então o serviço não é para o *Homo economicus* que existe em nós, mas para o *Homo faber*, aquela parte de nós que gosta de fazer e consertar coisas juntos.

Mobilidade como bem comum pode ser um modo de libertar os seres humanos da máquina que nosso sistema de mobilidade tem se tornado. Mas como libertá-los da lógica da máquina?

O Duplo Significado de "Tráfego"

Durante minha incursão no campo de batalha por trás de nosso sistema de mobilidade, percebi que fui me sentindo cada vez mais para baixo. Passei algum tempo investigando por que as pessoas agem sem pensar quando estão em carros, dados os perigos. Uma vez, quando estava com fome e cansada, eu mesma dei uma ré rapidamente, sem olhar para trás. Estava irritada com um motorista na minha frente, que estava fazendo uma confusão ao manobrar para fora de uma vaga – e quase atropelei uma mulher em pé atrás de mim no estacionamento.

Será que ficar preso em um espaço apertado dentro de um carro, sem poder ficar em pé, pode fazer com que nos sintamos tão frustrados? Ou será que essa possível frustração vem do fato de passarmos tanto tempo olhando para as costas das pessoas em vez de olhar para seus rostos? É o que diz Tom Vanderbilt em seu livro *Traffic* (Tráfego), descrevendo como dirigir afeta as pessoas. Vanderbilt cita o sociólogo Jack Katz: "Estamos olhando para a parte de trás das pessoas, e não foi assim que os seres humanos foram criados para maximizar suas possibilidades de comunicação." Essa "mudez" faz com que as pessoas se sintam raivosas.

Além disso, ficamos presos em uma máquina que embota todos os aspectos mais refinados de nossa comunicação e amplifica tudo: uma voz é substituída pela buzina, um piscar de olhos é substituído por um piscar do farol, e se você mexe seu pé alguns centímetros seu carro anda vários metros na via.

Além do mais, a velocidade causa excitação em algumas pessoas, o que é viciante[60]. É por isso que as pessoas participam de corridas de carro e gostam de kart, e é por isso que uso a bateria de minha bicicleta elétrica de carga – não consigo evitar. Quanto a Marco, ele é fã da Fórmula 1.

Thalia Verkade @tverka

Aquela sensação de ter o vento atrás de mim o tempo todo é um prazer irresistível. E é divertido andar como um ciclista de corrida, como uma lebre ultrapassando as tartarugas. Mas, no dia seguinte, estou de volta na minha bicicleta normal, pedalando ao lado do meu filhinho, e me sinto ansiosa quando somos ultrapassados por uma... bicicleta elétrica de carga.

Professor de ciclismo @fietsprofessor
Às vezes me sinto assim em minha bicicleta de corrida. Aquela sensação de que tenho uma prerrogativa. O sentimento de que todos e todas as coisas devem ceder diante de mim. É difícil resistir.

Richard Sennett, o homem que rastreou a metáfora da circulação para o tráfego desde 1800, via não o veículo, mas a própria estrada como fonte de crescente irritação. Uma via livre, uma ciclovia de asfalto vermelho livre de obstruções ou trilhos de trem no horizonte – tudo isso são convites para pisar no acelerador, seguir em frente, alcançar seu destino.

Quando Paris era apenas uma cidade de ruas estreitas e sinuosas, atrasos significavam apenas parte do processo de ir de um lugar a outro. Mas, uma vez que largas avenidas foram implantadas, elas automaticamente deram aos motoristas a sensação de que qualquer coisa que estivesse em seu caminho era uma imposição. Sennett pensa que consideramos como inclinação natural o desejo de poder dirigir sem interrupções quando, na verdade, é algo que aprendemos.

Atrasos nas linhas de trem também são percebidos como equivalente a uma crise. Um trem só precisa parar por um momento em um campo de uma região rural para que o maquinista anuncie, "Paramos em um sinal vermelho", e dizer quanto tempo se espera que a parada dure. A Ferrovias Holandesas procura ativamente tranquilizar os passageiros apressados de que ela tem controle sobre o tempo deles, mesmo quando este se esgota: "Os passageiros querem ser poupados de incômodos."[61]

E então tem a raiva na estrada, quando a névoa vermelha desce. Assisto ao trecho de um programa de atualidades com Jan de Vos de Wemeldinge: ao dirigir ao longo de um dique, ele foi ultrapassado por um carro que antes estava dirigindo colado atrás dele. Em seguida, aquele motorista brecou abruptamente. "Fiquei furioso", Jan disse depois. Ele pisou no acelerador e correu atrás do outro carro, até que as rodas do lado direito do seu automóvel desviaram para o acostamento da estrada e o carro foi atravessado pelas pontas de uma barreira de proteção feita de madeira.

Na TV, era possível ver o carro dele espetado como um *kebab*. Por sorte, o espeto não pegou as pessoas dentro do carro. A esposa de Jan, sentada ao seu lado, escapou com um joelho quebrado e costelas quebradas, enquanto sua filha, que estava no assento de trás, sofreu uma fratura no braço.

O prefeito local foi visitar os pacientes e garantiu a Jan que algo seria feito em relação à perigosa barreira de proteção.

Quanto mais rápido dirigimos, menos conseguimos ver o que está ao nosso redor e mais incômodo causamos ao ambiente ao nosso redor. Por exemplo, nunca vejo meu próprio condomínio do trem interurbano enquanto o passamos a toda velocidade. Mas do meu condomínio posso ver e ouvir o trem passar.

Recebo um *e-mail* de um leitor chamado Iwan Nyst. Enquanto estou ocupada escrevendo a respeito dos horrores do tráfego de veículos motorizados, ele começa a me contar sobre uma maneira diferente de olhar para isso. Trata-se de uma nota tão bonita, que eu a li três vezes.

> Entre os 18 e 26 anos de idade, tirei todas as carteiras de motorista existentes: para carros, caminhões e ônibus, incluindo reboques de cada categoria. Quando estava atuando como voluntário da Cruz Vermelha com trinta e poucos anos, tive a oportunidade de receber treinamento como motorista de ambulância. À época, achava que eu era um motorista muito bom e que não tinha muito mais que eu podia aprender sobre tráfego. Acontece que eu estava errado sobre isso.
>
> Em minha primeira aula, meu instrutor, Wim Dekker, me perguntou se eu sabia o que a palavra "tráfego" significava, ou, para ser mais preciso, se eu sabia de onde vinha o termo. Ele disse que tinha a ver com interações sociais entre pessoas. Aquilo me pôs a pensar, pois sugere algo bem mais humano.
>
> E aquela era a mensagem de meu instrutor: como motorista de um veículo que tem a preferencial, com uma sirene e uma luz giratória azul, você tem uma responsabilidade tremenda em relação a todos os usuários de via ao seu redor – à sua esquerda, à sua direita e até atrás de você. As pessoas ficam assustadas ou te enxergam muito em cima da hora. Isso pode levá-las a fazer coisas muito esquisitas ou perigosas.

Cabe ao motorista de uma ambulância cuidar de todos, aceitar responsabilidade por todos, como se você tivesse uma relação social com eles. Aquela lição sempre permaneceu comigo, e tem feito de mim um motorista melhor e até mais cuidadoso.

Às vezes me pergunto como seria se mais pessoas aprendessem essa lição de uma forma ou de outra. Afinal, participar do tráfego é parecido com interagir socialmente com todas as outras pessoas ao seu redor.

Muitas felicidades,

Iwan Nyst

Respondo ao *e-mail* de Iwan: "Muito obrigada, é tão bom saber que há um instrutor de motoristas que ensina as pessoas como tratar os outros com consideração, e não apenas como lidar com o tráfego. Por acaso você tem o contato de Wim Dekker?"

Abaixe os Apoios de Cabeça

Wim Dekker me apanha na estação de trem em Woerden. Ele está dirigindo um Ford Mondeo azul acinzentado, o tipo de carro discreto, mas confiável, que faz um trabalho consciencioso há anos, mas que pode acelerar se for necessário. O instrutor de motoristas dá a mesma impressão – discreto, sólido, confiável, experiente. Ele usa óculos grossos, e sua voz, levemente anasalada, revela que está resfriado. Sento-me atrás do volante, ajusto os espelhos, e lá vamos nós.

"Você não pode errar – só faz de conta que não estou aqui", diz Dekker. Logo estamos descendo uma rua mais estreita e um caminhão se aproxima a uma velocidade considerável. Será que o motorista vai brecar? Ele para abruptamente em cima da hora. Passo cuidadosamente: só há um espaço estreito para o nosso carro. Então saímos em uma via com limite de velocidade que volta a ser de 50 km/h.

"Todos os motoristas têm pressa, de um jeito ou de outro", diz Dekker. "Agora vá para a pista da esquerda." Ele começa a me contar como os motoristas buzinam atrás dele no horário do *rush* de manhã todas as vezes que ele dirige a 70 km/h em lugares em que você pode andar a 80 km/h.

Mas então mais uma vez o trânsito demanda toda nossa atenção: ainda não encontrei um espaço para passar para a esquerda, e temos que sair da estrada logo mais. "Você está sendo polida demais agora. Poderia dar seta e ver se eles deixam você entrar. Não viu aquele cara na van, aquele que estava atrás de você, tentando descobrir exatamente o que você queria fazer? Ele está rindo um pouco. Vamos lá, você consegue. Olha só, ele está com um sorriso largo no rosto agora."

Olho para a van atrás de mim pelo retrovisor e me sinto cada vez mais insegura. Não tinha sequer registrado o rosto do motorista. Toda minha atenção estava focada na van, a distância entre o carro que estou dirigindo e as rodas dianteiras da van, as linhas no asfalto.

"Você olha para os rostos das pessoas?", pergunto.

"Sim, olho para sua linguagem corporal, suas expressões, como se comportam."

Ah. "Acho isso muito difícil", digo. Percebo agora por que dizemos coisas como "o carro bateu na van"; é porque é precisamente isso que vemos, o que percebemos.

Enquanto dirigíamos por Utrecht mais tarde, um carro com um número de placa estrangeiro acidentalmente entra na faixa de ônibus num cruzamento na nossa frente. Um motorista de ônibus segue o motorista até que consegue chegar bem atrás dele.

"Você está vendo o motorista de ônibus sinalizando para o motorista do carro? Ele está bravo, mas está impedindo o motorista do carro a voltar atrás", diz Decker. "É como se estivesse dizendo, 'O problema é seu – se vira.'"

Tão difícil e, infelizmente, tão reconhecível: se outro motorista não cede quando tenho a preferencial, muitas vezes faço a mesma coisa. "Não damos muita folga um para o outro, não é?", digo. "A propósito, você se lembra de ter contado para Iwan Nyst sobre os diferentes significados de 'tráfego'?"

Dekker confirma com a cabeça. Ele aponta para o carro na nossa frente. Agora estamos na faixa da direita, atrás de um carro indicando a esquerda. "Esse é o mesmo caso", diz Dekker. "Ele está na faixa da direita, mas quer passar para a esquerda. Muitas pessoas estão passando à sua esquerda enquanto têm chance – É duro – ele deveria ter passado para a esquerda antes. Mas não o vi olhando pelo espelho retrovisor, apenas para fora da janela à sua esquerda. Então ele está tentando descobrir onde está em relação à saída. Ele não tem certeza se já chegou lá, então deu seta para a esquerda para garantir, para mostrar que pode querer virar à esquerda no próximo cruzamento ou no seguinte."

Mais uma vez, eu não tinha visto o motorista, apenas o carro.

"Então, o que ele está fazendo faz sentido para você?", pergunto.

"Com certeza!", diz Dekker. "Outros motoristas precisam ser capazes de ver que ele está tentando encontrar seu caminho. E deveriam se colocar no lugar dele. Como gostaria de ser tratada se não soubesse exatamente onde você está? E você está preparada para mostrar às outras pessoas naquela situação um pouco de consideração?"

Não, não estou, como acontece quando me aproximo da traseira de um carro numa rua residencial em Utrecht – embora Dekker perceba que o motorista está apenas tentando encontrar seu caminho. "Vamos lá, por que você não deixa um pouco mais de espaço para ele?"

Boa pergunta. Porque meu instrutor de direção me ensinou a não deixar brechas no trânsito e a seguir o fluxo. Olha só, ele está me ensinando uma bela lição – como focar no motorista, não no carro. É bem complicado! Estou impressionada que Dekker consiga enxergar tantas coisas através de todos os reflexos da janela, muitas vezes coloridas, e através de todo o metal que as cerca, e os apoios de cabeça dos assentos de trás. "Sempre abaixo aqueles apoios de cabeça", diz ele.

"Como você consegue ver as pessoas dentro dos carros e eu não consigo?", pergunto.

"É minha idade. Anos de experiência." Ele dá um tapinha nos óculos. "Estou sempre examinando tudo detalhadamente. E insisto em comprar os melhores óculos que meu oculista tem a oferecer."

Dekker ensina suas técnicas para policiais, que precisam atravessar as cidades em alta velocidade e sob condições extremas de estresse. "Eles só podem fazer o trabalho bem-feito se têm suas emoções sob controle. Isso quer dizer que eles têm que estar calmos quando chegam ao seu destino. Então precisam ser capazes de refletir sobre as coisas quando estão a caminho. É por isso que sempre dizemos, 'Calma, estou com pressa.'"

Mas até ele toca a buzina de vez em quando. "No fim da semana, quando tudo fica um pouco demais. Sou só um ser humano. Mas depois posso rir de mim mesmo e tentar levar as coisas de forma mais sossegada."

É muito difícil manter a consideração pelos outros no trânsito. Mas ajuda se o veículo em si e o desenho da estrada ou da rua se adequarem a esse estado de espírito.

Em *Traffic*, Tom Vanderbilt cita Hans Monderman, o engenheiro de trânsito da província do norte de Friesland, que criou a ideia de espaço compartilhado e ainda estava vivo quando Vanderbilt estava escrevendo seu livro: "Sempre digo às pessoas: não ligo se você usa capa de chuva ou um Volkswagen Golf, você é um ser humano, e dirijo-me a você como ser humano. Quero que se comporte como ser humano. Não me importa que tipo de veículo você dirige."

Em Utrecht, Dekker me direciona para a estação ferroviária central. Estaciono o carro dele ao lado de um canteiro de obras de um prédio, atrás de outro carro. Não tem muito espaço, então estaciono bem perto da guia da calçada. Enquanto agradeço Dekker pela aula, aparece uma van que precisa passar por ali, então viro a chave na ignição de novo e manobro o carro desajeitadamente para a frente e para trás, a fim de liberar mais espaço. A van passa.

Dekker diz: "Você está vendo o rapaz na sua frente no carro estacionado?"; "Só consegui ver o carro", respondo suspirando.

"Ele poderia ter ido um pouco mais para a frente para facilitar sua entrada na vaga. Mas ele está olhando no espelho, pensando: o que me importa, vai ficar tudo bem."

Em um Fluxo

Um bosque nas proximidades onde possa passear. Paz. Ar fresco. Um lar onde suas crianças possam brincar na rua sem medo. Onde você possa pedalar para casa depois de entregar comida, sem ser atropelado e morrer. Uma estrada onde as crianças possam pular nela *do nada*, quando estão brincando de esconde-esconde. Estou em outro café terraço em Amsterdã com Marco, tentando juntar todas as coisas que não conseguia enxergar quando ainda estava com meu foco em rodovias para bicicletas e engarrafamentos.

Colocamos nosso papo em dia. Conto para Marco sobre Wim Dekker e a experiência de tentar estabelecer contato humano no tráfego. Marco me conta que está escrevendo um trabalho científico sobre fluxo, aquela sensação de êxtase que as pessoas podem experimentar quando toda sua atenção está no momento, frequentemente levando a *flashes* de inspiração. Há décadas de pesquisa científica sobre o assunto. A teoria foi estabelecida pelo falecido psicólogo húngaro-estadunidense Mihály Csíkszentmihályi[62].

Fluxo também é um termo da engenharia de trânsito. O que Marco está tentando fazer é recuperar a palavra para os seres humanos. "Pouco sabemos efetivamente sobre como processos mentais desse tipo afetam nossa mobilidade, as escolhas que fazemos e nosso comportamento", explica ele. "Não sabemos muito a respeito dos seres humanos em si quando estão indo de um lugar para outro: isso porque temos cada vez mais a tendência a olhar para os seres humanos como se fossem apenas partes em movimento dentro de um sistema."

Não é apenas o zoólogo Frans de Waal ou o escritor Jelle Brandt Corstius que têm ótimas ideias quando estão pedalando. A famosa advogada Bénédict Ficq prepara seus casos legais contra a indústria de cigarros enquanto está andando na sua bicicleta: ela pedala em volta de um parque, gravando suas ideias no celular.

O artista gráfico M.C. Escher estava andando de bicicleta quando teve a ideia para seu *Curl-up* (Enrolar-se), retratando uma criatura imaginária capaz de retrair os pés, se enrolar e virar uma roda. O químico Ben Feringa, ganhador do prêmio Nobel, diz que teve seus melhores momentos de inspiração sobre moléculas enquanto pedalava do trabalho para casa e vice-versa[63].

"Fluxo não é a mesma coisa que ter sua atenção em algum outro lugar", diz Marco. "Trata-se, na verdade, do nível mais alto de concentração, envolvendo uma outra área do cérebro. Imagino que Wim Dekker é outra pessoa que experimenta fluxo, quando ele tem que dirigir depressa, e provavelmente ensina isso a seus alunos."

Quando que as pessoas experimentam fluxo? Marco resume as condições necessárias:

1. É preciso que haja muitos estímulos imprevisíveis.
2. Seu corpo precisa estar diretamente envolvido.
3. É preciso que a pessoa tenha tempo suficiente para focar em algo sem interrupções.
4. Deve haver algum tipo de equilíbrio entre os desafios que você enfrenta e suas aptidões.
5. Você tem que ter clareza do que está fazendo ou saber para onde está indo.
6. O retorno deve ser imediato.

O ciclismo fornece condições favoráveis ao fluxo. "Quando você está sentado ereto no selim – como você faz em uma típica bicicleta holandesa *sit-up--and-beg* (senta ereto e implora) –, seus sentidos ficam bem abertos para seu entorno, então você pode internalizar muitos estímulos diferentes", explica Marco. "Isso significa estímulos do ambiente por onde você está pedalando, as coisas que você vê, cheira e saboreia – mas também estímulo de todas as informações que você está trocando com todas as outras pessoas ao seu redor, quando você está 'negociando' em um cruzamento, por exemplo."

Parece um pouco com a situação de um músico de *jazz* que precisa ouvir com toda atenção para conseguir participar de uma *jam session* com outro artista, diz ele. "Ou como um surfista tentando ficar ereto em uma onda grande. Você precisa do seu corpo inteiro e de todos os seus sentidos, mas você ainda está no controle. Já sabemos que *jazz* e surfe levam a um estado de fluxo. Mas e quanto a se movimentar de um lugar para outro?"

A teoria do fluxo também explica um padrão que não coincide com as expectativas da maioria dos engenheiros de trânsito. Ciclistas nem sempre optam pelo caminho mais curto ou mais veloz – longe disso. Aprendi isso com meus leitores durante o tempo que estava realizando o projeto "Ciclismo *Versus* Congestionamento". A pesquisa com a qual Marcos estava envolvido mostra que ciclistas percebem as rotas com mais variedade com sendo as mais curtas, mesmo quando elas levam mais tempo para eles pedalarem do que rotas mais diretas, porém mais monótonas[64].

Essa é mais uma coisa que a teoria do fluxo explica: sua percepção do tempo muda quando você está em um fluxo. Repetidas vezes, as pessoas contaram para Csíkszentmihályi quão diferente era a percepção do tempo em momentos em que estavam experimentando tanto desafios quanto satisfações. "Tenho certeza de que você sente isso vez ou outra quando está absorta em um *hobby*, num esporte ou tocando um instrumento: com um pouco de sorte, você experimenta isso no trabalho de vez em quando. Esses momentos nos deixam felizes, porque ativam outro aspecto de nós mesmos como seres humanos – *Homo ludens*, a parte da gente que se deleita com a diversão", diz Marco.

E se aplicássemos a definição psicológica de fluxo, em vez daquela da engenharia de trânsito quando projetamos nossas cidades? Desenharíamos as ruas para encorajar tanto o fluxo individual quanto o coletivo, o que poderia aumentar a probabilidade de estranhos oferecerem ajuda ou conversarem uns com os outros[65].

"Não há um tipo singular de pista de ciclismo que seja ideal para o fluxo", diz Marco. "Fluxo é tão multifacetado que só a cidade como um todo pode fornecê-lo, como já acontece em várias cidades holandesas."

Em sua pesquisa científica, Marco tem demonstrado como os estímulos que precisamos para experimentar fluxo estão presentes amplamente em passeios cotidianos em bicicletas holandesas graças a uma larga variedade de ciclovias e outros fatores. Ele e um grupo grande de cientistas europeus submeteram a uma revista científica um trabalho a respeito do resultado do fluxo em viagens cotidianas; a revista rejeitou o trabalho. Um dos pareceristas comentou que, embora possamos experimentar o fluxo se o objetivo da viagem for entretenimento, extrapolar essa conclusão para o deslocamento diário parece pouco plausível. Ir ao trabalho é significativo: quanto mais significativo for o trabalho, mais significativo será o caminho até lá. Chegar em casa provavelmente é significativo também. Mas e o tempo que você passa no trânsito? Não.

Ele tem razão, Marco admite. Não há dados para apoiar o ponto de vista deles ainda. "Essa é a dificuldade quando você quer explorar uma nova linguagem." Então os próprios membros da equipe de pesquisa começaram a coletar dados relevantes. Depois de uma segunda submissão, o trabalho foi aceito e publicado em uma revista científica[66].

Estou pensando em como é estranho que você tenha que ser capaz de provar que viajar é mais do que apenas ir de um ponto A para um ponto B quando, no caminho de Amsterdã para casa, vejo um anúncio pessoal do popular serviço de corações solitários da Ferrovias Holandesas aparecer na tela do meu vagão de trem:

> Você desceu do trem na Estação Central de Amsterdã, e foi amor à primeira vista.
>
> Você estava usando um belíssimo vestido de verão. Nossos olhos se encontraram na Estação Central de Amsterdã, na plataforma 8, onde você desembarcou às 21h09 e eu embarquei no trem para Den Helder. Ainda estou apaixonado por você!
>
> Com muito amor, Vinny

A Voz da Maioria

Professor de ciclismo @fietsprofessor
Alcançamos 50%!!!!!

Thalia Verkade @tverka
Não haverá zona de desembarque?

Professor de ciclismo @fietsprofessor
Não haverá zona de desembarque.

Avaliar a quantidade de apoio para um plano alternativo era incerto, me conta Marco. Decidiu-se que ao menos 50% dos residentes do seu bairro deveriam votar sobre a possibilidade de experimentar transformar a área em frente da escola em um "parque infantil escolar saudável", e que 60% daqueles que votaram deveriam apoiar a experiência para que ela se tornasse realidade.

Caso contrário, a zona de desembarque escolar que os engenheiros de trânsito municipais tinham extraído das diretrizes do CROW seria construída. "Eu tinha ouvido que os números estavam estagnados em torno de 35%, mesmo depois de eu ter dado tudo que pude nas redes sociais – 'Por favor, use o seu voto!' E eu já estive com todo mundo do meu quarteirão."

Então Marco se transformou em Rambo por completo.

> Depois de ter passado um fim de semana com raiva e de ter pedalado alguns quilômetros na minha bicicleta de corrida, pensei – ah, vá para o inferno com isso. Fiz um mapa detalhado com o endereço de todos nele e encorajei aqueles que queriam um parque infantil escolar saudável a ir de porta em porta até que tivéssemos coberto o bairro inteiro. Então descobrimos que as pessoas estavam entusiasmadas – nem um pouco irritadas, na verdade, elas foram muito positivas! Mas pensavam que tudo iria adiante de qualquer jeito, e muitas dessas pessoas já tinham jogado distraidamente seus cartões de eleitor na lata de lixo reciclável de papel.

No fim, 62% dos residentes votaram e 84% deles apoiaram a proposta do parque infantil escolar saudável.

Marco era um radical? Um Rambo? Um ativista? Uma minoria? Um ideólogo?

Você poderia contar nos dedos de uma mão as pessoas que queriam uma rotatória, mas eram extremamente eloquentes e tinham o *establishment* por trás delas. Porém, quatro de cada cinco residentes deram seu apoio à iniciativa de Marco, que também leva em consideração os motoristas, mas não gira em torno deles. Praticamente ninguém deu seu apoio ao plano apresentado pelas autoridades locais, em relação ao qual o único especialista que o defendeu foi o engenheiro de trânsito local, mas não havia ocorrido a ninguém que seria possível se opor a ele.

"Espero Que Você Tenha Sucesso"

Será que há vilões trabalhando? Pessoas que nos aprisionam deliberadamente nesse sistema insalubre que devora espaço e vidas humanas? Essa pergunta fica passando pela minha cabeça.

Quando a ministra de Infraestrutura e Manejo das Águas decide que algumas estradas anteriormente utilizadas como pistas ativas de autoestrada apenas quando o volume de tráfego era particularmente elevado serão agora designadas permanentemente para tal uso – embora um dos órgãos que a aconselha ter acabado de produzir um extenso relatório científico mostrando por que mais asfalto não vai resolver a questão –, é momentaneamente impossível para mim acreditar que não há forças do mal em ação[67].

> **Thalia Verkade** @tverka
> Eu teria de estar muito confusa para atribuir isso à dificuldade dela de enxergar o que está na sua cara.

> **Professor de ciclismo** @fietsprofessor
> Ela está apenas tentando resolver o problema do modo como ela o entende. Gargalos. Lembra daquela sua questão dos engarrafamentos?

Quanta coisa tem acontecido desde então.

Mas podemos realmente ter certeza de que não há vilões? Repasso minhas experiências nos últimos três anos.

A decisão de denominar um novo pedaço de rodovia de "elo perdido" e de "Arco Verde", ou, como uma nova rodovia em Ede, de "Parklaan" (parque avenida), foram escolhas conscientes. Resolver os gargalos por meio da colocação de mais asfalto garante trabalho aos construtores de estradas ao longo da próxima década.

Pedalando desde o meu condomínio, acompanhei um protesto da indústria de construção que seguia pela rodovia: os participantes do protesto usavam máquinas enormes para intimidar o Parlamento em resposta à decisão do Conselho de Estado sobre um projeto de lei cujo objetivo é limitar emissões e depósitos de compostos de nitrogênio. Tratava-se de pessoas com vozes altas que estavam interessadas em manter o *status quo*.

O que sei é que, enquanto Maxime Verhagen foi ministro do governo, ele ajudou um fabricante de automóveis, fez *lobby* a seu favor e até teve o descaramento de ser contratado como consultor em negociações pela mesma empresa[68].

Também sei que Camiel Eurlings, do mesmo partido político, aumentou o número de voos no Aeroporto de Schiphol, ajustando os regulamentos de poluição sonora quando era ministro de Transporte, Obras Públicas e Manejo das Águas, e que mais tarde foi trabalhar para a Schiphol.

Trata-se de pessoas com interesses óbvios que exploraram seu poder para benefício próprio.

É evidente que a Associação RAI (que representa os interesses da indústria automotiva holandesa) e o Real Touring Club Holandês – ANWB – têm estabelecido posições confortáveis como representantes do *status quo*; a Associação RAI goza do privilégio de celebrar seu aniversário em Ridderzaal (o *hall* de cerimônias utilizado para a abertura estatal anual do Parlamento), enquanto a ANWB consegue fazer anúncios sobre engarrafamentos a cada meia hora na rádio nacional – como se fossem organizações neutras, servindo aos interesses do povo holandês como um todo. Também percebo que são as mesmas organizações que pressionam o governo holandês para fornecer subsídios para carros elétricos, incluindo os Teslas de Elon Musk.

E agora percebo que, embora Elon Musk possa ter um interesse genuíno em converter o planeta para veículos elétricos, ele também só quer vender carros, como todos os fabricantes de automóveis. Graças à crise do clima, o futuro da indústria automotiva de fato parece mais seguro do que parecia antes: um novo carro elétrico para todos, subsidiado e apoiado pelos cofres públicos.

Mas você também pode perceber todos esses fenômenos como sendo motivados por convicções bem-intencionadas, por uma crença agora quase incontestável, inconsciente e cega sobre o propósito de nossas ruas e as razões pelas quais nós organizamos a mobilidade.

Afinal, quem contesta o fato de que devotamos tanto de nosso tempo de transmissão pública às "informações sobre o tráfego", também conhecidas como atualizações sobre engarrafamentos? Ninguém.

Por que o nosso governo precisa que o Conselho de Estado publique uma decisão sobre emissões de compostos de nitrogênio para abaixar o limite de velocidade de 130 km/h para 100 km/h, quando os próprios engenheiros de trânsito dizem que os resultados incluirão não apenas menos mortes nas estradas, menos danos para o meio ambiente e menos poluição sonora, mas também menos congestionamentos nas estradas[69]?

Parece que é evidente que as estradas e as ruas existem para o trânsito e que seu objetivo é permitir que os usuários das estradas cheguem aos seus destinos o quanto antes, e que quaisquer objeções que as pessoas possam levantar em relação ao trânsito rápido parecem irrealistas – até para os defensores do ciclismo, cujas demandas principais são estradas e ruas seguras para que todos possam dirigir ou pedalar em velocidade.

O fato de que tudo isso pareça incontestável pode explicar o medo que o governo tem do "motorista furioso", que supostamente se ressente do novo limite de velocidade de 100 km/h. Mas quão real é esse "motorista furioso"? Uma manifestação contra a redução do limite de velocidade foi cancelada porque havia muito pouco interesse[70]. E há muita gente que quer que as coisas mudem. Se o voto realizado em Ede para estabelecer como a população local quer que seja a área em frente da escola pode ser considerado representativo – em um bairro onde a proporção oficial de casa/carro é 1,7 –, então a vasta maioria das pessoas quer algo diferente. Colunistas escrevendo em jornais nacionais que abrangem toda gama de opiniões políticas escrevem artigos furiosos todas as vezes que alguém é ferido ou morto em sua área local[71].

Na verdade, não aceitamos esse sistema de forma alguma. Nós apenas pensamos que sim.

E quanto às diretrizes estabelecidas pela CROW – para quem as estamos implementando, afinal de contas? Quando Marco iniciou sua batalha contra a zona de desembarque escolar, um engenheiro de trânsito local disse a ele em particular: "Espero que você tenha sucesso."

Obrigada, Adultos!

Estou no trem a caminho de Ede novamente. Hoje é um dia especial na escola dos filhos de Marco. Depois da pesquisa de opinião pública, em que a grande maioria da população local votou por um "parque infantil escolar saudável", decidiu-se fazer uma experiência de dois anos que daria a oportunidade à população local criar uma alternativa à zona de desembarque escolar. A autoridade local está de olho nos desenvolvimentos. O experimento não pode causar congestionamento de tráfego. Caso contrário, ele será interrompido e uma zona de desembarque será colocada no seu lugar como originalmente planejado.

Pela primeira vez, as diretrizes usuais podem ser deixadas de lado. Como parte do experimento, os estudantes – desde aqueles da turma dos anos iniciais até os alunos de doze a treze anos – vão fazer um esboço do parque infantil escolar saudável hoje. Essa abordagem foi ideia de um grupo de projeto que inclui Marco, um educador cujos filhos frequentam a escola e um paisagista cujos filhos ainda não chegaram à idade de frequentar a escola, mas já têm seus nomes na lista de inscritos.

Entro em um prédio que já abrigou o escritório dos gerentes quando o prédio ainda era uma fábrica de viscose. Micha Stolzenburg da OBB, uma consultoria de engenharia que projeta parques infantis, está atuando como facilitador. Ele está ocupado explicando o que fazer para um grupo de crianças de oito e nove anos de idade. As crianças recebem alguns materiais prontos para usar: uma folha cheia de uma dúzia de pictogramas representando coisas como tanques de área, um mirante, grama comprida, uma pedra e uma árvore meio estranha[72]. Elas podem recortar o que quiserem e colar em um grande mapa do futuro parque infantil da escola.

Há apenas uma regra. "Vocês sabem o que quer dizer 'flexível'?", Stolzenburg pergunta às crianças. "Dobrável?", sugere uma garota. "Sim, está correto, mas quando algo é 'flexível' também quer dizer que é fácil de mudar. O que queremos dizer aqui é que precisamos poder retirar as coisas se for necessário." Essa regra se aplica à parte da área onde a zona de desembarque foi originalmente planejada. Eles precisam manter a opção de converter a área em vagas de estacionamento se necessário, caso se verifique que há muito pouco espaço em outros lugares. "Então é isso que chamamos de espaço flexível."

"Vocês conseguem pensar em algo que gostariam de ter aqui?", pergunta Marco para as crianças. "Uma piscina!", alguém propõe. "Um campo de futebol!"

"Se não achar o que está procurando entre esses desenhos, pegue uma caneta e desenhe você mesmo no mapa", diz Stolzenburg.

Marco e eu seguimos as crianças enquanto saem primeiro para dar uma olhada no lugar onde será o parque infantil da escola. No momento, há apenas um monte de área em frente ao prédio da cantina da velha fábrica, que vai abrigar a escola nova deles no ano que vem. O diretor Leo Trommel também está dando uma volta por lá. "Esse é um processo realmente fora do comum", ele diz. "Mas é perfeito para essa escola. A pergunta é o que fazer em situações em que parece impossível mudar qualquer coisa. Essa é a situação que frequentemente observamos com nossos estudantes."

Então as crianças começam a trabalhar: as classes de alunos mais velhos estão dentro do prédio principal provisório um pouco mais distante, os pequenos nos prédios temporários pré-fabricados nas proximidades. Um grupo de crianças de nove e dez anos estão trabalhando em um mapa em uma equipe menor de quatro ou cinco pessoas. Uma menina cola o pictograma da "grama comprida" no mapa. "Será divertido caminhar pela grama no verão com as pernas descobertas", diz ela.

Para muitos meninos, o grande sonho é ter o maior campo de futebol possível. Um em torno do qual você possa se sentar, como um tipo de arena. Um número impressionante de crianças quer árvores frondosas. A área na qual brincam no momento está vazia e estava muito quente no verão passado.

Todos, não importa a idade, querem esconderijos.

Usando canetas hidrográficas e folhas de papel em branco, um grupo de crianças de seis e sete anos desenha seus lugares de brincar favoritos. Eles desenham figuras humanas em forma de palitos e escrevem palavras ao lado delas: "trampolim", "gangorra", "lugar de esconderijo".

Algumas combinações interessantes emergem. Que tal ter um "canto de zoológico" e fazer uma horta ao lado para que as próprias crianças possam cultivar a comida dos bichos? Em muitos mapas que os pequenos subgrupos estão preenchendo, o "espaço flexível" se mantém vazio, pois apresenta questões complicadas. Uma menina vem correndo para meu lado e pergunta: "Será que existe um balanço que você possa movimentar de um lugar para outro?"; "Boa pergunta. Provavelmente existe", respondo. Ela hesita. Balanços são bons ou não? Duas das meninas mais velhas pensam que seria ótimo colocar uma rotatória no lugar onde a zona de desembarque estava planejada para ser instalada originalmente – a rotatória serviria para andar de *kart*. Isso seria facilmente deslocado se necessário, não seria?

A classe dos anos iniciais está dando liberdade plena à sua imaginação coletiva. "Inventamos algumas coisas que seria divertido ter; agora dependemos de vocês para ver se são viáveis", diz a professora deles, Jorien. As crianças começam a falar sobre o que gostariam, e um garotinho grita: "Uma piscina, uma piscina, uma piscina!" Ele levanta o punho para o ar. Mais mãos se erguem. "Uma piscina, uma piscina, uma piscina!"

À tarde, as professoras têm uma breve discussão sobre o que elas querem. Estabelecem ao menos uma coisa; o que elas *não* querem são as crianças brincando em frente às janelas das salas de aula dos alunos mais velhos.

Timon, que leciona no último ano do primário, mora não muito longe atrás da escola e gosta de dirigir para o trabalho, copia avidamente o mapa, colocando todas as medidas relevantes em metros. Ele adiciona linhas e cruzes – um campo de futebol aqui, uma quadra de basquete lá, há lugar para aquilo também –, ele os desenha em cima da área reservada para vagas de estacionamento. Olhe quanto espaço há agora.

A área em frente à escola no plano original tinha 740 m², com um estacionamento de mais de 1.100 m². Graças ao experimento, agora há espaço para um parque infantil escolar com uma área de superfície de 1.400 m², pelo menos por enquanto.

Alguns dias depois, Marco me manda os primeiros esboços do rascunho do grupo do projeto. Os planos incluem um esquema de cores inspirado pelos finos tecidos de viscose que antes saiam da fábrica em carroças. Haverá muitos esconderijos. Espaço para futebol. Materiais com os quais as crianças possam construir. Espaço suficiente para ter aulas ao ar livre, à sombra da vegetação. Hortas a serem mantidas em colaboração com moradores locais. Onde seria a zona de desembarque haverá um muro verde móvel, cuja posição vai variar conforme o número de vagas de estacionamento que se façam necessárias.

Não há recursos para uma piscina. Porém, trampolins estão sendo discutidos, assim como uma minirrotatória onde as crianças podem andar de carrinhos de rolimã.

Os nomes de todas as crianças serão pintados no asfalto – com agradecimentos aos adultos por permitirem que elas possam brincar ali.

A área na escola de Marco que estava destinada a ser zona de desembarque para pais que dirigem carros, antes...

… e depois.

Fonte: Marco te Brömmelstroet.

epílogo

qual é o próximo passo?

algumas ideias para a ação

Parecia tão fácil naquela época, quando eu ainda achava que engenheiros poderiam resolver todos os nossos problemas de mobilidade; minha única tarefa era a de acolher com entusiasmo suas soluções, com o benefício adicional de me apresentar como terrivelmente progressista e voltada para o futuro. Uma pessoa que adotava essas soluções precocemente.

Se aprendi alguma coisa dessa jornada exploratória, é que tudo isso depende de uma escolha. Todos têm a liberdade de priorizar rapidez e eficiência em detrimento da justiça e da igualdade no domínio público. Porém, os políticos que assim fazem precisam ser responsabilizados. O *status quo* não é um dado. Tampouco é uma solução neutra em termos de valor. É uma escolha. Aqueles que deixam de questionar a perpetuação do modelo de tráfego existente estão subscrevendo a noção de que o propósito do espaço público é facilitar a velocidade e o fluxo do tráfego.

A morte trágica que Marco testemunhou quando ainda era uma criança de nove anos de idade deixou marcas nele. Porém o impacto dessa tragédia não foi exclusivamente negativo. "É o que me move", diz ele em nosso último encontro antes do lançamento do livro. "Estou feliz de poder falar sobre tais questões em termos de princípios éticos, mesmo que muitas vezes as pessoas achem isso irritante. Esse é o legado da perda na infância."

Falar sobre a tragédia ensinou a ele algo a mais. "Você pode usar uma colisão – ou qualquer tipo de acidente de estrada – para ganhar uma melhor compreensão do nosso sistema de mobilidade. Em alguns casos, isso pode facilitar conversas a respeito de colisões, e pode ser menos doloroso do que você imaginava no começo. Pelo menos essa tem sido minha experiência."

Há momentos em que Marco e eu gostaríamos de poder deixar de ver tudo isso. O conhecimento acerca do que vem acontecendo em nossas ruas às vezes parece uma maldição. Quando uma discussão interessante na rádio é interrompida porque todos temos que ser informados de um hiato momentâneo na máquina do tráfego, após o qual um noticiário apresenta uma solução padronizada: mais estradas, mais trens, veículos mais inteligentes e mais bicicletas; cada vez que ouvimos uma breve notícia sobre mortes ou ferimentos nas estradas, não conseguimos deixar de pensar no impacto terrível em mais uma família – ou famílias, se houve mais de uma parte envolvida.

Quanto a mim, estou aprendendo por meio de tentativa e erro a abraçar o desconforto que as discussões sobre esse tema despertam. Tudo isso demanda esforço, e o progresso é lento. Porém também torna minha vida mais vívida e variada: sem atrito, não há tração. Conversar a respeito de nossas ruas cria novas conexões significativas com todos os tipos de pessoas inspiradoras. A benção é saber que eu tenho o poder de influenciar o desenho e o *layout* da área em que moro. E você também tem.

Abaixo você encontrará uma lista de ideias para ajudá-lo a começar uma ação você mesmo. Dividimos essas ideias em passos que você pode tomar sozinho, como indivíduo; ações que pode realizar coletivamente, com outras pessoas; e dicas para interagir com políticos e representantes da ordem estabelecida.

Atividades Que Você Pode Iniciar Imediatamente, Como Indivíduo

Leve um caderno com você quando sair e escreva o que ouve, vê, sente e pensa. Que mudança você nota? O que essas mudanças significam para você? Como você pode mudar a maneira como encara seu próprio comportamento no que diz respeito a ir de um ponto A para um ponto B? Quais aspectos você poderia valorizar mais e quais menos? O que pode fazer para ajustar suas escolhas de acordo?

Eduque-se Sobre Como Criar Mudanças

- Faça um ou mais dos MOOCS – Massive Open Online Courses (Cursos Abertos *On-line* e Massivos) oferecidos pela Universidade de Amsterdã: "Desvendando a Cidade do Ciclismo", "Narrativas Sobre Mobilidade Alternativa" e "Recuperando a Rua Para Espaços Urbanos Habitáveis ou Ficando Esperto Sobre Futuros do Ciclismo".
- Leia o *e-book* gratuito de Marco, que compõe a base acadêmica para este livro *Movimento*.
- Leia *Metaphors We Live By* (Metáforas da Vida Cotidiana), de George Lakoff e Mark Johnson; *Thinking in Systems* (Pensando em Sistemas), de Donella H. Meadows; *Fighting Traffic: The Dawn of the Motor Age in the American City* (Combatendo o Trânsito: O Alvorecer da Era Motorizada na Cidade Americana) e *Autonorama: The Illusory Promise of High-Tech Driving* (Autonorama: A Promessa Ilusória da Direção de Alta Tecnologia), de Peter Norton; e *New Power: How Power Works in Our Hyper-Connected World* (O Novo Poder: Como o Poder Funciona em Nosso Mundo Hiperconectado), de Jeremy Heimans e Henry Timms.
- Siga e interaja com redes sociais que questionam a linguagem que usamos para falar sobre as ruas, como as de Tom Flood, Charles Marohn, Jan Kamensky e Cycling Professor (Marco).

Você encontrará *links* para todas essas fontes e mais disponíveis em: <https://thelabofthought.co/movement>.

- Reflita sobre e desafie a linguagem que você usa. Pergunte a si mesmo como os pressupostos implícitos que sustentam nossas palavras facilitam nosso pensamento e como limitam as conversas. Que outros tipos de linguagem poderíamos utilizar? Pegue como exemplo as discussões a respeito de abaixar o limite de velocidade. Porque vinte quilômetros por hora (km/h) é considerado "lento"? Será que 20 km/h é realmente lento da perspectiva do pedestre, ou é seis vezes mais rápido do que seu passo de caminhada? Nesse caso, é a perspectiva de quem estamos tomando se descrevemos 20 km/h como "lento"? E por que será que falamos sobre as ruas em termos de limites de velocidade para veículos? Releia "A Vista Através do Para-Brisa e o Espelho Trêmulo" (p. 188). Flexibilidade cognitiva é uma habilidade que você pode desenvolver em conversas sobre qualquer assunto concebível.

- Considere como uma escolha pessoal (como participar em um esquema de compartilhamento de carro, em vez de ser proprietário de seu próprio carro) pode ter efeitos positivos imediatos (como liberar espaço de estacionamento, que poderia então ser usado para criar um jardim ou um parque infantil).
- Compartilhe informações no *site* roaddanger.org acrescentando artigos de notícias sobre colisões e outros acidentes de tráfego com que você se depara na mídia. Assim fazendo, você pode ajudar a aumentar a conscientização em relação a como as pessoas falam e escrevem sobre tais eventos – muitas vezes de maneira desumana, a despeito dos impactos abrangentes, profundos e de longa duração que eles têm.

Inspire Outros

- Vá ao <labofthought.co/movement> e nos deixe saber o que *você* planeja fazer.
- Escreva uma carta ao seu jornal local na qual você expõe suas ideias para ações concretas.
- Leia as seções sobre mobilidade nos manifestos de partidos políticos, e escreva para esses partidos, seu deputado ou membro do conselho local responsável por questões de mobilidade. Que mudanças gostaria de ver implementadas? Você pode fazer isso com outras pessoas ou sozinho, e pode ser mais efetivo como uma abordagem coletiva.

Como Trabalhar em Conjunto Com Outras Pessoas

- Fale com seus vizinhos a respeito de como você gostaria que fosse a sua rua. Aceite que isso pode causar algum constrangimento (acerca de vagas de estacionamento, por exemplo). Fale sobre aspectos positivos que seriam do interesse de muita gente, como espaço para as crianças brincarem livremente. Tenha em mente que sempre haverá algumas pessoas opinativas, mas pode ser que a maioria silenciosa concorde com você (lembre-se do efeito do espelho distorcido). Pode ser necessário um esforço considerável para que as pessoas expressem pontos de vista que contestam o *status quo* – a rua como lugar de tráfego motorizado. Empreste este livro para as pessoas, passe-o adiante ou dê para outras pessoas se achar que isso pode ajudar.
- E se você ainda não conhece seus vizinhos? Que tal criar uma página no Facebook ou um grupo de aplicativo para sua rua e convidar seus vizinhos

para participar, colocando um bilhete em suas caixas de correio ou conversando com eles na rua? Isso poderia se iniciar como uma maneira útil para os vizinhos fazerem perguntas uns aos outros e emprestarem coisas de que precisam. Organize um encontro para os adultos ou um evento de brincadeiras para as crianças na sua rua e pergunte a eles se há outros tipos de atividades de rua dos quais gostariam de participar.

- Tente estabelecer contatos com pessoas como você localmente ou *on-line*. Elas existem. Há outras pessoas com preocupações como as suas por aí. Iniciar uma petição *on-line* é uma maneira muito fácil de encontrar pessoas que pensam como você, caso não tenha ideia de onde procurá-las. Essa é uma das formas mais acessíveis de fazer com que sua voz seja ouvida, como indivíduo e junto com outras pessoas. Participe de associações locais trabalhando em áreas como espaço público, construção comunitária, caminhadas ou ciclismo ou crie uma. Inicie um grupo de leitura. Você se divertirá mais se você se reunir com outras pessoas, e terá mais impacto do que teria como indivíduo.
- Esteja atento a sobreposições com outros assuntos. É provável que alguns de seus vizinhos estejam entusiasmados para discutir a necessidade de áreas verdes ou outras questões significativas relacionadas a como utilizamos as nossas ruas. Dê uma olhada no *Groningen Guideline For Public Space* (Guia de Espaço Público de Groningen, disponível em: <thelabofthought.com/movement>), que se refere a outras nove dimensões além da mobilidade: acessibilidade, segurança, percepção humana, saúde, interação social, meio ambiente, adaptação climática, economia e história cultural. Aprenda a identificar essas outras dimensões e vê-las como um todo.
- Desenvolva algumas ações inventivas e criativas para abrir uma conversa sobre as funções da rua; elas têm um apelo ao público e à mídia local. Para inspiração, veja a conta do Twitter The Monkey Wrench Gang (Disponível em: <https://twitter.com/m_wrenchgang>); reúna-se com outras pessoas para criar algo atraente e inspirador, e desfrute de seus esforços para realizar mudanças, seja qual for o resultado.
- Aceite que você não está correndo uma corrida de cem metros, mas uma maratona – e que é mais fácil seguir adiante como parte de um grupo do que sozinho. Escolha suas batalhas. Embora a frustração impotente vá alcançar poucos resultados, a raiva é uma dádiva – uma fonte de energia e motivação. Agarre-a. Use sua raiva construtivamente e a experimente como fonte de mudança. Faça isso coletivamente.

Dicas de Como Entrar em Contato e Conversar Com Políticos

- Angarie fundos na sua cidade, no seu bairro ou na sua rua para dar cópias deste livro aos membros do seu conselho local, seu deputado e/ou outros políticos locais e funcionários públicos. Em diversas municipalidades holandesas, a edição holandesa deste livro foi utilizada para desencadear discussões e dar o pontapé inicial. Se um grupo de pessoas der o livro como um presente coletivo, o político envolvido se sentirá mais pressionado a lê-lo de fato.
- Faça um esforço para conhecer seus representantes políticos. Deixe claro para eles que a questão de como o espaço público é utilizado é um assunto político, não técnico, o que significa que é o trabalho deles representar nossas perspectivas políticas. Quando for conversar com políticos, funcionários públicos e engenheiros de trânsito, conteste o pressuposto deles de que as ruas precisam ser desenhadas para promover maior fluidez no tráfego: ruas são espaços públicos, e como tal podem ser colocadas a serviço de inúmeros usos diferentes (veja o *Groningen Guideline For Public Space*). Lembre-se de que você terá de reiterar esse ponto muitas vezes.
- Conteste todos os modelos que têm por foco o fluxo do tráfego e o tráfego motorizado, e não se deixe enganar por eles. A maioria de tais modelos não leva em conta as mudanças no comportamento humano (como a possibilidade de um declínio no número de motoristas ou um incremento no número de ciclistas) e tem por pressuposto que viajar de um ponto A até um ponto B é uma desutilidade[I]. Modelos de tráfego não consideram, de modo algum, quaisquer outras funções do espaço público, como fornecer um lugar para a convivência fora de casa, natureza, um ambiente tranquilo, ou facilitar encontros sociais ou diversões.
- Não aceite uma resposta tecnocrática para uma pergunta política. Deixe claro que você quer uma resposta de seu representante eleito para qualquer assunto que afete sua rua: esses são dilemas políticos que não têm uma solução simples, que envolvem escolhas difíceis – não apenas uma questão de maximizar eficiência ou eficácia. Continue reiterando esse ponto, e peça (ou insista) que quaisquer discussões a serem realizadas incluam especialistas nas áreas relevantes (um ecologista, um sociólogo etc.), bem como o habitual engenheiro de trânsito. Certifique-se de que quaisquer discussões nas quais esteja envolvido incluam especialistas representando mais do que apenas uma disciplina. Ao exercer seus direitos como cidadão,

sempre peça para que diferentes tipos de abordagens e especialistas sejam representados.

- Diga ao funcionário público local responsável pela engenharia de trânsito que ele deve encaminhar a tarefa à qual foi incumbido de volta para o nível político se não estiver em uma posição para fazer o suficiente a fim de melhorar a situação na sua rua. Não se contente com um compromisso técnico proposto por um engenheiro de trânsito se não é suficientemente bom e se ele ajuda a evitar uma decisão política. Lombadas e pistas de ciclismo demarcadas apenas com linhas de tinta são bons exemplos. Esses mecanismos realmente ajudam a criar ruas onde ninguém precisa sentir medo? Ou será que eles apenas melhoram um pouco a situação, sem produzir resultados realmente satisfatórios? Será que não reforçam a ideia de que o único propósito das ruas é facilitar o fluxo do tráfego? E, acima de tudo, será que eles ajudam a autoridade local a evitar ter de fazer uma escolha explícita entre o fluxo do tráfego motorizado e ruas humanas onde as crianças podem brincar em segurança sem ser supervisionadas e ir sozinhas para a escola, ou onde idosos incapazes de andar longas distâncias podem se sentir livres para se locomover de forma autônoma?
- Você é um engenheiro de trânsito, ou outro tipo de especialista nesse campo? Se é, ajude a tornar tudo o que foi mencionado acima possível – começando amanhã.

Notas

PRÓLOGO

1 Disponível em: <https://ec.europa.eu/commission/presscorner/detail/en/IP_21_1767>; e <https://assets.publishing.service.gov.uk/government/uploads/system/uploads/attachment_data/file/922717/reported-road-casualties-annual-report-2019.pdf>.

2 Disponível em: <https://decorrespondent.nl/9156/het-grootste-taboe-in-het-verkeer-we-kunnen-elkaar-doodrijden/962726618700-4587f239>.

1 AS RUAS PERTENCEM A TODOS NÓS

1 Disponível em: <https://www.iea.org/reports/electric-vehicles>.

2 Ver Saskia Kluit et al., Rutte III moet de autoforens verleiden de fiets te pakken, NRC *Handelsblad*, 9 maio 2017.

3 Nos EUA, um *pedelec* padrão andava, no máximo, a 25 km/h; um *pedelec* de velocidade atinge até 45 km/h.

4 Ver Nederlander fietst 133 km/u, *NOS*, 15 set. 2013.

5 Ver Bas Blokker, "Fietsers, die zijn als een zwerm s preeuwen", NRC *Handelsblad*, 4 maio 2013.

6 Minha entrevista com Marco na série de artigos "ciclismo *versus* engarrafamento": Door deze fietsprofessor kijk je voor altijd anders tegen het fileprobleem aan, *De Correspondent*, 26 jul. 2017.

7 *Chip Cone* é o apelido de uma sinalização de trânsito horizontal cujo formato lembra a embalagem cônica em que batatas fritas são servidas na Holanda. (N. da T.)

8 J.H. Kraay et al., *Handleiding voor de conflictobservatietechniek* DOCTOR [*Dutch Objective Conflict Technique for Operation and Research*], SWOV/IZF-TNO: Leidschendam, 1986, p. 66.

9 Ver Sanne Stenvert, Verkeer: Sint in de bres voor De Elzen, *Brabants Dagblad*, 25 nov. 2013.

10 São Nicolau é o precursor do Papai Noel e, na Holanda, no dia 5 de dezembro comemora-se o Dia de São Nicolau, quando se fazem procissões e a personagem distribui presentes para as crianças. (N. da T.)

11 Ver Bas Vermeer, Cityring moet veiliger: tweede proef volgende maand van start, *Brabants Dagblad*, 20 mar. 2019.

12 Ver Bas Vermeer, Een "midgetgolfbaan" (à 150.000 euro) op de cityring, *Brabants Dagblad*, 20 mar. 2019.

13 Ver Jesse Frederik, De oplossing voor bijna alles: duurder parkeren, *De Correspondent*, 22 set. 2018.

14 Esses dados foram reportados por Donald Shoup, conhecido como o "pai fundador da economia de estacionamentos", em *Parking and the City*, New York: Routledge, 2018, p. 11. Shoup também fez o seguinte cálculo: se os níveis de propriedade de carros dos Estados Unidos prevalecessem no mundo todo, precisaríamos de espaço para 4,7 bilhões de veículos na Terra – um estacionamento do tamanho da França. Disponível em: <https://parkade.com/post/donald-shoup-the-high-cost-of-free-parking-summarized>. Um fato curioso: em SimCity, não há estacionamentos; todos os carros são estacionados no subterrâneo – o mundo dos videogames seria muito entediante se fosse diferente disso. Disponível em: <https://www.theverge.com/2013/5/9/4316222/simcity-lead-designer-stone-librande-talks-about-building-game>.

15 Valores de 2020, disponíveis em: <https://thomapost.amsterdam/dit-zijn-de-huizenprijzen-per-m2-in-amsterdam/#:~:text=De%20vierkante%20meterprijs%20in%20Amsterdam,de%20top%2025%20duurste%20gemeenten>.

16 Peter Walker, Why Parking Your Car Is Too Cheap (Por que Estacionar Seu Carro É Tão Barato?), *The Guardian* no YouTube, 30 out. 2018. Disponível em: <https://www.youtube.com/ watch?v=V1hg20SngXo>.

17 Esse era o custo de uma vaga de estacionamento em Roterdã em 2019. A autoridade local aumentou o preço consideravelmente em 2020 para €115.20.

18 A zona de desembarque escolar no bairro de Marco é baseada em uma velha ferramenta de TI da CROW chamada *Verkeersgeneratie en Parkeren* (Geração de Tráfego e Estacionamento). Uma nova ferramenta que está sendo desenvolvida terá, provavelmente, maior flexibilidade.

19 Ver Beleidsregeling Parkeernormen auto en fiets gemeente Rotterdam 2018, Municipalidade de Roterdã, 1º fev. 2018.

20 "Nota parkeernormen auto en fiets, 3e herziening, slimmer en beter", Municipalidade de Soest, 26 mar. 2018.

21 "Comfortabel parkeren door NEN 2443", Stichting Koninklijk Nederlands Normalisatie Instituut, 24 fev. 2014.

22 "Infográfico: My, How Big Our Cars Have Gotten!" (Nossa, Como Nossos Carros Ficaram Grandes!), slideshare.net, 13 ago. 2014.

23 Arie Bleijenberg, *Nieuwe Mobiliteit: Na het autotijdperk*, Eburon Academic Publishers, 2015, p. 22-23.

24 Ver Ontwikkeling total aantal kilometers snelwegen in Nederland per jaar, wegenwiki.nl, 1º dez.2019.

25 Ver Edwin van der Aa, Miljarden schade door groeiende files, *Algemeen Dagblad*, 23 out. 2017.

26 Ver Onno Blom, Omringd door snelwegen schiep Jan Wolkers zijn paradijs, *De Volkskrant*, 20 ago. 2018.

27 Gemeenteraad Rotterdam stemt in met maatregelenpakket inpassing A13/A16, Municipalidade de Roterdã, 9 out. 2015.

28 *Nota onderbouwing A13/A16. Onderbouwing van de keuze voor de Rijksweg 13/16 Rotterdam* (Goudappel Coffeng, n.d.).

29 Ver Gert Onnink, Nieuwe A16 Rotterdam moet files rond Rotterdam oplossen, *Algemeen Dagblad*, 3 nov. 2018.

30 *Informatieboekje gebiedstafels A13/A16*, Rijkswaterstaat, 2013.

31 Ver A. Szalai (ed.), *The Use of Time: Daily Activities of Urban and Suburban Populations in Twelve Countries*, Mouton: The Hage, 1972.

32 Geurt Hupkes, Gasgeven of afremmen, *Toekomstscenario's voor ons vervoerssysteem*, Kluwer: Deventer, 1977, p. 262.

33 Ver Peter Peters et al., *Een constante in beweging? Reistijd, virtuele mobiliteit en de Brever-wet: eindrapport*, Ministry of Transport and Water Management, [S.l.], 2001.

34 Annie Ridout, Super-Commuters: A London Salary With Lower Living Costs… and a Beach, *The Guardian*, 11 Aug. 2018.

35 Pierre Kemp, Excuse, *Verzameld werk. Deel* 1, Van Oorschot, 1976. Tradução para o inglês de Fiona Graham.

36 Ver N.C. Henkens; G.W. Tamminga, *Capaciteitswaarden Infrastructuur Autosnelwegen: Handboek, versie 4*, Ministério de Infraestrutura e Meio Ambiente, 2015.

37 Ver H. Schuurman, *Capaciteitswaarden Infrastructuur Autosnelwegen: Handboek, versie 2*, Ministério de Transporte e Manejo da Água, 2002.

38 *Nota Mobiliteit: Naar een betrouwbare en voorspelbare bereikbaarheid*, Ministério de Transporte e Manejo da Água, 2004, p. 33.

39 Ver Personenauto's: Aantal personenauto's neemt verder toe, Estatísticas, Holanda, 2019.

40 Ver Reino Unido, disponível em: <https://www.gov.uk/government/statistical-data-sets/veh02-licensed-cars#licensed-vehicles>; EUA, disponível em: <https://www.bts.gov/content/automo bile-profile>; Austrália, disponível em: <https://www.abs.gov.au/statistics/industry/tourism-and-transport/survey-motor-vehicle-use-australia/latest-release>; China, disponível em: <https://www.statista.com/statistics/278423/amount-of-passenger-cars-in-china/#:~:text=In%202019%2C%20approximately%20224.74%20million%20passenger%20cars%20were%20registered%20in%20>; Total mundial, disponível em: <https://www.carsguide.com.au/car-advice/how-many-cars-are- there-in-the-world-70629>.

41 Ver Nederland telt 1 miljoen lease-auto's. VNA – Vereniging van Nederlandse Autoleasemaatschappijen, Associação Holandesa de Companhias de Carros de Aluguel, 15 fev. 2019.

42 Ver Hans Baaij, De dodelijke asobak, *Follow the Money*, 4 dez. 2019.

43 Ver Arie Bleijenberg, Vijf taboes over mobiliteit, *Verkeerskunde*, 2 out. 2019.

44 Ver Studio Plaats – Bibliotheek referentiebuurten (Studio Bereikbaar, 2020).

45 Sobre a densidade habitacional: ver Lloyd Alter, Cities Need Goldilocks Housing Density: Not Too High or Low, But Just Right, *The Guardian*, 16 abr. 2014. Disponível em: <https://www.theguardian.com/lifeandstyle/2014/apr/16/cities-need-goldilocks-housing-density-not-too-high-low-just-right>.

46 Tweet do professor de ciclismo @fietsprofessor (2 maio 2018).

47 A obra clássica utilizada no departamento de planejamento urbano e regional da Universidade de Amsterdã é de Luca Bertolini, *Planning the Mobile Metropolis: Transport for People, Places and the Planet*, London: Palgrave, 2017.

48 Bert van Wee, Piet Rietveld e Henk Meurs, Is Average Daily Travel Time Expenditure Constant? In Search of Explanations for an Increase in Average Travel Time, *Journal of Transport Geography*, v. 1, n. 2, 2006, p. 109-122.

49 Minister Van Nieuwenhuizen geeft startsein voor aanleg A16 Rotterdam, Rijkswaterstaat, 18 mar. 2019.

50 Tim Verlaan, Mobilization of the Masses: Dutch Planners, Local Politics, and the Threat of the Motor Age 1960-1980, *Journal of Urban History*, 2019, p. 12. Disponível em: <https://doi.org/10.1177/0096144219872767>.

51 Tim Verlaan, *De ruimtemakers: Projectontwikkelaars en de Nederlandse binnenstad 1950-1980*, Nijmegen: Uitgeverij Vantilt, 2016, p. 55.

52 Ver Verkeerspolitie doet aanval op Amstel, Singel en Rokin, *De Volkskrant*, 22 out. 1954.

53 Eva Wolf e Wouter Van Dooren mostram como a metáfora da rodovia como cicatriz é utilizada em Flandres: "How Policies Become Contested: A Spiral of Imagination and Evidence in a Large Infrastructure Project" (Como Políticas Se Tornam Contestadas: Uma Espiral de Imaginação e Evidencia em um Grande Projeto de Infraestrutura), *Policy Sciences*, v. 50, n. 3, 2017, p. 449-468.

54 A comparação entre congestionamento de estradas e a pessoa que sofre de obesidade é baseada em um comentário de Lewis Mumford em *The New Yorker*, 15 out. 1955, p. 166.

55 "Microplastics door slijtage van banden is nauwelijks tegen te gaan" (Plastic Soup Foundation, 4 jul. 2018); e Paola Tamma, Tires Tread on the Environment, *Politico*, 14 May 2018.

2 CUIDADO – CRIANÇAS BRINCANDO

1 Pete Jordan, De fietsrepubliek: Een geschiedenis van fietsend Amsterdam, Nederlands: Uitgeverij Podium, 2014, cap. 2.

2 Veja mais rampas de cruzamento de ruas (referido no filme como "calçadas contínuas") e como funcionam nesse vídeo de Jason Slaughter no canal de YouTube "Not Just Bikes". Disponível em: <https://youtu.be/9OfBpQgLXUC>.

3 Ver Peter van der Knaap, Verkeersveiligheid moet een nationale prioriteit worden, *NM Magazine*, n. 2, 2017.

4 Ficha técnica. 30 km/uur-gebieden, SWOV, 31 maio 2018.

5 A municipalidade de Amsterdã, por exemplo, se refere a *stadstraten* (ruas da cidade), *stroomstraten* (ruas de fluxo) e *verkeersaders* (estradas arteriais), em *Amsterdam Aantrekkelijk Bereikbaar. Mobiliteitsaanpak Amsterdam 2030*, Municipalidade de Amsterdã, 2013, p. 60.

6 Ver Tara Lewis, Rotterdam wil het stadsverkeer hufterproof maken, *NRC Handelsblad*, 28 jan. 2020.
7 Ver Tjitte de Vries, "Meneer Correct" is verbaasd over zijn eigen succes, *Het Vrije Volk*, 13 fev. 1988.
8 Ver Automobilisme, *Algemeen Handelsblad*, 15 dez. 1908.
9 A Ford produziu 250 mil Modelos T em 1920, e 900 mil depois de apenas três anos. Disponível em: <https://www.mtfca.com/encyclo/fdprod.htm>.
10 Ver Diana T. Kurylko. Model T Had Many Shades; Black Dried Fastest, *Automotive News*, 16 jun. 1988.
11 Frederick S. Crum pesquisou a proporção de acidentes de carro em relação àqueles envolvendo veículos puxados a cavalo. Ele concluiu que o número de acidentes aumentou abruptamente com o advento do carro. Street Traffic Accidents, *Publications of the American Statistical Association*, v. 13, n. 103, 1913, p. 473-528.
12 Ver Shanthi Ameratunga et al., Death and Injury on Roads, *BMJ* 333, n. 53, 2006. Disponível em: <https://www.bmj.com/content/333/7558/53>.
13 Roger Roots, The Dangers of Automobile Travel: A Reconsideration, *American Journal of Economics and Sociology*, v. 66, n. 5, 2007, p. 959-976.
14 Frederick S. Crum, Street Traffic Accidents, *Publications of the American Statistical Association*, v. 13, n. 103, 1913, p. 473-528.
15 É possível ler mais sobre os livros de Norton e Prytherch no e-book que Marco escreveu para acompanhar *Movimento*. Disponível em: <corr.es/snelste>.
16 Marcus Popkema, *Tussen techniek en planning: De opkomst van het vak verkeerskunde in Nederland 1950-1975*, Amsterdam University Press, 2015.
17 Ver Stan Huygens, De strijd om twéé plaatsen voor één Haags station: Revolutionair idee van een Amerikaanse ingenieur, *De Telegraaf*, 26 maio 1962.
18 Um dos artigos mais entusiásticos sobre a Tesla e Elon *Musk* foi "Hoe Tesla in Amerika aan een mijn bouwt waar auto's uit komen", *De Correspondent*, 27 jan. 2017.
19 Ver Editor de Automobilismo do *De Telegraaf*, Jokinen's verkeersplan is opmerkelijk: minder kostbaar, en reëler dan bestaande plannen, *De Telegraaf*, 7 dez. 1967.
20 Ver Amerikaanse "Doorbraak" in Nederland. In Amsterdam 6 citywegen. Plan tot behoud stadskernen. Prof. Jokinen: invalswegen oorzaak verkeersnood, *De Volkskrant*, 8 dez. 1967.
21 Ver Amsterdam is een deltaplan waard (2). Cityvorming tast de binnenstad aan, *NRC Handelsblad*, 10 jun. 1971.
22 Filmagem de 1972 de crianças no bairro De Pijp exigindo uma rua sem carros. Disponível em: <https://www.youtube.com/watch?v=jkTl-LArc2g>.
23 Ver Andere Tijden, De slag om de stad, VPRO 2015. Disponível em: <https://www.youtube. com/watch?v=et476ZnT9js>.
24 Ver Reinier van den Hout (director), De Slag om Amelisweerd, *Andere Tijden*, 6 jan. 2013.
25 "I think therefore I cycle": 50 years of Dutch anti-car posters – in pictures, *The Guardian*, 25 jun. 2019.
26 *Tussen techniek en planning* (2015), p. 69.
27 Ver Robert Jasper Grootveld over het wittefietsenplan (1966), YouTube (9 de Janeiro, 2009). Disponível em: <https://www.youtube.com/watch?v=gbKX7CDVLiI>.
28 A foto de John Lennon e Yoko Ono na cama com uma bicicleta branca acompanha um artigo no *De Groene Amsterdammer*, de Beatriz Colomina: Liggen is en werkwoord. Het 24/7-bed, *De Groene Amsterdammer*, 31 out. 2018. Essa foto, tirada no dia 27 de março de 1969, pode ser encontrada no Arquivo Nacional Holandês, na coleção Spaarnestad.
29 Ver Fietsdemonstratie op het Museumplein in Amsterdam (8000 deelnemers), op 5 juni 1977: Fietsers willen "vrij baan" en herdenken liggend of zittend naast hun fiets verkeersslachtoffers, Arquivo Nacional Holandês, coleção Spaarnestad, 5 jun. 1977.
30 Fred Feddes em colaboração com Marjolein de Lange, *Bike City Amsterdam: How Amsterdam Became the Cycling Capital of the World*, Amsterdam: Uitgeverij Bas Lubberhuizen, 2019, p. 63.
31 Ver Patrick Barkham, "We're doomed": Mayer Hillman on the Climate Reality no One Else Will Dare Mention, *The Guardian*, 26 abr. 2018.
32 Alexa Delbosc et al., Dehumanization of Cyclists Predicts Self-Reported Aggressive Behaviour Toward Them: A Pilot Study, *Transportation Research Part F: Traffic Psychology and Behaviour*, v. 62, 2019, p. 681-689.
33 Ver Lance Dixon, Fort Lauderdale Asks Las Olas Pedestrians to Wave Safety Flags at Drivers, *Miami Herald*, 7 set. 2014.
34 Lucas Harms; Maarten Kansen, Fietsfeiten Kennisinstituut voor Mobiliteitsbeleid – KiM, Ministry of Infrastructure and Water Management, mar. 2018, p. 3.
35 Ver Maaike Kempes; Jasper Bunskoek, "Verkeer bij scholen onveilig: 10.000 ongelukken in 3 jaar", *RTL Nieuws*, 7 Sep. 2018.
36 A declaração do Provo sobre o Plano da Bicicleta Branca está disponível (em holandês) em: <at https://hart.amsterdam/nl/page/49069/witte-fietsenplan>.
37 A historiadora Ruth Oldenziel escreve sobre a história mundial do ciclismo nas cidades (menos das cidades holandadesas) em sua série de livros *Andando de Bicicleta Pelas Cidades*. Um gráfico produzido por Oldenziel que mostra como o ciclismo diminuiu com a chegada dos carros em várias das principais cidades pode ser encontrado no blog "Fietscommunity: 'DCA - Make America Cycle Again'", *Fietscommunity*, 7 fev. 2017. Disponível em: <https://www.fietscommunity.nl/blogs/ make-america-cycle-again/>.
38 Mobilisation of the Masses (Mobilização das Massas, 2019), p. 4.
39 Citado do "De eerste auto in Schagen", *Het geheugen van Schagen*, 17 ago. 2005.
40 Ver Kameroverzicht. Tweede Kamer: Vergadering 8 mei, *De Maasbode*, 9 maio 1924.
41 Ver Van het Binnenhof: Eerste Kamer, *Voorwaarts*, 30 out. 1924.
42 Ver Van het Binnenhof: Tweede Kamer, *Voorwaarts*, 30 out. 1924.

43 Ver Tweede Kamer, *Nieuwsblad van het Noorden*, 22 maio 1924.

44 Ver De nieuwe motor- en rijwielwet, *De Noord-Ooster*, 20 dez. 1924.

45 Um dos advogados dessa extensão da responsabilidade era Auke R. Bloembergen, um professor da Universidade de Leiden que mais tarde se tornou membro da Suprema Corte.

46 Veja a seção 185 da Lei de Tráfego nas Estradas (Wegenverkeerswet), para a situação em 2020.

47 Frankrijk: de tien geboden voor den voetganger, *Algemeen Handelsblad*, 16 dez. 1924.

48 Jacob van den Berg, *De Bromfiets 1948-2015: Een geschiedenis van de verschoppeling van de weg*, Moordrecht: Target Press, 2015, p. 5.

49 Meer dan 200 maal zo veel personenauto's als in 1927, Statistics Netherlands, 28 jan. 2020.

50 Um leitor do livro holandês achou o artigo sobre o acidente do meu pai na versão *on-line* do arquivo do jornal, depois que este tinha sido digitalizado. No texto, não há menção a uma motoneta, apenas a um ciclista e, de fato, a um menino de nove anos atravessando a rua "do nada". Disponível em: <https://www.delpher.nl/nl/kranten/ view?coll=ddd&identifier=MMKB19:000301092:mpeg21:p00007>.

51 1920: Het verkeer in Amsterdam, een verkeersfilm van de ANWB – oude filmbeelden, YouTube, 7 dez. 2017. Disponível em: <https://www.youtube.com/ watch?v=uLvpN5ibe_k.>.

52 "Straatganzen" maakten allerlei rare verkeersfouten: Publiek was even achteloos als zij, *Arnhemse Courant*, 7 set. 1951.

53 A Veilig Verkeer Nederland (Segurança no Tráfego da Holanda) enquadrou um exemplar do Jogo de Segurança no Tráfego de Maarten Toonder na parede do escritório.

54 Veja por exemplo, o guia da Austrália. Disponível em: <http://www.roadsafetyeducation.vic.gov.au/teaching-resources/primary-school/introducing-stop,-look,-listen,-think-to-cross-the-road-safely>; e o guia do Reino Unido. Disponível em: <https://www.think.gov.uk/news/new-think-road-safety-campaign-launched-to-help-cut-child-deaths/>.

55 *Stop Killing our Children* (Environmental Transport Association, 2019). O documentário pode ser encontrado *on-line*, no Vimeo, 20 set. 2019. Disponível em: <https://vimeo.com/361286029>.

56 Ver Ouders primair verantwoordelijk: "Veilig Verkeer" valt actiegroepen fel aan, *De Volkskrant*, 25 jan. 1973.

57 Ver Prins Claus steunt "Stop Kindermoord", *Trouw*, 15 jan. 1973.

58 Mentink: wie wil hobbel in straat?, *Het Vrije Volk*, 8 fev. 1975.

3 A HISTÓRIA QUE NUNCA É CONTADA

1 Gerard van Westerloo, *De pont van kwart over zeven: De beste journalistieke verhalen*, *e-book*, 2015, loc. 194.

2 Fleur van der Bij, *De Nijl in mij: Een ontdekkingsreis naar het hart van de waanzin*, Amsterdam: Atlas Contact, 2018; idem, *Verkeersslachtoffer 22/10: Op zoek naar de man die mijn zusje doodreed*, Amsterdam: Querido Fosfor, 2019.

3 O artigo sobre a menina de doze anos cujo pai atropelou e matou outra menina de doze anos apareceu anonimamente. Mais tarde se soube que a vítima de fato tinha treze anos. Zo dreunt een onverwerkt verkeerstrauma door bij de volgende generatie, *De Correspondent*, 2 maio 2019.

4 Disponível em: <https://ec.europa.eu/eurostat/statistics-explained/index.php?title=Road_ accident_fatalities_-_statistics_by_type_of_vehicle>.

5 Disponível em: <https://www.washingtonpost.com/local/trafficandcommuting/ more-people-died-in-car-crashes-this-century-than-in-both-world-wars/2019/07/21/0ecc0006-3f54-11e9-9361-301ffb5bd5e6_story.html>.

6 Disponível em: <https://www.who.int/data/gho/data/themes/topics/topic-details/GHO/road-traffic-mortality>.

7 Disponível em: <http://ghdx.healthdata.org/gbd-results-tool; http://www.popten.net/2010/05/top-ten-most-evil-dictators-of-all-time-in-order-of-kill- count/>.

8 Essa organização encerrou suas atividades no dia 10 de março de 2020.

9 Werner Herzog, *From One Second to the Next: Texting While Driving*, 8 ago. 2013. Disponível em: <https://www.youtube.com/watch?v=XkivCqfYpos>.

10 Ivan Illich, *Tools for Conviviality*, New York: Harper & Row, 1973, p. 52.

11 Ver Carlton Reid, Volvo's 'World First' Bicycle-Helmet-Versus-Car Test Flags Helmet Safety Flaws, *Forbes*, 3 jun. 2019.

12 Tweet de @marktraa (18 dez. 2018).

13 Ver Busje op zijn kant bij ongeval afrit Hoograven, *RTV Utrecht*, 11 jan. 2019.

14 Temos escrito vários artigos sobre nossos achados. Um deles é '"Busje ramt auto", "file na ongeluk". En de mensen dan?', *De Correspondent*, 14 mar. 2019.

15 Ver Flink wat oponthoud door aangereden voetganger. Disponível em: <edestad.nl>, 14 dez. 2019.

16 Ver Peter Koop, Maaltijdbezorger overleden na aanrijding op Amsterdamsestraatweg, *Algemeen Dagblad*, 10 jan. 2019.

17 Ver "Verkeersles" voor bezorgers maaltijden in strijd tegen ongelukken, *NOS*, 19 fev. 2020.

18 Ver Marleen de Rooy, Inspectie wil verbod op 15-jarige maaltijdbezorgers, *NOS*, 19 fev. 2020.

19 Ver Michiel van Beers, FNV vindt maaltijden bezorgen te gevaarlijk voor kinderen, *NOS*, 11 jan. 2019.

20 Ver Tim de Hullu, Ontwapenende Ruiz (15) wilde dolfijnen bestuderen, maar stierf op de Straatweg, *Algemeen Dagblad*, 1º ago. 2019.

21 Ver Marco Gerling, Automobilist (21) had niet gedronken bij dodelijk ongeval met maaltijdbezorger (15) op fiets, *Algemeen Dagblad*, 30 jun. 2019.

22 "Cafés" holandeses são autorizados a vender pequenas quantidades de maconha para consumo pessoal.

23 Ver Marco Gerling, Drie maanden cel voor man die maaltijdbezorger Ruiz (15) doodreed, *Algemeen Dagblad*, 15 ago. 2019.

24 Inspectie wil verbod op 15-jarige maaltijdbezorgers, NOS, 19 fev. 2020.

25 Ver Roland de Jong, Veertig maanden cel voor fataal ongeluk Goes, *HVzeeland.nl*, 28 jun. 2019.

26 Albert e Mireille Meijer, Toespraken ouders Ruiz, *site* memorial para Ruiz Meijer (10 ago. 2019).

27 Vragen en antwoorden over roekeloos rijgedrag, Conselho de Justiça, 23 jan. 2017.

28 Ver Siebrand Vos, Werkstraf voor scheppen voetganger in Wijnandsrade, *De Limburger*, 7 maio 2019.

29 Ver Geen celstraf voor doodrijdster die epilepsie verzweeg, *Algemeen Dagblad*, 15 ago. 2019.

30 Por exemplo, "Se Quiser Escapar Impune de Um Assassinato, Compre um Automóvel" é o subtítulo de *Crash Course* (New York: Street Noise Books, 2020), um livro em formato de história em quadrinhos de Woodrow Phoenix.

31 Ver Ch. Goldenbeld et al., Relatie tussen verkeersovertredingen en verkeersongevallen: Verkennend onderzoek op basis van CJIB-gegevens, SWOV, 2011.

32 Disponível em: <https://www.theguardian.com/lifeandstyle/2017/sep/18/cyclist-charlie-alliston-jailed-for-18-months-over-death-of-pedestrian>.

33 Disponível em: <https://twitter.com/ormondroyd/status/910244326567006211>. O caso Alliston envolveu um evento raro: um ciclista matou uma mãe de duas crianças ao andar de forma imprudente (o ciclista foi sentenciado a dezoito meses de prisão).

34 Ver Pim Warffemius, *De maatschappelijke waarde van kortere en betrouwbaardare reistijden*, Ministério de Infraestrutura e Meio Ambiente, 2013.

35 Ver Onderzoek invoering verhoging maximumsnelheid naar 130 km/h. Samenvattende analyse experiment en uitwerking voorstel landelijke snelheidsverhoging, Rijkswaterstaat, 2011.

36 Ver Kim Visbeen, Brandon (5) werd voor zijn deur doodgereden: "Zijn droom was om voor Feyenoord te spelen", *Algemeen Dagblad*, 25 out. 2019.

37 Ver Berekening risicotoename bij overschrijding va de snelheidslimiet, SWOV, 2016, p. 8.

38 Bruce Corben et al., Development of the Visionary Research Model – Application to the Car/Pedestrian Conflict, *Monash University Accident Research Centre*, 2004, p. 26.

4 NO PILOTO AUTOMÁTICO

1 Teste de segurança do veículo existente no Reino Unido que deve ser realizado a cada ano em carros que têm mais de três anos de fabricação. (N. da T.)

2 Segundo a organização holandesa ambiental Milieudefensie, os carros ocupam 55% do espaço nas cidades. Ver *Van wie is de stad?*, Milieudefensie, 2017, p. 5. Há um esboço no YouTube (em alemão) sobre o que aconteceria se alguém fosse o inventor do automóvel na atualidade. *Die Erfindung des Autos/extra 3/NDR*, YouTube, 5 set. 2019. Disponível em: <https://www.youtube.com/watch?v=zRtOdeq7Td4>.

3 Disponível em: <https://www.independent.co.uk/news/world/americas/why-does-nothing- get-done-about-gun-control-the-reasons-obama-cannot-change-us- inf atuation-with-firearms-a6676876.html>.

4 Lesões causadas por armas de fogo são um grave problema de saúde pública nos EUA. Em 2019, houve 39.707 mortes relacionadas a armas de fogo nos Estados Unidos – 14.414 delas foram causadas por homicídios. Disponível em: <https://www.cdc.gov/violenceprevention/firearms/fastfact.html>; e <https://www.cdc.gov/nchs/fastats/homicide.htm>). Em 2018, 458 pessoas morreram em decorrência de acidentes relacionados a armas de fogo. Disponível em: <https://www. aftermath.com/content/accidental-shooting-deaths-statistics/>.

5 Disponível em: <https://www.cdc.gov/nchs/fastats/accidental-injury.htm>.

6 Tineke Netelenbos, discurso, Ministério de Transporte e Manejo das Águas, 29 maio 1999.

7 Statuten Veilig Verkeer Nederland, Traffic Safety Netherlands, 2011.

8 Ver "Guidelines for Speed Bumps, Speed Tables and Exits", €56 Excluding VAT (Orientações Para Lombadas, Tabelas de Velocidade e Saídas', 56€ sem IVA).

9 Caraterísticas Básicas de Cruzamentos e Rotatórias, €76, Excluindo Imposto Agregado ao Valor.

10 Ferramenta para Gerenciamento de Tráfego e Estacionamento (€69, excluindo Imposto Agregado ao Valor).

11 Projeto de pesquisa, *Op weg naar een veilige schoolomgeving: Exploratief onderzoek naar drijfveren en barrières bij haal- en brenggedrag van ouders van schoolkinderen*, PubLab, 2019, p. 2.

12 Ver Yvonne Hofs, Helft subsidies elektrisch rijden in 2018 naar "rijke" Tesla- en Jaguar-rijders, *De Volkskrant*, 30 jan. 2019.

13 Disponível em: <https://evbox.com/uk-en/learn/faq/incentives-buying-electriccar>.

14 Ver Ja, de e-fiets is echt goed voor het milieu, *Fietsberaad*, 19 fev. 2020.

15 Bruzz, 19 jun. 2019. Disponível em: <https://www.bruzz.be/analyse/elektrische-step- vervangt-vooral-voetgangers-en-amper-autos-2019-06-19>.

16 Ver Laura Bliss, Another Study Blames Uber and Lyft for Public Transit's Decline, *CityLab*, 24 jan. 2019; e Andrew J. Hawkins, Uber and Lyft Finally Admit They're Making Traffic Congestion Worse in Cities, *The Verge*, 6 ago. 2019.

17 Ver De leasefiets als geheim wapen tegen de files, *NOS*, 6 dez. 2019.

18 Ver Mariëtte Pol and Bas Hendriksen, *Evaluatie nieuwe wegmarkering op snelfietsroutes: Het effect op beleving en gedrag van weggebruikers*, Van Rens Mobiliteit, 2018.

19 Ver Mark Healy, Captcha If You Can: Every Time You Prove You're Human to Captcha, Are You Helping Google's Bots to Build a Smarter Self-Driving Car?, *Ceros Originals*, 31 maio 2018.

20 Ver Zo ziet Mercedes de zelfrijdende auto, *auto55.be*, 22 nov. 2014.

21 Ver Angelique Rondhuis, Steeds meer wild doodgereden: schade in miljoenen met meer dan tienduizend aanrijdingen per jaar, *De Stentor*, 20 ago. 2019.

22 Ver *De fietsrepubliek*, *e-book*, 2014, loc. 2741.

23 Disponível em: <https://www.youtube.com/watch?v=-fcs9qr4KsgE>.

24 Ver David Shepardson e Heather Somerville, Uber Not Criminally Liable in Fatal 2018 Arizona Self-Driving Crash: Prosecutors, *Reuters*, 5 mar. 2019.

25 Ver Carlton Reid, Bicyclists Could Prevent Netherlands Becoming #1 Nation For Driverless Cars, Says KPMG Report, *Forbes*, 13 fev. 2019.

5 ESPAÇO PÚBLICO COMO SE AS PESSOAS IMPORTASSEM

1 Ver Tijs van den Boomen, Woonerf klassiek of nieuwe stijl, tijsvandenboomen.nl, 1º jul. 2001.

2 Ver John Schoorl, Wat is er over van de idylle van het woonerf?, *De Volkskrant*, 26 set. 2015.

3 Ver Bernard Hulsman, Dwarse bedenker van de bloemkoolwijk, *NRC Handelsblad*, 27 fev. 2016.

4 A Cidade Funcional é um conceito que se originou do CIAM - Congrès Internationaux d'Architecture Moderne (Congresso Internacional de Arquitetura Moderna), nos anos 1930. Richard Sennett fornece uma história detalhada em *Building and Dwelling: Ethics for the City*, London: Allen Lane, 2018, cap. 3. (Trad. brasileira: *Construir e Habitar: Ética Para uma Cidade Aberta*, Rio de Janeiro: Record, 2018, cap. 3).

5 Ver De eerste lag er in 1949, *nrc.nl*, 26 fev. 2014.

6 *99% Invisible* fez um *podcast* excelente (produzido por Katie Mingle) sobre a filosofia modernista subjacente a Bijlmer, "Bijlmer: City of the Future", 20 fev. 2018.

7 Disponível em: <https://nacto.org/docs/usdg/woonerf_concept_collarte.pdf>.

8 Jogo britânico semelhante ao basebol. (N. da T.)

9 Carl Honoré, *In Praise of Slow. How a Worldwide Movement is Challenging the Cult of Speed*, London: Orion, 2016, p. 96.

10 Ver "Nieuwbouw scholen" (autoridade local, Delft).

11 Fica evidente, a partir de um registro oficial de velocidades de veículos que Marco me manda, que motoristas no seu bairro dirigem regularmente a 39 km/h.

12 Ver De W.A.M. Weijermars et al., Duurzaam Veilig, ook voor ernstig verkeersgewonden, SWOV, 2013, parte 3, anexo 1.1. O modelo "Zona 30" foi desenvolvido em 1984. Avaliação baseada nesse modelo mostrou que poderia levar a uma redução no número de acidentes.

13 Ver Woonerf klassiek of nieuwe stijl, tijsvandenboomen.nl, 1º jul. 2001.

14 Em 2013, "em um passo de caminhada" foi substituído por "15 quilômetros por hora" no artigo 45 do Código de Rodovias Holandês. Ver Reglement verkeersregels en verkeerstekens 1990 (RVV 1990); wetten.overheid.nl.

15 Ver Joske van Lith, Verkeerswereld geeft te weinig aandacht aan woonerf, *Verkeerskunde*, 27 dez. 2019.

16 Ver Woonerf klassiek of nieuwe stijl, tijsvandenboomen.nl, 1º jul. 2001.

17 Diretrizes Para Lombadas, Tabelas de Velocidade e Saídas, €56 Excluindo Imposto Sobre o Valor.

18 Ver Nicolette de Boer, Er komt niet zomaar een drempel op het Van Barneveld-erf, De Gelderlander, 17 maio 2019.

19 Ver Aleksandar Erceg et al., Franchising in Transport Law: Bike Sharing as Business Model of Urban Transport Development, *7th International Scientific Symposium: Economy of Eastern Croatia - Vision and Growth*, maio 2018.

20 Ver Louise Nordstrom, Vélibgate: The Rise and Fall of Paris's Bike-Sharing Program, france24.com, 5 abr. 2018.

21 Sally Cairns; Stephen Atkins; Phil Goodwin, Disappearing Traffic? The Story So Far, *Proceedings of the Institution of Civil Engineers: Municipal Engineer*, v. 151, n. 1, mar. 2002, p. 12-13.

22 Ver Feargus O'Sullivan, Court Says Paris's Car Ban Is Illegal, *CityLab*, 22 fev. 2018; e Jila Varoquier; Benoît Hasse, Paris: mais si, le trafic autour des voies sur berge s'améliore!, *Le Parisien*, 18 fev. 2018.

23 Ver Feargus O'Sullivan, Can the Paris Metro Make Room For More Riders?, *CityLab*, 13 nov. 2019.

24 Ver idem, Paris Gets to Keep Its Car Ban, *CityLab*, 25 out. 2018.

25 Ver Kim Willsher, Paris Mayor Unveils '15-Minute City' Plan in Re-election Campaign, *The Guardian*, 5 fev. 2019.

26 Carlos Moreno, um professor da Sorbonne, foi quem criou a ideia da cidade-de-15-minutos. Veja sua palestra, "The 15-Minute City" (out. 2020). Disponível em: <https://www.ted.com/talks/carlos_moreno_the_15_minute_city?language=en>.

27 Ver Kay Rutten, Flinke problemen verwacht door sluiting Maastunnel, BNR, 3 jul. 2017.

28 Ver Eerste avondspits bij dichte Maastunnel niet anders dan anders, *RTV Rijnmond*, 3 jul. 2017.

29 Ver Nominatie Schoolstraat NVVC Verkeersveiligheidprijs, Congresso Nacional Holandês de Segurança no Trânsito, 2020.

30 Ver Michiel Van Driessche et al., Leidraad Openbare Ruimte Groningen, Felixx. nl, 30 jun. 2021.

31 Ver Aleksi Teivainen, No Pedestrians Died in Traffic Accidents in Helsinki in 2019, Writes Helsingin Sanomat, *Helsinki Times*, 24 jan. 2020.

32 Ver Hoe veilig zijn onze steden voor fietsers en voetgangers?, *RTL Nieuws*, 12 fev. 2020.

33 Ver Hanne Brønmo, Barn omkom i trafikulykke i fotgjengerfelt på Holmen i Oslo, *Aftenposten*, 13 jan. 2020; e Silje Løvstad Thjømøe, Mor ble vitne til att sønnen (2) ble påkjørt og døde: Plutselig forsvant han under bilen, *Avisa Oslo*, 28 jan. 2021.

34 Ver Stephen Burgen, "For Me, This Is Paradise": Life in the Spanish City That Banned Cars, *The Guardian*, 18 set. 2018.

35 Como projetar uma cidade feliz de tal modo que ela naturalmente se torne limpa e segura é o tema de um

livro inspirador, *Happy City*, do autor canadense Charles Montgomery, London: Penguin, 2015.

36 Ver *Multiple Uses of Public Space: Superblock Pilot in Poblenou* (2016-2018), BCN-ecología, 2018.

37 Ver David Roberts, Barcelona's radical plan to take back streets from cars: introducing "superblocks", *Vox*, 26 maio 2019.

38 Ver Ard Schouten; Indra Jager, Ouders nemen heft in handen: klaar-overs bij onveilige zebrapaden Oog in Al, *Algemeen Dagblad*, 23 jan. 2020.

39 Disponível em: <https://twitter.com/MikeLydon/status/1255487675215347726>.

40 Disponível em: <https://twitter.com/BrentToderian/status/1256594334062796803>.

41 Disponível em: <https://twitter.com/fietsprofessor/status/1255952332627599360>.

42 Disponível em: <https://twitter.com/SadiqKhan/status/1256527221516382208>.

43 Disponível em: <https://twitter.com/brettpetzer/status/1255479872849358850>.

44 Robert Pirsig [1974], *Zen and the Art of Motorcycle Maintenance: An Inquiry into Values*, New York: William Morrow, 2008, p. 87.

45 Ver Kris Peeters, *Het voorruitperspectief: Wegen van het impliciete autodenken*, Leuven: Garant Uitgevers, 2000.

46 47% das viagens na Holanda são feitas de carro, representando 71% do total de quilômetros percorridos no país. "Onderzoek Verplaatsingen in Nederland (OViN) 2017: Plausibiliteitsrapportage", *Statistics Netherlands*, jul. 2018, p. 7 e 9.

47 Ver Peter Jorritsma; Marije Hamersma; Jaco Berveling, *Blik op de file: De file door de ogen van de Nederlandse burger*. As porcentages citadas por Kager vêm das tabelas 2.3 e 3.3.

48 Karin Bijsterveld, Acoustic Cocooning: How the Car Became a Place to Unwind, *The Senses and Society*, v. 5, n. 2, July 2010, p. 189-211.

49 Disponível em: <https://www.cdc.gov/nchs/products/databriefs/db322.htm>.

50 Janneke Zomervrucht; Walther Ploos van Amstel, Laat de straat een plek voor mensen zijn, *Trouw*, 7 set. 2019.

51 Inspirado por William H. Whyte: "Se você planeja para carros e tráfego, você terá carros e tráfego. Se você planeja para pessoas e lugares, você terá pessoas e lugares." (The Social Life of Small Urban Spaces, em Conservation Foundation, 1980.)

52 Em inglês, *sticky places*, literalmente, "lugares pegajosos", rua agradáveis que se tornam lugares onde as pessoas gostam de permanecer. (N. da E.)

53 O programa de TV holandês *Zondag met Lubach* fez um episódio muito instrutivo sobre capitalismo de risco, Uber e o dinheiro por trás disso tudo. Ver Kapitalisme, *Zondag met Lubach* (S11)'. YouTube, 16 fev. 2020. Disponível em: <https://www.youtube.com/watch?v=VIC5CrNUBBU>.

54 *Zondag met Lubach*, no episódio "Kapitalisme" referido na nota anterior, fez uma descrição detalhada de como a Uber pode ter prejuízos de bilhões de dólares.

55 Ver Tim Fraanje, Om het jaar goed te beginnen heb ik mijn Swapfiets opgezegd, *Vice*, 10 jan. 2020.

56 Anna Nikolaeva et al., Commoning Mobility: Towards a New Politics of Mobility Transitions, *Transactions of the Institute of British Geographers*, v. 44, n. 2, fev. 2019, p. 346-360.

57 Ver Jeroen Molenaar, Gierende verliezen op blauwe bandjes bij Swapfiets, *Quote*, 8 jan. 2020.

58 A Participative Value Evaluation tem um *site*. Disponível em: <www.tudelft.nl/pwe>.

59 O *site* de Paul Koster e Niek Mouter possibilitando aos cidadãos dividirem o orçamento de transportes da região de Amsterdã está disponível em: <www.burger-begroting.nl.>.

60 Dag Balkmar e Tanja Joelsson, Feeling the Speed: The Social and Emotional Investments in Dangerous Road Practices, em Maria Jansdotter Samuelsson et al. (eds.), *Gender and Change. Power, Politics and Everyday Practices*, Karlstad: Karlstad University Press, 2012, p. 37-52.

5

61 Ver Gedoe is taboe tijdens reizen, Goudappel Coffeng, 11 dez. 2018.

62 Ver Mihaly Csikszentmihalyi, *Flow: The Psychology of Optimal Experience*, New York: Harper Perennial Modern Classics, 2008.

63 Para um relato de algumas das ideias criadas nas bicicletas holandesas, ver Ideeën die zijn ontstaan op de fiets, *De Correspondent*, 27 ago. 2018.

64 Ver Marie-José Olde Kalter; Mark van Hagen; Laura Groenendijk, Reistijdbeleving als beleidsinstrument: Over wat we kunnen leren van de reistijdbeleving van fietsers en de invloed hiervan op het verplaatsingsgedrag, *Bijdrage aan het Colloquium Vervoersplanologisch Speurwerk*, 23-24 nov. 2017.

65 Esse é o artigo que escrevemos sobre fluxo, naquela época: Geniale inzichten krijg je op de fiets. Zo kom je in de fietsflow, *De Correspondent*, 24 ago. 2018.

66 O artigo já foi publicado: Marco te Brömmelstroet et al., Have a Good Trip! Expanding Our Concepts of the Quality of Everyday Travelling With Flow Theory, Applied Mobilities, April 2021. Disponível em: <https://doi.org/10.1080/238 00127.2021.1912947>.

67 Ver Bard van de Weijer, Minder rode kruizen bij drukte op de weg: minister offert spitsstrook in strijd tegen files, *De Volkskrant*, 12 dez. 2018; e *Van B naar Anders: Investeren in mobiliteit voor de toekomst*, Dutch Council for the Environment and Infrastructure [Rli], May 2018.

68 Joep Dohmen, Limburg ontslaat "klussende" oud-politici, *NRC Handelsblad*, 13 fev. 2020.

69 Ver Martha Uenk, De 130 km/u-maatregel gewikt en gewogen: meer of minder fileleed?, *Verkeerskunde*, 14 fev. 2019.

70 Ver Yamilla van Dijk, Protest tegen maximumsnelheid van de baan: "Te weinig animo onder boze automobilisten", *Algemeen Dagblad*, 19 nov. 2019.

71 Artigos de colunistas furiosos: Rosanne Hertzberger, Een dode in het verkeer: gekmakend en onsexy, *NRC Handelsblad*, 17 ago. 2019; Arjen van Veelen, Rotterdam

moet niet langer doorrijden na een ongeluk, *Vers Beton*, 16 ago. 2019; Roos Schlikker, Er lag een jongetje op het zebrapad, *Het Parool*, 16 jun. 2018; Marieke Dubbelman, Ik ben helemaal klaar met die onoverzichtelike, schuine kutkruising, *Algemeen Dagblad*, 25 fev. 2018; Suzanne Mensen, Beste scooteraar, kom je even "sorry" op het been van mijn dochter schrijven?, *De Telegraaf*, 23 nov. 2017.

72 Os pictogramas usados pelos estudantes de Ede para desenvolver o espaço público e áreas recreativas em Ede provinham do método belga chamado "Picto-play".

EPÍLOGO QUAL O PRÓXIMO PASSO?

1 "Desutilidade", termo da economia, definido como segundo o Houaiss, "característica do que é produtivamente negativo". (N. da E.)

2 Trata-se de outro jeito de fazer jornalismo, disponibilizado em plataformas digitais sem anúncios, e que se caracteriza por ser fruto de um processo mais lento. As reportagens tendem a ser reflexivas, sendo produzidas a partir de um trabalho investigativo. A forma narrativa adotada busca construir um diálogo com o leitor. (N. da T.)

Glossário

ANÁLISE DE CUSTO-BENEFÍCIO SOCIAL Um método utilizado por governos para avaliar se uma política deve ser implementada. Ele pesa benefícios financeiros e riscos comparado a benefícios sociais e riscos, para calcular ganhos monetários *versus* perdas sociais.

BAIRROS COUVE-FLOR Um conjunto de *woonerfs* (veja *woonerfs*) que, juntos, parecem uma couve-flor.

BICICLETA DE CARGA Uma bicicleta que foi construída para carregar carga pesada ou várias crianças.

BECO SEM SAÍDA via que está fechada em uma das extremidades.

BICICLETA ELÉTRICA/E-BIKE Bicicleta com motor elétrico que não precisa ser utilizado o tempo todo, mas pode ser ligado para ajudar a pessoa a pedalar.

BICICLETA RECLINADA Uma bicicleta desenhada de tal forma que a pessoa possa pedalar em uma posição reclinada mais confortável, se apoiando em um encosto em vez de sentar-se reta.

CARRO AUTÔNOMO Tecnologia sendo desenvolvida que permitirá que um carro se mova e navegue de forma autônoma controlado por um computador sem a necessidade de um motorista.

CHICANA Uma via com curvas adicionadas pelos projetistas, e não em função da geografia.

CICLISTA DE TREM Pessoa que viaja parte de sua trajetória de bicicleta e a outra parte, de trem.

CICLOVIA RODOVIÁRIA Também conhecida no Reino Unido como *cycle superhighways* (super-rodovias de ciclismo), as ciclovias rodoviárias são rotas de ciclismo separadas das estradas, frequentemente com menos semáforos, superfícies lisas e menos cruzamentos com tráfego motorizado, projetadas para acomodar ciclistas que se movimentam com rapidez.

CICLOVIA/PISTA DE BICICLETA Rota demarcada específica para ciclistas, às vezes na beira das vias, às vezes completamente separada das vias.

COMPARTILHAMENTO DE CARROS ENTRE PARES Os proprietários de carros podem colocar seus veículos em uma lista que os permite compartilhar seu carro com outras pessoas.

CONFLITO Na engenharia de trânsito, um conflito é um desentendimento ou um choque de interesses. A definição modelo do Doctor (Técnica Objetiva Holandesa de Operação e Pesquisa) é uma situação na qual alguém leva mais tempo do que o necessário para fazer algo a fim de evitar uma colisão em potencial.

CONGESTIONAMENTO Quando uma área está lotada por excesso de veículos se movimentando em uma velocidade lenta ou completamente parados.

CONSTANTE DE MARCHETT/ ORÇAMENTO DE TEMPO DE VIAGEM O tempo médio que uma pessoa passa viajando por dia (cerca de 1 – 1,5 horas).

E-MOBILIDADE Mobilidade elétrica. Veículos de rua movidos por um motor elétrico, em vez de um motor movido a gasolina ou diesel.

ENGARRAFAMENTO Fila de tráfego lento ou parado.

ENGENHARIA DE TRÂNSITO/ENGENHEIRO Ramo da engenharia que lida com transporte e com o projeto e a construção de infraestrutura. Um engenheiro de trânsito planeja, projeta e implementa soluções para o fluxo de veículos e pedestres, melhorando fluidez, segurança e comodidade, em vias urbanas e rodovias.

ESPAÇO VEICULAR Área destinada a veículos sobre pedestres; que coloca as necessidades de veículos acima daquelas das pessoas. Por exemplo, um cruzamento.

FRICÇÃO DE VIAGEM Tentar viajar mais rápido, mais barato e mais confortavelmente por distâncias cada vez maiores, mas no mesmo tempo.

HORA PERDIDA DO VEÍCULO Lógica de engenharia de trânsito. Quando um veículo fica preso em um congestionamento por uma hora, ou quando sessenta veículos ficam presos em um engarrafamento por um minuto cada.

HYPERLOOP/VACTRAIN OU TREM EM TUBO DE VÁCUO Um trem futurístico que usaria tubos de vácuo como meio de transporte e seria capaz de viajar a velocidades muito altas.

ILHA DE TRÁFEGO Área elevada ou pintada entre duas pistas opostas de tráfego na qual veículos em movimento não podem entrar para ajudar passageiros a atravessar a rua.

LAÇOS DE DETECÇÃO DE VEÍCULOS Utilizando um campo magnético, detecta quando veículos passam. Por vezes conectados a semáforos, podem enviar um sinal para fazer com que a luz fique verde.

LEI FUNDAMENTAL DO CONGESTIONAMENTO DE ESTRADAS O tráfego aumenta proporcionalmente ao aumento do número e do comprimento das estradas em uma área.

LOMBADA Obstáculo elevado instalado em uma via que força os veículos a diminuírem a velocidade.

LOMBADAS ADEQUADAS PARA BICICLETAS Lombadas que não são obstáculo para bicicletas, de tal forma que mantenham a segurança de ciclistas.

MOBILIDADE A habilidade de se mover ou de ser movido.

MOBILIDADE COMO SERVIÇO Um serviço que melhora a acessibilidade e mobilidade, por exemplo, um aplicativo de serviço de táxi, como o Uber.

MODELO DE TRÁFEGO Estudo do tráfego que passa por uma área para ajudar a analisar, planejar e fixar questões com a infraestrutura do trânsito de estrada.

MOBILIÁRIO URBANO/DE RUA Objetos e equipamentos colocados na rua para uso público, por exemplo, sinais de trânsito, bancos, paradas de ônibus e latas de lixo.

ÔNIBUS MOTORIZADO Termo antigo usado para descrever ônibus movido por motor.

PADRÕES DE ESTACIONAMENTO Diretrizes sobre estacionamento estabelecidas pela autoridade local, por exemplo, em uma área na qual você possa ter apenas uma vaga de estacionamento por apartamento.

PEDELEC DE VELOCIDADE Uma bicicleta com motor elétrico que ajuda o ciclista a viajar longas distâncias a velocidades mais altas. São classificados legalmente como ciclomotores no Reino Unido.

PLANEJADOR/PLANEJAMENTO DE TRÁFEGO O planejador de tráfego trabalha com a autoridade local para garantir a segurança na estrada, avaliando se é preciso implementar mudanças em uma área para minimizar o perigo de colisões.

PLANEJADOR URBANO Alguém que é comissionado para ajudar a projetar novas áreas urbanas ou tornar melhor uma área existente.

QUEBRA-MOLAS Veja *lombada*.

RAMPA DE INTERSECÇÃO DE RUA Um trecho da rua é elevado para ficar no nível da calçada, ligando as calçadas de ambos os lados. Também conhecido como faixa elevada.

RELAÇÃO I/C Linguagem de engenharia de tráfego que se refere à relação da intensidade (a pressão esperada na estrada) com a capacidade (quantos carros podem passar em uma hora). Se a relação é desequilibrada, se a capacidade é muito baixa e a intensidade alta demais, então há maior chance de ter um congestionamento.

RUA DE FLUXO Linguagem de engenharia de tráfego para estradas na Holanda que têm limite de velocidade de 50 km/h.

SEMÁFOROS PARA BICICLETAS Semáforos especificamente para bicicletas, às vezes incorporando sensores de chuva com a finalidade de ajudar a reduzir o tempo de espera de ciclistas em tempos de clima úmido.

SISTEMAS DE CONTROLE DE TRÁFEGO Linguagem de engenheiros de trânsito que significa semáforos. Um sistema de manejo do tráfego em que um computador é programado para assegurar a segurança na estrada por meio do controle de semáforos cronometrados.

SUPERILLES Também conhecidas como superquadras ou superquarteirões, são bairros livres de carros que estão sendo construídos em Barcelona.

REDE RODOVIÁRIA SUBJACENTE Linguagem de engenharia de trânsito significando todas as ruas e estradas em um país exceto as rodovias.

TÉCNICA DE OBSERVAÇÃO DE CONFLITO Um método de engenharia de trânsito usado para avaliar o desenho da via e mensurar o risco de colisões para ver se mudanças precisam ser feitas.

TRÓLEBUS Ônibus movido a eletricidade proveniente de cabos aéreos.

WETHOULDER Membros do executivo local holandês, eleitos pelo conselho local.

WOONERF Literalmente se traduz por "lotes residenciais", são bairros holandeses projetados em torno das pessoas e não dos veículos. Eles não têm calçadas, espaços de estacionamento, nem qualquer tipo de obstáculo à circulação.

Índice Remissivo

Agradecimentos

Este livro surgiu a partir de uma jornada de descobertas para a qual, eu, Thalia, recebi bastante tempo e recursos do *De Correspondent*, uma plataforma *on-line* holandesa financiada por membros cuja contribuição também inclui compartilhar seu conhecimento e experiência em resposta a artigos de seus correspondentes. Sem essa base jornalística, e sem a editora própria do *De Correspondent*, que permite aos jornalistas desenvolverem pesquisas de longa duração em livros, *Movimento* nunca teria sido concretizado. Sou profundamente grata por todo apoio da Holanda, que nos beneficiou para escrever este livro, e pela confiança depositada em nós pelos nossos apoiadores.

Eu, Marco, sou tremendamente grato à Universidade de Amsterdã, especialmente ao grupo de Planejamento Urbano, pela sua flexibilidade organizacional que me permitiu trabalhar neste livro. O que é ainda mais importante, no entanto, é o papel desempenhado, ao longo de muitos anos, por meus colegas de Amsterdã, na partilha da sua inspiração e da sua paixão por melhorar nossa compreensão daquilo que sustenta a nossa realidade social. Também sou imensamente grato à minha família e à família de Dion pelo seu envolvimento generoso e de coração aberto nas conversas que tivemos. Ainda fico impressionado com o quanto essas conversas mudaram minha vida, e espero sinceramente que isso também seja verdadeiro para todos vocês.

Quanto à edição em inglês, gostaríamos de agradecer Rebecca Carter por ter encontrado uma editora que fez nos sentirmos bem-vindos e bem-compreendidos desde o início. Fiona Graham investiu energia criativa ilimitada na tradução do livro (e cunhou o termo *frownie* [carrancudo]). Também somos muito gratos a Molly Slight pela sua lúcida orientação e edição durante a versão e atualização do livro.

Este livro foi impresso na cidade de São Bernardo do Campo,
nas oficinas da Paym Gráfica e Editora,
para a Editora Perspectiva.